U0959829

权威·前沿·原创

皮书系列为

“十二五”“十三五”国家重点图书出版规划项目

本书获河南省社会科学院哲学社会科学创新工程试点经费资助

河南蓝皮书

BLUE BOOK OF HENAN

河南工业发展报告（2019）

ANNUAL REPORT ON INDUSTRIAL DEVELOPMENT OF HENAN (2019)

创新引领发展

主　编／谷建全
副主编／张富禄　赵西三

社会科学文献出版社
SOCIAL SCIENCES ACADEMIC PRESS (CHINA)

图书在版编目(CIP)数据

河南工业发展报告．2019：创新引领发展 / 谷建全主编．--北京：社会科学文献出版社，2019.5
（河南蓝皮书）
ISBN 978-7-5201-4741-5

Ⅰ.①河… Ⅱ.①谷… Ⅲ.①地方工业经济-经济发展-研究报告-河南-2019 Ⅳ.①F427.61

中国版本图书馆 CIP 数据核字（2019）第 075535 号

河南蓝皮书
河南工业发展报告（2019）
——创新引领发展

主　　编 / 谷建全
副 主 编 / 张富禄　赵西三

出 版 人 / 谢寿光
责任编辑 / 王玉霞　李　淼
文稿编辑 / 李　昊

出　　版 / 社会科学文献出版社·城市和绿色发展分社（010）59367143
地址：北京市北三环中路甲 29 号院华龙大厦　邮编：100029
网址：www.ssap.com.cn
发　　行 / 市场营销中心（010）59367081　59367083
印　　装 / 天津千鹤文化传播有限公司

规　　格 / 开 本：787mm×1092mm　1/16
印 张：17　字 数：253 千字
版　　次 / 2019 年 5 月第 1 版　2019 年 5 月第 1 次印刷
书　　号 / ISBN 978-7-5201-4741-5
定　　价 / 98.00 元

本书如有印装质量问题，请与读者服务中心（010-59367028）联系

河南蓝皮书编委会

主要编撰者简介

谷建全　经济学博士，河南省社会科学院院长，二级研究员，博士生导师。国家“万人计划”首批人选、国家哲学社会科学领军人才、国家有突出贡献专家、享受国务院特殊津贴专家、文化名家暨全国宣传文化系统“四个一批”优秀人才、河南省优秀专家、河南省宣传文化系统“四个一批”优秀人才、河南省跨世纪学术技术带头人、郑州市自主创新领军人才。兼任中国劳动经济学会副会长、河南省信息化专家委员会副主任委员，主要从事产业经济、科技经济、区域经济研究。近年来，公开发表学术论文200余篇，出版学术专著15部，主持国家、省级重大研究课题30余项，获得省部级奖励20余项，主持编制各类区域发展规划100余项，30余项应用对策研究得到省委省政府领导批示。

张富禄　河南省社会科学院工业经济研究所所长、研究员，河南省社会科学研究基地项目部主任，河南省创新发展软科学研究基地主任，河南中烟工业有限责任公司社科专家组组长，专业研究方向为产业经济学和区域经济学。公开发表论文50多篇，主持完成省级以上课题10多项，获得省级以上社会科学类优秀成果奖6项，多项研究成果获得河南省委省政府领导批示。

赵西三　河南省社会科学院工业经济研究所副所长、副研究员，研究方向为产业经济学，重点研究河南工业经济及产业发展，公开发表论文40多篇，合作著作10余部，完成各项研究报告50多项，主持国家社会科学基金1项，主持及参加国家及省级课题10余项，获省级以上社会科学优秀成果奖10余项，主持或参与区域发展规划20多项。

摘　要

本书由河南省社会科学院主持编撰，以“创新引领发展”为主题，全面分析了2018年河南工业经济运行的态势和特点，深入研究了河南工业走向创新引领发展面临的形势与环境，并对2019年工业经济发展趋势进行了展望。全书分为总报告、综合篇、产业篇、区域篇、企业篇五个部分，从多个层面展开分析，为河南工业创新引领发展提出新思路、新举措、新对策。

本书的总报告由河南省社会科学院工业经济研究所课题组撰写，代表了本书对2018～2019年河南工业经济运行态势分析与预测的基本观点。报告认为，面对外部环境深刻复杂的变化，2018年全省以习近平新时代中国特色社会主义思想为指导，贯彻落实党的十九大精神和习近平总书记视察指导河南时的重要讲话精神，突出新发展理念，对照高质量发展要求，聚焦智能制造，工业经济运行平稳，下行压力持续加大，产业结构继续优化，新旧动能加速转换，但是利润增速明显放缓，工业投资增长乏力。预计2019年，河南工业经济仍将在合理区间平稳运行，规模以上工业增加值增速将保持在6.5%～7.0%的合理区间，工业运行整体呈现“增速窄幅波动，产业结构优化，转型升级提速，质量效益提升”的良好发展趋势。

本书还分别以综合篇、产业篇、区域篇、企业篇对河南工业发展情况进行了专题研究。综合篇从高质量科技供给、河南国家级高新区创新发展、人才队伍建设、借鉴德国经验、优化营商环境、“四个一批”建设、工业新动能等角度深入剖析。产业篇选取了河南新能源汽车产业、生物医药产业、智能装备制造业、生产性服务业、中医药产业开展研究。区域篇对2018～2019年商丘市、新乡市、郑州市、驻马店市工业经济运行态势与展望进行分析。企业篇以梦祥银品牌文化建设和人民电缆集团卓越绩效管理为特例进行思考。

全书在综合分析的基础上，力求系统展示河南工业发展的各个方面，以及重点行业、特色区域和典型企业在创新引领发展方面所做的努力和探索，从多个视角反映河南工业创新发展面临的机遇、存在的问题，以及发展的前景与态势，并提出相应的发展思路及对策建议。

关键词： 河南　创新引领发展　新发展理念

目 录

Ⅰ 总报告

Ⅱ 综合篇

Ⅲ 产业篇

Ⅳ　区域篇

Ⅴ　企业篇

总 报 告

General Report

B.1
2018～2019年河南工业经济运行态势分析与展望

河南省社会科学院工业经济研究所课题组*

摘 要： 面对外部环境深刻复杂变化，2018年河南省以习近平新时代中国特色社会主义思想为指导，贯彻落实党的十九大精神和习近平总书记视察指导河南时的重要讲话精神，突出新发展理念，对比高质量发展要求，聚焦智能制造，工业经济运行平稳，下行压力持续加大，产业结构继续优化，新旧动能加

* 河南省社会科学院工业经济研究所课题组：张福禄，河南省社会科学院工业经济研究所所长，研究员；赵西三，河南省社会科学院工业经济研究所副所长，副研究员；宋歌，河南省社会科学院工业经济研究所副研究员；刘晓萍，河南省社会科学院工业经济研究所副研究员；唐海峰，河南省社会科学院工业经济研究所助理研究员；杨志波，河南省社会科学院工业经济研究所助理研究员；杨梦洁，河南省社会科学院工业经济研究所研究实习员；李婧瑗，河南省社会科学院工业经济研究所助理研究员；袁博，河南省社会科学院工业经济研究所助理研究员。

速转换，但是利润增速明显放缓，工业投资增长乏力。预计2019年，河南工业经济仍将在合理区间平稳运行，规模以上工业增加值增速将保持在6.5%～7.0%的合理区间，工业运行整体呈现“增速窄幅波动，产业结构优化，转型升级提速，质量效益提升”的良好发展趋势。

关键词： 河南工业　动能转换　工业投资

2018年，面对经济下行压力持续加大、多重约束趋紧、转型升级困难增加等复杂形势，河南省坚持稳中求进总基调，以新发展理念为引领，以高质量发展为根本方向，以供给侧结构性改革为主线，把持续打好“四张牌”作为落实新发展理念、深化供给侧结构性改革、推进高质量发展的关键举措和抓手，把突出抓好智能制造作为推进制造业高质量发展的关键举措，工业经济运行平稳，产业结构继续优化，新旧动能加速转换，整体形势符合预期，有力支撑了全省经济保持“稳、进、好”的发展态势。

一　2018年河南工业经济运行分析

（一）增速明显回落，下行压力持续加大

2018年全省规模以上工业增加值增长7.2%，与2017年同期相比回落了1.0个百分点。分月度看，如图1所示，2018年河南省工业经济运行下行压力不断加大，上半年工业增速较为稳定，基本在7.6%～7.8%的区间内窄幅波动，但进入下半年以来，工业增速出现较大回落，10月同比增速仅为4.5%，低于全国平均水平1.4个百分点。11月、12月工业增速有所回升，规模以上工业增加值同比增长分别达到6.7%、9.2%，12月增速比上月加快2.5个百分点，高于全国平均水平3.5个百分点。

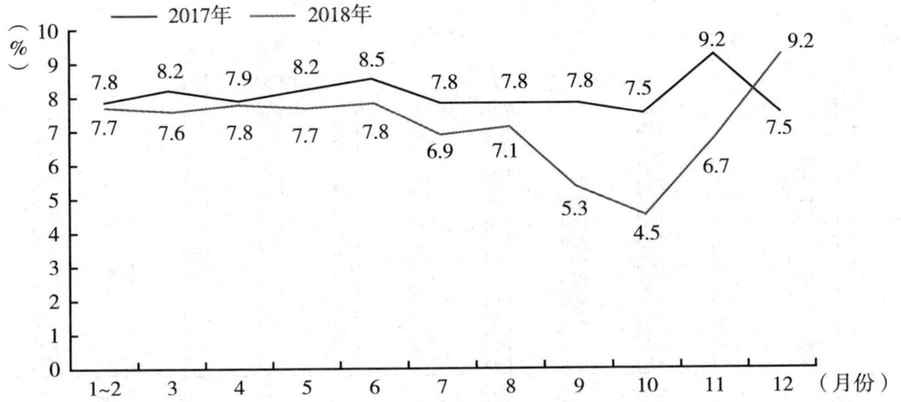

图1　2017～2018 年河南规模以上工业增加值分月增速

资料来源：河南省统计局。

从全国比较看，如图 2 所示，2018 年河南规模以上工业增加值增长 7.2%，高于全国平均水平 1.0 个百分点，排名全国第 14 位，比 2017 年下降了 3 个位次，在五个工业大省中排名第 2，仅低于浙江 0.1 个百分点，在中部六省中排名第 4，仅高于山西、湖北，低于第 1 名安徽 2.1 个百分点。河南在五个工业大省中增速仍然名列前茅，但与浙江相比质量效益明显偏低，规模以上工业主营业务收入利润率比浙江低 1.9 个百分点。近年来中部地区成为承接沿海产业转移的核心区域，各省均抓住机遇推动工业转型发展，安徽工业增长和结构优化尤其值得河南学习借鉴，安徽的新型显示、芯片、家电等产业迅速成长为国内重要的产业基地，赛迪研究院发布的《中国人工智能城市发展白皮书》把合肥列为国内人工智能“五强”城市，“中国声谷”“量子中心”成为合肥的新名片。

（二）结构持续优化，新旧动能加速转换

工业内部结构持续优化，2018 年，装备制造、食品制造、新型材料制造、电子制造、汽车制造等五大主导产业增加值增长 7.7%，高技术制造业同比增长 12.3%，战略性新兴产业同比增长 12.2%，分别高于全省规模以

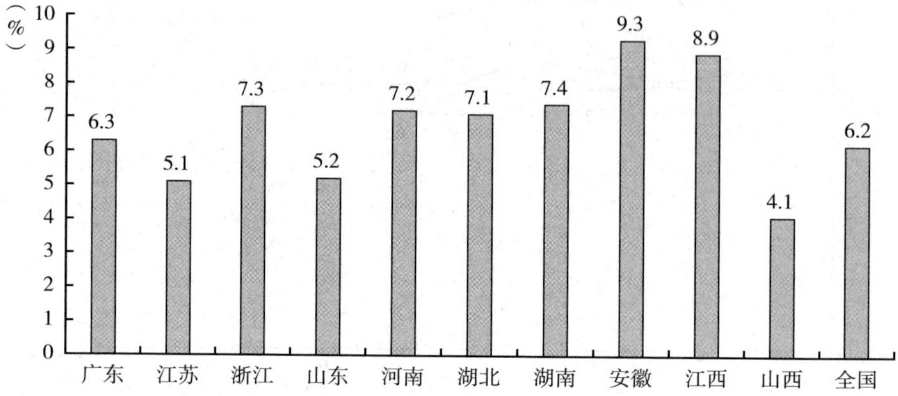

图2 2018年相关省份及全国规模以上工业增加值增速

资料来源：河南省统计局。

上工业同期增速0.5个、5.1个、5个百分点，也高于同期传统产业、高耗能工业的增速（分别为6.7%、7.3%）。新产品较快增长，2018年，锂离子电池产量增长142.8%，新能源汽车产量增长70.4%，服务机器人增长37.8%，而同期塑料制品、有色金属、平板玻璃等产品产量不同程度萎缩，表明产业产品结构优化趋势明显。

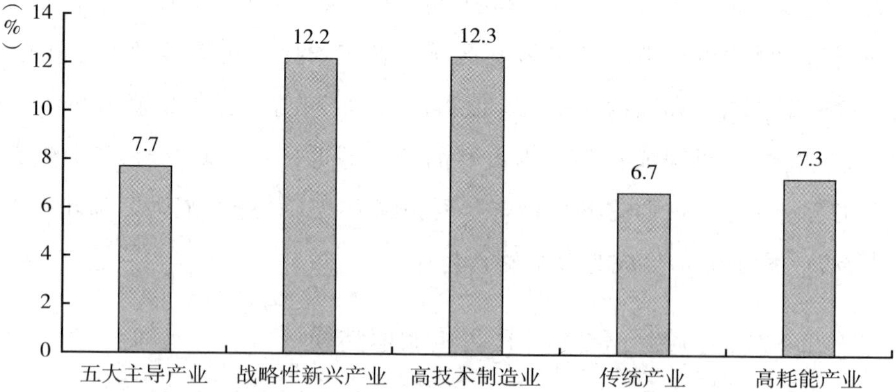

图3 2018年分产业规模以上工业增加值同比增速

资料来源：河南省统计局。

同时，先进制造模式快速渗透，新旧动能转换加速。2018 年 4 月省政府出台《河南省智能制造和工业互联网发展三年行动计划（2018～2020年）》《河南省支持智能制造和工业互联网发展若干政策》，加大对先进制造模式项目的支持力度，3 个项目入选 2018 年国家工业互联网试点示范项目名单，10 个项目申报 2018 年国家制造业与互联网融合发展试点示范，61 个项目被列为 2018 年省级制造业与互联网融合发展试点示范，4 家企业入选 2018 年河南省工业互联网平台拟培育名单，5 个基地入选 2018 年河南省制造业与互联网融合“双创”基地，103 个车间入选 2018 年河南省智能车间，47 个工厂入选 2018 年河南省智能工厂。一大批先进制造模式项目建成并投产，不仅优化了工业投资结构，更有力支撑了产业结构优化和新旧动能转换。

（三）利润增速放缓，企业表现继续分化

受需求疲软和成本上升影响，工业企业利润增速明显放缓，如图 4 所示，2018 年 11 月，全省规模以上工业企业利润总额同比增长 16%，比 2017 年同期提高 5.7 个百分点。但是，2018 年以来河南省规模以上工业企业利润增速一直承压，与 2017 年同期相比大幅下降，11 月快速反弹。我们在调研中也感受到，2018 年工业企业经营相对比较困难，原材料、劳动力以及财务等方面的成本上升明显，而由于需求疲软难以向消费端传导，大大侵蚀了企业利润，甚至有部分企业已经陷入困境。

2018 年 1～11 月，河南规模以上工业企业主营业务收入利润率仅为 4.74%，在五个工业大省和中部六省中均倒数第 1，表明河南省工业企业质量与效率与其他主要省份的差距明显（见图 5）。

企业表现明显分化，近年来研发投入多、技改力度大、新产品开发快的企业盈利能力较强，过度依赖传统技术、传统产品、传统发展方式的企业面临困难较多。由于环保管控加强和去产能工作持续推进，钢铁、煤炭等主要能源原材料工业品价格持续高位运行，传统行业企业尤其是国有企业经济效益继续改善，2018 年 1～11 月，规模以上国有控股工业企业利润总额同比增长 71.2%。

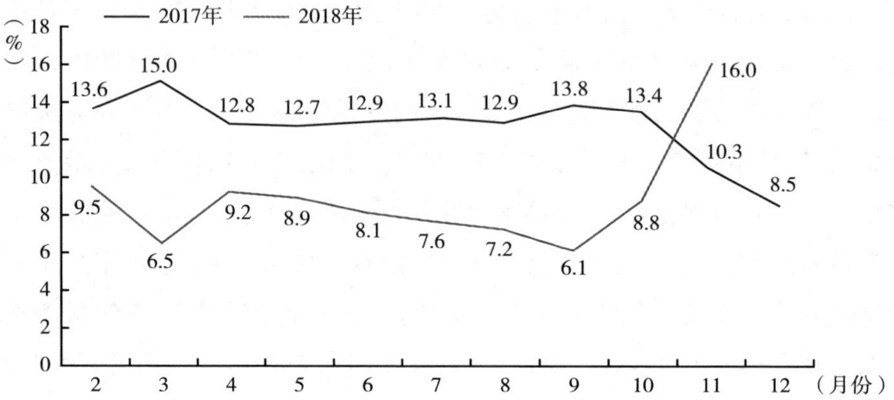

图4　2017～2018年11月河南省规模以上工业企业利润总额月度累计增速

资料来源：河南省统计局。

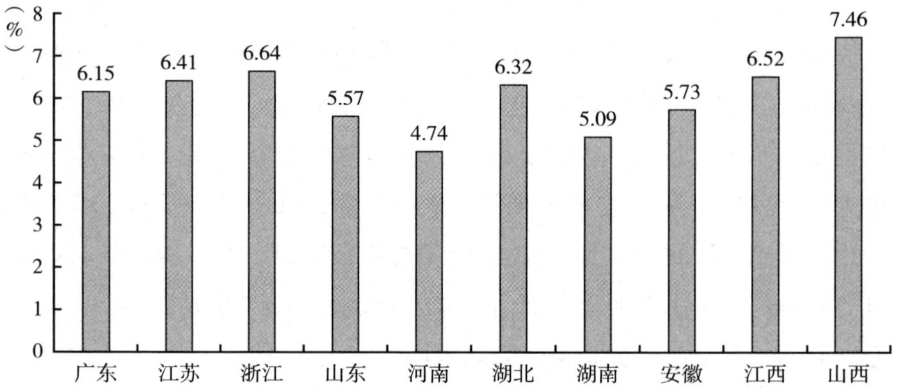

图5　2018年1～11月主要省份规模以上工业企业主营业务收入利润率

资料来源：河南省统计局。

（四）投资增长乏力，发展后劲明显不足

工业投资增长乏力，尤其是上半年工业投资增速一直处于负增长区间（见图6），7月由负转正后小幅回升，但与2017年同期相比增速明显放缓。2018年1～12月，全省工业投资同比增长2.0%，低于固定资产投资增速6.1个百分点，低于2017年同期工业投资增速1.5个百分

点。工业投资就是未来的生产力和产业结构，投资增长乏力显示河南省工业发展后劲不足。值得指出的是，河南省工业企业技术改造力度加大，2018 年工业技改投资同比增长 21.5%，高于工业投资增速 19.5 个百分点，对工业质量效益提升的作用将会逐渐显现。河南省传统工业比重大，要抓住机遇支持工业企业加大智能化、绿色化改造，为产业产品结构优化提供支撑。

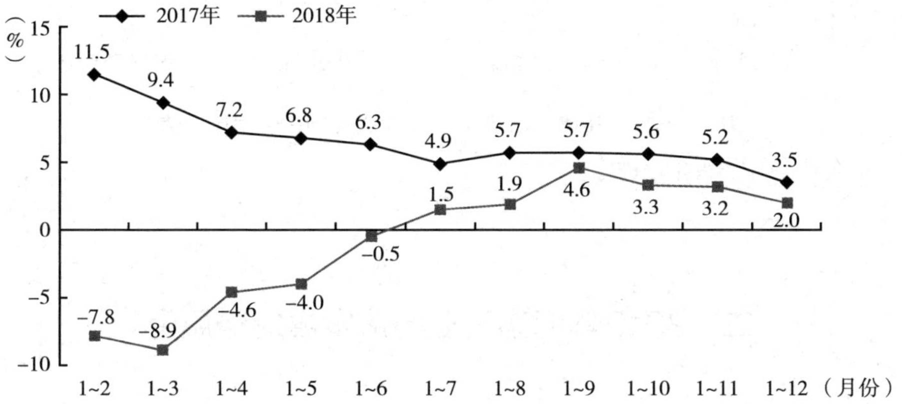

图 6　河南省工业投资增速

资料来源：河南省统计局。

分产业看，如图 7 所示，2018 年 1～12 月，五大主导产业、传统产业、高技术制造业、高耗能产业固定资产投资增速分别为 2.5%、-1.3%、-4.3%、-1.7%，与 2017 年相比投资结构明显优化，尤其是传统产业、高耗能产业投资增速大幅下降、由正转负，五大主导产业由负转正，工业投资结构明显优化，符合产业结构转型发展趋势。但是，高技术制造业投资增速明显低于传统产业与高耗能产业，可以看出高技术制造业仍是河南省工业升级的短板。从投资结构看，传统产业投资占工业投资的 40.3%，高耗能产业占比 29.9%，五大主导产业占比 38.2%，高技术制造业占比仅为 9.5%，表明河南省工业供给侧结构性改革任务仍然艰巨，环境保护压力较大。

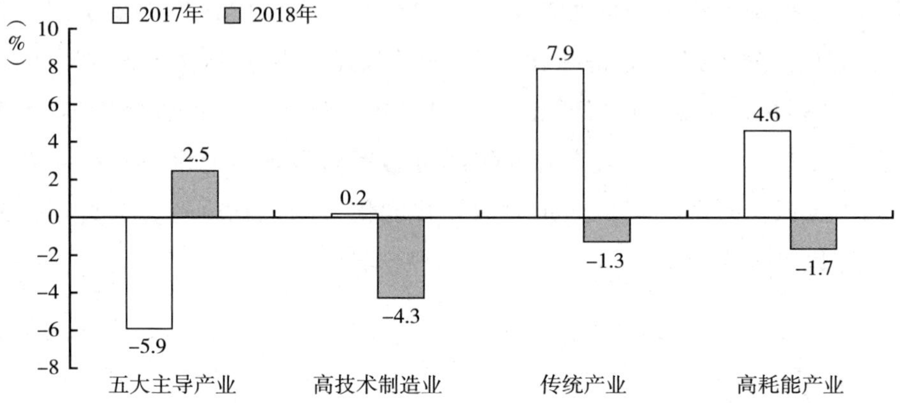

图7　2017～2018年工业分产业固定资产投资同比增速

资料来源：河南省统计局。

二　2019年河南工业经济发展趋势展望

（一）发展形势研判

2018年是改革开放40周年和贯彻十九大精神的开局之年，2019年是新中国成立70周年也是全面建成小康社会的关键之年，中国经济整体处于百年巨变和重要战略机遇的叠加期，内外部经济形势复杂，河南工业发展机会和挑战将长期并存。

1. 面临的机遇与有利条件

一是支持制造业高质量发展的政策力度持续加大。2018年底召开的中央经济工作会议上提出的2019年重点工作任务中，“推动制造业高质量发展”位居重点工作任务首位，未来要加大制造业发展支持力度。2018年，关于制造业高质量发展的规划措施不断出台。从国家层面看，2018年3月，《工业和信息化部办公厅关于做好2018年工业质量品牌建设工作的通知》发布；2018年6月，《工业互联网发展行动计划（2018～2020年）》等一系列促进工业互联网发展的规划出台；2018年6月，国家出台退税政策，对符合《中国制造2025》明确的新一代信息技术等10个重点领域和满足条件的高新技术企业、科技型中小企业予以退还增值税期末留抵税额。从省级层面看，2018年4月，河南省政府出台《河南省智能制造和工业互联网发展三年行动计划（2018～2020年）》；随后发布《关于做好2018年降成本重点工作的通知》，以降低制造业企业相关税负；《高新技术企业倍增计划实施方案》《2019年省先进制造业发展专项资金项目申报指南》等产业扶持及优惠政策也陆续发布。

二是先进制造模式加速渗透。近年来中国工业积极拥抱新一代科技革命和产业革命发展成果，智能制造、工业互联网等先进制造模式的发展不断提速。数据显示，中国2017年智能制造行业市场规模为15150亿元，随着智能制造对传统制造业进一步改造提升和应用的不断拓展，巨大的发展潜力将进一步释放，预计2019年行业市场规模将超过19000亿元。工业互联网发展势头同样强劲，截至2018年3月，中国已有超过250家工业互联网平台。2017年中国工业互联网直接产业规模约5700亿元，预测从2017年到2019年，产业规模将保持年均18%的高速持续增长，至2020年达到万亿元。河南紧跟形势，布局谋篇推动先进制造业快速发展。截至2018年底，河南共有14个项目入选国家智能制造试点示范项目和国家智能制造综合标准化与新模式应用项目名单。2018年11月，在工信部最新公示的《2018年工业互联网试点示范项目名单》中，河南共有包括中信重工“矿山装备工业互联网平台”在内的三家平台入选集成创新应用试点示范项目名单。2018年10月，河南省工信厅拟认定103个智能车间、47家智能工厂，均为河南制造智能化改造的先行者，旨在以多层级示范充分发挥引领作用。

三是河南省承接产业转移仍处于战略机遇期。受全球产业变革不断推进的影响，制造业分工协作与持续的动能转换是当下主题。而河南近年来围绕培育高成长性制造业、壮大战略性新兴产业、支持传统支柱产业转型升级等做了大量工作，使得工业水平大幅提升，为河南制造业承接产业转移创造了更多机遇。此外，河南地处中原连接东西，新一代区域协调发展战略强调轴带引领，东西联动，在密切了河南与东西部地区经济联系的同时，为河南打通了开展全球经济合作的新通道，以高质量的开放带动高质量的产业合作成为趋势。河南紧抓产业转移的战略机遇，坚持集群化、链条化、高端化的引进原则，工作成效显著。以汽车制造业为例，2017 年河南引进上汽乘用车整车项目，2018 年上汽发动机工厂投产，2018 年 11 月，又通过产业对接活动，促成上汽乘用车和郑州经开区管委会签约了配套产业园项目，满足项目整体的近地化配套。2018 年 12 月，中原内配集团与德国凯思公司合作，年产 180 万只国 VI 发动机钢质活塞的首条智能生产线在焦作孟州建成投产。

2. 面临的挑战与制约因素

一是全球经济与国际贸易不确定性增加。当前国际市场中深层次、结构性矛盾较为突出，以美国为代表的一些发达国家新近推出的贸易政策干扰了世界经济缓慢复苏的脚步，全球经济发展形势复杂，国际贸易不确定性增加。国际货币基金组织（IMF）2018 年 10 月发布的《世界经济展望》报告，将 2019 年全球经济增长预期从 3.9% 下调至 3.7%，这是该机构自 2016 年以来首次在报告中下调全球经济增长预期。该报告还下调了对全球贸易量增速的预期，预计 2019 年商品和服务总贸易量增速为 4%，较此前下调 0.5 个百分点。2019 年 1 月世界银行发布了最新一期《全球经济展望》，报告认为，随着资本积累速度下滑，生产率增速逐步放缓，人口老龄化加剧，未来十年全球经济潜在增速将进一步下降，这有可能导致全球经济脆弱性增加。两份报告都着重提出全球经贸摩擦的负面影响。中国需要积极应对中美经贸摩擦的潜在冲击与影响，关税的增加将会直接提高中国工业产品出口成本，影响正常出口，对中国经济增长带来冲击。同时，美国采取一系列措施吸引高技术制造业中低端回流，限制技术及研发环节的出口，可能会打断中国通过产业转移提升科技创新能力、完善创新链的进程，此外，美国可能建立国际同盟，对中国产品共同征收关税，贸易保护主义抬头，进一步扩大经贸摩擦对中国经济的影响。

二是区域制造业高质量发展竞争进入新赛道。推动经济高质量发展成为各个地区适应新时期经济发展新需求的重要路径，制造业高质量发展是实现经济高质量发展的重要抓手，围绕制造业高质量发展的区域竞争激烈程度不断加深。尤其是近年来，伴随着新一代信息技术和数字基础设施的快速渗透，智能制造、物联网、工业互联网、工业大数据、人工智能等与制造业深度融合，新模式、新业态、新技术持续涌现，产业分工格局正在重塑，区域产业竞争进入新赛道，各区域均在谋划新的制造业发展思路和规划。就中部地区而言，湖南、安徽、湖北纷纷配合《中国制造 2025》提出了明确的地方发展规划，湖南实施“1274”行动计划，提出 12 大重点产业，7 大专项行动，4 大标志制造业强省的重点工程。湖北提出了成为制造业强省，迈上全国制造业第一方阵的明确时间计划。从省会城市产业谋划看，近年来内陆城市都在再审视、再聚焦，合肥提出“芯屏器合”，芯片、新型显示产业快速崛起；武汉依托国际光电子博览会暨论坛（光博会）打造“中国光谷”；西安聚焦硬科技，举办世界硬科技创新大会，放大科技和高等教育优势；成都制定了新经济发展路线图，聚焦“六大新经济形态”、培育“七大应用场景”，设立全国首个新经济发展委员会这一专门工作机构，实施新经济企业梯度培育计划暨“双百工程”，打造“黑科技之都”、中国创新创业第四城；贵阳发展大数据产业，举办世界数博会，短短四年从无到有推动全省大数据产业达到 1000 亿元规模。在中西部地区竞相构建制造业高质量发展框架的同时，面对新一代科技革命和产业革命的时代机遇，东部地区也纷纷聚焦先进制造业布局谋划，从东部沿海地区出台的各项“十三五”规划中可以看出，先进制造业是各个地区首要发展的重点领域，而东部地区相对拥有更多技术创新优势和区位优势，进一步加剧区域竞争。

三是企业家投资信心不足。中国人民银行 2018 年底发布的《2018 年第四季度企业家问卷调查报告》显示，企业家信心指数为 67.8%，比上季下降 3.4 个百分点，比 2017 年同期下降 4.0 个百分点。企业家宏观经济热度指数为 35.4%，比上季下降 1.8 个百分点，比 2017 年同期下降 3.2 个百分点。从国际上看，当前发达国家普遍实施多种举措的再工业化政策，增加了中国承接产业转移的难度，相对于中国人口红利逐渐消失，东南亚国家吸引国际投资的劳动力优势日益突出，进一步挤压中国工业发展空间。受中美经贸摩擦深层影响，中国制造业出口形势极不确定，美国的一系列动作将明显改变全球制造业投资预期和趋势。从国内看，中国处在百年未有之巨变的战略机遇期，持续创新及转换发展动能是时代选择的必需生存之道，创新伴随着成本和收益的不确定性，内外因素交织降低了企业家参与投资的意愿和信心。从河南 2018 年 1 ~11 月工业投资情况来看，这一增速明显低于固定资产投资和 2017 年同期水平，反映出企业家整体工业投资信心不足的局面。

（二）发展趋势展望

展望 2019 年，中美经贸摩擦影响更加显现，中国经济运行稳中有变，外部环境更加复杂严峻，但中国经济迈向高质量发展新轨道的步伐更加稳健，经济结构更加优化，先进生产方式加速渗透。在此背景下，河南工业高质量发展前景广阔，预计 2019 年，河南工业经济仍将在合理区间平稳运行，规模以上工业增加值增速将保持在 6.5% ~7.0% 的合理范围，工业运行整体呈现“增速窄幅波动，产业结构优化，转型升级提速，质量效益提升”的良好发展趋势。

分产业看，五大主导产业仍将保持平稳增长，高技术制造业、战略性新兴产业将实现较快增长，占比持续提高，传统产业、高耗能产业增速继续放缓，占比继续降低，产业产品结构进一步优化升级。在环保倒逼与成本倒逼下，工业企业表现继续分化，重视新技术、新产品、新业态的企业将持续创造新的增长点，反之将会被市场淘汰，生产要素将继续向优质企业集聚，产业集中度明显上升。智能化改造、绿色化改造、技术改造等三大改造将有效带动工业投资结构优化，先进制造模式加速渗透，助推河南工业迈向高质量发展新轨道。

三　推动河南工业高质量发展的对策建议

（一）持续放大国家战略叠加效应，谋划承接重大产业项目

发挥国家战略联动和叠加效应，把先行先试与经验复制结合起来，抓住新一轮产业转移机遇，进一步挖潜比较优势，从战略层面找准产业升级新趋

势与区域要素支撑的最佳结合点，积极与国家产业发展战略以及大型企业集团战略布局对接，重点谋划承接龙头型、基地型、链主型的制造业项目，切实带动全省工业转型升级。一是谋划承接国家战略型产业项目。当前我国正在加快谋划布局制约中国制造升级的战略型项目，集成电路、新型显示、新型材料、智能装备、新能源汽车等领域已经成为投资热点，河南省积极谋划与国家战略对接，以超常规举措承接重大项目落地，引导本地龙头企业如一拖、中铁盾构、许继、双汇等积极承接国家重大项目与平台建设，力争纳入国家战略型产业的地方布局。二是积极对接龙头企业战略布局。引导各地把本地优势资源、创新要素、产业基础与国内外龙头企业战略对接，深入研判当前产业转移新趋势，如华为、小米等都在内陆城市布局研发中心、运营中心、营销中心甚至区域总部等，要出台特殊政策大力承接区域性总部、研发中心、生产基地等的落地，争取国内外大型企业集团在河南建设第二总部或者生产基地。

（二）提升郑州国家中心城市能级，培育壮大产业升级平台

作为国家中心城市的郑州要对产业定位进行再梳理，全面提升产业定位，聚焦研发设计、高端制造、解决方案、生产服务等环节，聚集高端生产要素，加强与国际、国内大城市的要素交流，为全省工业企业转型升级提供强大支撑。一是谋划产业发展平台。近年来，各省份均在谋划打造新的产业平台，如贵州的中国国际大数据产业博览会、安徽的世界制造业大会、江苏的世界智能制造大会、陕西的全球硬科技创新大会、重庆的中国国际智能产业博览会、湖北的光博会等，把区域产业比较优势与全球产业资源无缝对接起来，吸引了全球制造业企业的目光，成为“走出去”“引进来”的重要平台，吸引了一批层次高、带动强的项目落地，有力带动了区域产业转型升级。河南要借鉴周边省市的经验，在提升产业平台上下功夫，依托郑州国家中心城市，谋划迈向全球的高端产业开放合作平台，提升郑州对全球全国高端产业、高级生产要素的吸引力。二是提升产业发展载体。持续放大国家战略叠加效应，支持郑州及其周边的高新区、产业集聚区、商务中心区等完善

丰富产业基础设施，吸引高端产业落地，推动一般加工环节向周边拓展，引导新乡、许昌、开封、焦作等与郑州错位联动发展。发挥郑州在创新创意发展中的引领作用，培育研发总部区、文化创意产业集聚区，依托轨道交通轴带超前谋划创新创意产业带，发展地铁口附近楼宇经济，吸引创新创意创业要素集聚，培育壮大都市型产业，吸引全省龙头企业把研发中心、营销总部等向郑州集聚。三是积极培育平台经济。近年来沿海地区平台经济崛起，成为集聚资金、产业、人才等生产要素的新平台，“平台＋生态圈”彰显区域新竞争力，河南省应抓住工业互联网平台崛起的机遇，支持郑州建设平台经济园区，吸引省外知名平台企业入驻，引导省内平台集聚，引导平台商与本地龙头企业合作培育综合性、行业性工业互联网平台，支持现有工业电子商务平台、供应链平台等向工业互联网平台转型升级，助推工业企业整合产业链、供应链，提高产业链竞争力。

（三）突出国家自主创新示范区带动，引领河南工业创新发展

创新是推动工业高质量发展的第一动力。未来河南仍需依托国家自主创新示范区，按照“辐射区＋辐射点”并行方式，放大政策辐射效应，培育引进“四个一批”（即发展一批创新引领型企业、培育一批创新引领型人才、建设一批创新引领型平台、引进一批创新引领型机构），围绕自创区、核心区与辐射区、辐射点良性互动发展，推动全省形成“核心引领、辐射带动、梯次发展、全面提升”的创新发展新局面，辐射带动全省工业创新能力提升。当前创新引领工作初见成效，但仍面临着创新环境亟待优化、创新资源占有不足等问题。未来还需从以下几点下功夫。一是加快建立技术协同创新体系。对于由政府引导设立的创新类基础设施，加大资源开放共享程度，便于更多企业获取创新信息。突出大中型国有企业在技术创新中的优势，和中小型科技企业以需求推动的创新相配套，改善基础研究与产业化之间存在的脱节问题。二是加速形成有利于创新的良好环境。紧抓产业技术创新联盟、产业技术创新研究院、军民融合协同创新研究院等各类平台建设，构建河南制造创新发展的基础支撑。引入各类有利于创新的中介机构来河南

发展，完善河南创新体系建设。三是强化军民融合领域技术创新。发挥郑洛新军工创新资源的优势，坚定推动军民融合，创建军民融合试验区，加快军用技术向民用市场转移的步伐，形成军工研发和商业市场需求推动下的双轮创新驱动关系。四是深入推进体制机制改革。打破行政体制干涉过多的局面，激发企业参与创新活动的动力活力。坚定推动科研管理体制和收益分配机制改革。保障科研人员成为科技创新突破与成果转化中受益最大的群体，广泛吸纳各层次创新人才，为创新引领型人才提供合适的创新团队。五是以高质量的开放促进创新发展。坚持以开放促发展、以开放促创新的开放式创新战略，坚持高质量的“引进来、走出去”，综合利用全球高端创新资源。

（四）突出智能制造引领三大改造，构建新型制造生态体系

近年来，智能制造与工业互联网快速渗透，已经成为工业转型升级的核心支撑，尤其是浙江、江苏、广东等沿海地区通过智能化改造，制造模式和产业业态呈现新局面。2018 年 4 月，河南省出台了《河南省智能制造和工业互联网发展三年行动计划（2018～2020 年）》《河南省支持智能制造和工业互联网发展若干政策》，引导工业企业加快智能化改造，取得积极效果。当前智能制造与工业互联网发展处于需求爆发期和推广窗口期，河南传统产业规模大，智能化改造空间广阔，要突出把智能制造作为推动工业高质量发展的主攻方向，构建新型制造生态体系。一是导入先进制造模式。借鉴海尔、酷特、美的、三一等企业智能化转型模式，依托智能制造综合解决方案提供商，引导本土工业企业导入成熟的行业智能化转型模式，结合企业实际探索落地方式，提高智能化改造效率。二是培育推广智能制造标杆项目。在装备、食品、汽车、材料、化工等优势产业领域选树一批智能工厂、智能车间等智能化转型样本，评选年度智能制造标杆项目，总结推广成熟改造经验，分领域分行业开展企业家观摩活动，形成示范引领效应。支持龙头企业内部信息化平台转型为行业平台，依托行业经验、数据为中小企业提供平台支撑服务。三是构建智能制造生态体系。引导省内外智能制造综合解决方案提供商、工业互联网平台、行业龙头企业等联合起来，探索成立省级智能制

造研究院，集聚智能制造与工业互联网资源，开展智能制造培训，加强典型案例研究，开展企业智能制造诊断，打造开放式的智能化改造推广合作平台。加快实施“企业上云”行动，推动工业“企业上云”转型，提高工业企业依托云平台转型创新发展能力。

（五）提升制造业人力资源水平，培育质量型人口新红利

面对高质量发展新时代，作为人力资源大省的河南，要突出提升制造业人力资源水平，培育质量型人口新红利，加速新旧动能转换。一是探索制造业人才培养新模式。探索产教对接、工学结合、中外合作、校企协同等人才培养新模式，引导职业教育强化与德国、韩国、澳大利亚等国际教育机构的战略合作，联合创办智能制造、3D 打印以及特色产业领域的专业化培训课程。实施能工巧匠进校园计划，引导龙头企业在职业院校开设实训中心和专业实验室，引导各类院校聘用一批具有行业影响力的专家作为专业带头人，一批企业专业人才和能工巧匠作为兼职教师。二是打造制造业人才成长新平台。引导骨干企业搭建内部创新创业平台，支持企业借鉴海尔内部创业孵化平台、中信重工大工匠工作室等模式，为技能人才、一线工人提供新的成长平台和职业通道，打造“中原名匠”品牌。三是培育制造业人才成长新载体。引导行业协会、社会资本等建设众创空间，支持龙头企业依托优势产业集群建设孵化器，助推技术、技能人才创新创业，引导风险投资机构、创业培训机构等依托各类“双创”平台为技术技能人才提供管理、金融、营销等综合性培训，培养复合型高素质人才队伍。引导各地建设返乡创业园，支持在外的豫籍大学毕业生、在岗技术人员和管理人员、熟练技能工人等回乡创新创业。

（六）开展区域营商环境评价，激发工业企业转型创新内生动力

新时期区域产业竞争已从拼优惠、拼低价转移到拼政府服务、信用、法规、公平有序的市场环境等方面上，为契合新时期新的发展要求，国家提出包括坚持简政放权、推进“放管服”改革，深刻转变政府职能等一系列措

施在内的优化营商环境策略。2018年11月，习近平总书记在中国国际进口博览会上指出“营商环境只有更好，没有最好”。持续深入优化营商环境是河南通过制度体制创新激活发展动力的必行之举。河南省应借鉴国际经验和外省实践，尽快开展区域营商环境评价，打造一流营商环境，激发企业家内生动力。一是深入贯彻学习中央精神要求及先进经验。继续深化“放管服”改革，建设服务型政府，践行中央对于优化营商环境的各项工作部署。落实“五个为”和“六个一”的工作要求，学习推广其他地区优化营商环境典型做法，创新监管方式，试行信用风险分类监管、制定新兴行业分类指导目录、大数据监管等。二是大力推动投资便利化。严格按照国家公布的《市场准入负面清单（2018年版）》和《外商投资准入特别管理措施（负面清单）（2018年版）》执行市场准入标准，全面提升河南一般制造业招商引资水平和服务业开放程度。抓住自贸区政策先行先试优势，进一步简化投资企业设立的手续流程，简化企业消防、环评等行政审批过程，简化电商外贸进出口通关时间，形成经验加速推广。深入推进“互联网+政务”，依靠“互联网+”为企业办理政务提供便利，缩短等待办理时间。三是构建“亲”“清”的政商关系。深刻推动政府服务职能转变，形成政府与投资企业长期的良好互动关系。开展与企业座谈、企业对政府评议等活动，及时了解政府工作的不足之处，以及企业生产发展中遇到的难题，以问题为导向，有的放矢地加以解决。

参考文献

卢山：《2017～2018年中国工业发展蓝皮书》，人民出版社，2018。

黄群慧：《推动我国制造业高质量发展》，《人民日报》2018年8月17日。

谷业凯：《工业互联网让工业制造“聪明”起来》，《人民日报》2019年8月10日。

中国信息通讯研究院：《中国工业发展研究报告（2018年）》，2018年11月。

综 合 篇

Comprehensive Reports

B.2 以高质量科技供给引领支撑河南工业转型攻坚研究

林风霞 *

摘 要： 只有高质量的科技供给才能引领支撑河南工业转型攻坚。河南多数产业缺少关键核心技术，企业缺少对基础研究的积累，科技创新体系自身存在的科研成果产出质量低、科技创新资源使用效率低、科技成果转移转化效率不高等科技供给质量问题，说明工业转型攻坚需要提升科技供给质量。2018 年，河南着力通过打造“双创”升级版、加快郑洛新自创区建设、加快培育引进“四个一批”、实施科技创新重大专项、深化科技体制机制改革、推动开放式创新等措施来提升区域科技创新能力。今后，河南既要持续推动河南研发投入增长，

* 林风霞，河南省社会科学院工业经济研究所副研究员。

又要从提升主体能力、完善机制、优化区域创新配置、强化配套政策等方面着手推动区域科技创新向质量和效率转型，为工业转型攻坚和高质量发展提供高水平科技支撑。

关键词：　高质量科技供给　河南工业　转型攻坚

2018 年 5 月 28 日，习近平在两院院士大会上指出，要充分认识创新是第一动力，提供高质量科技供给，着力支撑现代化经济体系建设。科技创新活动与工业、农业活动一样，也要讲究产出质量、生产效率和成果转化效率，也只有高水平的科技供给才能引领支撑河南工业转型攻坚。近年来，河南大力实施创新驱动发展战略，以加快产业转型升级为目标，着力完善创新创业政策体系，加快平台建设、人才建设和成果转化，科技创新投入增长加快，科技创新成果持续涌现，科技创新与工业、农业呈现协同发展趋势。但是，与全国平均水平相比，河南科技创新投入强度低、多数产业缺少关键核心技术、科研成果产出质量不高、区域科技创新资源使用效率不高、科技成果转移实施效率不高等科技供给质量不高问题仍然突出。2018 年是河南工业转型攻坚的关键一年，河南努力在强化科技创新上谋求新突破，采取多种措施激活科技创新活力、提升科技创新能力、提高科技成果产出水平、加快科技示范推广等来引领支撑河南工业转型攻坚。

一　河南工业转型攻坚需要依赖高质量的科技供给

创新驱动发展是推动河南工业转型攻坚实现高质量发展的核心动力。创新能力不强是制约河南工业高质量发展的突出问题，创新能力不强突出表现在：目前，河南经济增长还过多依赖传统优势产业和高耗能产业，战略性新兴产业和高技术产业占比较低，2017 年，河南战略性新兴产业和高新技术产业分别仅占 12.1% 和 8.2%；多数行业缺乏自主的关键核心技术；企业也因为缺乏基础研究的积累，难以在前沿领域实现颠覆性创新，等等，这也体现了河南制造的大而不强。而创新能力不强既有长期以来河南研发投入强度低的原因，也有创新供给质量不高的原因。同时，从实践看，河南科技创新体系自身的效能也需要提升。目前，河南工业攻坚转型处于紧要关口期，工业需要通过提升科技供给水平取得技术的突破，特别是取得关键核心技术、颠覆性技术等的突破，以创新优势形成工业发展的新竞争优势。

（一）研发“卡脖子”自主关键核心技术需要高质量的科技供给

2018 年美国制裁中兴事件让制造大国的缺“芯”之痛广为人知。实践再一次警告我们，关键核心技术是要不来、买不来的。中兴事件也警示河南包括高新技术产业和战略性新兴产业在内的很多行业必须正视自身存在的技术短板。河南的一些行业如汽车业表面上块头很大，一些高新技术产业和新兴产业近年来发展很快，如电子信息行业、机器人等，但是行业繁荣背后难以掩盖由于缺乏关键核心技术，关键零部件和材料不得不严重依赖进口，行业发展受制于人的窘境。而且，当产业发展到跟国际差距较小时，就会发现再靠引进技术已经很困难了，因为跨国公司要保持关键核心技术上的“压制”地位。另外，近年来，河南通过实施重大科技项目，在盾构装备、特高压输变电装备、新能源汽车等领域集聚创新要素，获得的科研成果使相关产业形成了市场竞争优势。由此可见，加大研发投入，不断提高研发质量，始终位于技术的前沿才是解决行业关键核心技术缺失问题、实现行业自主发展的根本。

（二）重大突破性原始创新需要强化企业基础研究

实践证明，模式创新不能解决河南工业转型攻坚中的根本问题。基础研究是科技创新的源头，关键核心技术的突破、战略性新兴产业的培育都需要基础研究的支撑。目前，世界产业更新换代日趋加速，在历史的关键点，谁能取得重大原创理论突破和颠覆性技术革新，谁就能领跑行业发展。企业创新能力特别是原始创新能力不足，是制约河南工业转型发展、跨越发展的短板。这是因为，与科研院所相比，企业最了解产业发展的技术需求，也最易找准与产业发展相对接的基础研究方向，因而应该是基础研究的主力军。2016 年，河南全社会研究与发展经费内部支出 4941880 万元，其中基础研究仅为 107583 万元，仅占研究与发展经费约 2.18%；规模以上工业企业研究与发展经费内部支出 4096962 万元，其中基础研究仅为 962 万元，仅占研究与发展经费约 0.02%；大型企业研究与发展经费内部支出 2568761 万元，其中基础研究仅为 160 万元，仅占研究与发展经费约 0.006%；很多国有大企业对基础研究的投入只占研发投入的千分之二左右。河南要实现产业发展从追赶到引领的跨越，必须发挥企业在基础研究中的主力军作用，支持优势企业在全球创新的前沿领域进行自主创新。

（三）区域创新体系自身需要提升效能

虽然近年来河南创新投入不断增加，创新成果增长较快、高新技术产业得到较快发展，但是，与全国平均水平和发达地区相比，河南研发经费投入强度低、高新技术产业的比重低、创新要素使用效率低、创新成果质量不高、科研成果转移转化率低等问题依然突出，在继续加大科研经费投入的同时，区域创新体系还需要提高自身创新效能。

一是必须提高区域创新要素使用效率。我国现行科研管理体制导致的条块分裂、要素配置过分分散，造成重复研究和资源浪费，而以论文数量和专利数量而不是以成果质量为中心的科技评价机制又导致研发人员不注重创新成果质量和创新效能。

二是必须增加高质量创新成果的占比。近年来，河南专利申请量和授权量快速增长，但核心技术型、高质量的发明专利仍然较少，专利申请中的重数量轻质量问题依然突出。2017 年，全省发明专利授权量为 7914 项，仅占三种专利授权量的 14.3%（见表 1），而全国授权的发明专利占三种专利授权量的 19.0%。河南发明专利拥有量占比低于全国平均水平，2017 年末，河南发明专利拥有量 28615 件，占三种专利总量的 16.4%，而全国平均水平是 29.2%。“每万人口发明专利拥有量”是衡量一个国家和地区科研产出水平的一个重要指标，在2017年底，河南每万人口发明专利拥有量仅为3.0件，而全国平均水平是9.8件，排名前三的北京、上海和江苏分别达到94.5件、41.5件和22.5件（见图1）。

表1　河南2012～2017年三种专利授权量和发明专利拥有量情况

项目	2012年	2013年	2014年	2015年	2016年	2017年
三种专利授权量合计(项)	26833	29482	33366	47766	49145	55407
发明专利(项)	3168	3173	3493	5384	6811	7914
实用新型专利(项)	18739	21153	23539	32592	32197	35822
外观设计专利(项)	4926	5156	6334	9790	10137	11671
发明专利拥有量(项)	8683	11249	13535	17571	22601	28615
发明专利授权量占比(%)	11.8	10.8	10.5	11.3	13.9	14.3

资料来源：《河南统计年鉴2017》《2017年中国专利统计年报》。

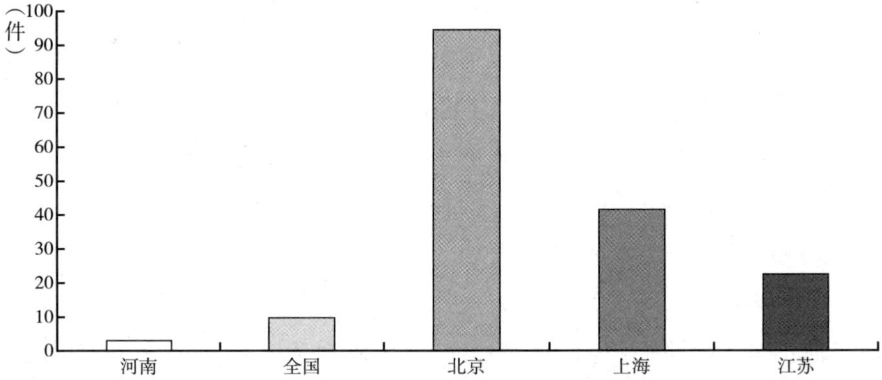

图1　2017年末每万人口发明专利拥有量对比

资料来源：《河南统计年鉴2017》《2017年中国专利统计年报》。

三是必须提高科研成果转移实施率。科技成果转化是科研活动中耗时最长、难度最大、最具经济意义的一个重要环节，因而也是科研的“最后一公里”。2016年，河南拥有有效发明专利26151件，全年专利所有权转让及许可数仅385件，专利所有权转让及许可收入仅5596万元，专利技术转让许可率仅1.5%，其中科研单位和高等院校一共拥有有效发明专利4664件，全年专利所有权转让及许可数仅62件，专利所有权转让及许可收入仅2283万元，专利技术转让许可率仅为1.33%。科技成果转移实施率低特别是科研单位和高等院校专利转移实施率低是由多种原因造成的，例如，产学研脱节会导致科研单位和高校不看产业发展的技术需求，闭门造车搞研究，客观上造成相当一部分科技成果无经济价值，不得不束之高阁；科技管理部门不对科技成果转化进行评价监管，而转化环节难出高质量的科研成果，导致拥有专利的科研单位和高校不注重成果转化环节；技术市场发展滞后导致技术专利的供给方和需求方无法见面，专利不得不锁在柜子中；成果转化需要科研能力强，又懂市场和资本运作的复合型人才和机构，而这样的人才和机构又是河南急需培育引进的；等等。

二 2018年河南提升科技创新质量和效率的做法和经验

河南工业向高质量发展转型需要高质量的科技创新来引领支撑带动。2018年以来，河南启动实施创新驱动发展提速增效工程，如，以倾力打造“双创”升级版加快平台建设、人才建设和成果转化；以加快郑洛新自创区建设来优化区域创新战略布局；以培育引进创新引领型企业、平台、人才、机构“四个一批”，来提升全省创新的整体实力；以抓好科技创新专项为手段来提升创新产出质量、推动成果转化；以全面深化科技体制机制改革为关键来释放科技创新活力；以开放合作创新等补齐科技资源不足的短板；等等。

（一）倾力打造“双创”升级版

2016年以来，河南以4个国家“双创”示范基地和57个省级“双创”示范基地为载体，各级政府积极推动“双创”政策落地，通过组织实施若干重点工程，已经建成了一批功能相对完善、政策机制较为完善、服务链较为完备的服务平台，集聚了一批高素质的创新创业人才，推动一批科技成果转化落地，创新创业与区域实体经济发展正在走向融合发展之路，成为激活区域高质量发展的“一池春水”。

（二）加快郑洛新自创区建设

自2016年4月获批以来，省委省政府把郑洛新国家自主创新示范区建设作为贯彻落实习近平总书记提出的打好“创新驱动发展牌”的重要抓手，不断完善创新政策，深化体制机制改革，力求把自创区建设成全省创新发展的综合载体与核心增长极。截至2018年6月，自创区内各类创新资源均超过全省一半，其中，省级以上创新平台达348个，高新技术企业达533家。一批具有国际市场竞争力的重大成果在自创区不断涌现，表明自创区正在成为全省创新驱动发展的领头羊。为充分发挥自创区对全省经济社会发展的引领辐射带动作用，2018年12月，河南进一步优化区域创新战略布局，积极有序地推进自创区辐射区、辐射点的遴选工作。首批遴选在郑洛新三地确定了12个创新要素集聚区域作为辐射区；又在安阳、南阳、平顶山、焦作4家国家级高新区，以及许昌、信阳2家省级高新区内，筛选了108个辐射点。通过辐射区和辐射点遴选，可以将全省范围内的创新引领型企业、平台、人才、机构纳入自创区的管理范围，统一享受河南支持自创区发展的相关优惠政策。河南还将对辐射区、辐射点实行动态管理机制，推动自创区核心区与全省其他区域良性互动发展。

（三）培育引进“四个一批”

培育引进一批创新引领型企业、人才、平台、机构，是河南落实习近平总书记打好“创新驱动发展牌”的具体行动，也是弥补河南创新主体不强、高端创新要素不足等科技创新短板的现实需要。2018年，河南把培育引进“四个一批”作为科技工作的中心任务，着力扶持一批创新引领型企业，通过“微成长、小升高、高变强”梯次培育模式加快形成创新型企业集群；着力搭建一批创新引领型平台，加快形成体系健全、功能完备的发展格局；着力培育一批创新引领型人才，推动高层次创新创业人才队伍快速壮大；着力引进一批创新引领型机构，弥补区域内科技创新资源不足的短板。目前，河南“四个一批”建设已经取得重大进展。

（四）实施科技创新专项

河南从2018年起实施“十百千”转型升级创新专项，即十大创新引领专项、百项创新示范专项和千个创新应用专项。其中，创新引领专项遴选主要聚焦于河南省产业转型中急需破解的“卡脖子”技术瓶颈，以及已经具有一定基础与优势的前沿引领技术，有望取得突破性创新成果的产业领域，涵盖高端装备制造、新一代信息技术、新材料、新能源汽车、生物医药等河南主导产业和战略性新兴产业领域，希望通过创新资源倾斜和抢先布局，抢占产业未来技术发展的制高点，支撑河南主导产业升级壮大，引领新兴产业培育发展。这样，通过遴选创新引领专项，将有助于加快重点领域核心技术突破，提升创新专项的实施质量和水平，使有限的创新要素发挥最大作用。而通过创新示范专项与应用专项，将推动成果转移转化，引领带动全省产业创新驱动发展。

（五）深化科技体制机制改革

2018年，河南把深化科技体制机制改革作为破解区域科技创新的体制性、机制性障碍和政策性制约的关键之举，着力推进财政科研资金管理改革、完善科研成果转化机制、健全市场引导机制等，以激活创新动力活力、提升创新产出质量和创新效率。如河南出台并实施《关于促进重大科研基础设施和大型科研仪器向社会开放的实施意见》，提高公共科技基础设施和科研仪器的使用效率。各地在深化科技体制机制改革方面进行探索。如开封市深化财政科技计划和资金管理机制改革，涉企科技资金使用方式由过去面向部分企业的特惠性政策转变成面向所有企业的普惠性政策；建立健全以增加知识价值为导向的科技成果利益分配机制，激发科研人员推动科技成果产业化；完善技术转移转化服务网络，为科研人员提供专业化的成果转移服务；启动科技奖励制度改革，奖励高质量的科技创新；加强科研诚信体系建设，推动科技计划项目的规范化管理。

三 对河南以高质量科技供给引领带动工业转型攻坚的建议

区域科技创新供给水平直接影响工业经济发展的质量。提升河南科技供给水平既要持续推动河南研发投入增长，又要从提升主体能力、完善机制、优化区域创新布局、强化配套政策等方面着手，打造一个高质量的区域创新生态体系，切实以创新转型推动工业经济实现质量变革、效率变革、动力变革。

（一）提升区域创新主体能力

以“四个一批”为抓手加快培育更多具有创新引领型的企业、人才、平台、机构，使“四个一批”成为河南创新的领头羊，并带动河南成为创新强省。企业是工业转型攻坚的主体，要持续提升企业自主创新能力，努力在工业领域打造一批创新能力强、能够引领行业发展、综合竞争力居世界前列的创新型企业和科技创新型中小企业产业集群，从而引领带动全省工业经济高质量发展。要完善创新引领型人才培养、引进、使用机制，大力实施国家“千人计划”“万人计划”和河南省“千人计划”等高层次人才引进培养计划，加大对高、精、尖、缺领军人才和团队的培养引进力度，加大对创新能力强、懂市场、会资本运作的复合型人才的培育引进力度。要通过深化科技体制机制改革，加快培育创新引领型平台，进一步完善科研评价机制、财政科研经费管理机制、成果转化利益分配机制等，进一步营造开放的创新氛围，进一步激发科研人员的创新活力。要加快培育创新引领型机构，努力探索新型研发机构发展的新机制、新模式，完善各项政策。

（二）建立以质量贡献绩效为中心的科技评价机制

构建以质量贡献绩效为导向的科技评价机制是高质量发展阶段提升科技

供给水平的必然要求。科研评价机制是科技管理体制的重要组成部分，它具有的导向、激励、判断、预测等基本功能使其成为科技管理的重要手段，被广泛用于项目评审、科技人才评价、科技机构评估、科研奖励评选等方面。构建以质量贡献绩效为导向的科技评价机制，就是把提高科研质量、提升人才贡献绩效作为科技管理改革的出发点和落脚点，通过目标导向的激励作用推动创新创业主体提高创新成果质量、创新效率和科研成果转移转化率等，最终实现高科技供给。完善河南科技评价机制，一是对科研人员进行科学的分类和定位，以期对科研人员进行分类评价和精准激励。二是科学设立科研成果评价的质量、效率、贡献、绩效指标，建立有利于科技人才潜心创新的评价指标体系。三是推动科研评价机制与人才激励机制紧密结合，把创新能力、创新成果质量、贡献、绩效作为人才激励的主要根据，实施更加积极的创新创业人才激励政策，从而激励科研人员提升科研成果产出质量，加快成果转移转化。

（三）完善产学研协同创新机制

科技创新要助力工业转型攻坚，必须推进科技创新与工业转型攻坚技术需求的对接，这需要把创新体系的不同主体有效协同起来以产生集成效应，这就需要在完善创新链条和健全产学研协同机制上多下功夫。一是推进基础研究与应用研究紧密结合。在科研项目设立环节，建立市场引导机制，推动本地科研院所和高校的创新活动聚焦于河南产业升级的技术瓶颈和企业技术需求，聚焦于河南培育的新兴产业技术需求，提升科研成果产出质量。二是在科技成果转化环节，完善成果转移转化机制，加大对科技创新成果转化的政策支持，提升科技成果转移转化的中介服务能力，打通科研“最后一公里”，促进更多科技创新成果在省内尽快转化，提高科研成果在本地的转移转化率。三是支持优势企业与省内外高校、科研机构联合共建产业技术创新战略联盟、重点实验室等研发平台，共同开展技术研发、标准制定和成果转化等。四是大力推进开放型创新，进一步加强国际交流合作，利用全球创新资源在更高起点上提升产学研协同创新能力。

（四）优化区域创新资源布局

河南创新投入强度相对较低，要使有限的创新资源发挥最大作用，必须以优化区域创新资源要素配置来提升河南创新资源使用效率。一是充分发挥创新高地在经济社会发展中的引领带动作用，以加快郑洛新自主创新示范区建设为抓手，推进区域创新资源向优势地区集聚。二是要坚持创新活动有所为有所不为，推动区域创新资源向重点产业共性技术、“卡脖子”的关键核心技术等领域倾斜，向河南急需的基础前沿倾斜，支持优势企业超前谋划基础研究，通过集聚创新资源、集中跨学科跨领域优势科研力量，抓重点、补短板、强弱项，努力实现在重点产业领域关键核心技术的率先突破，为产业技术升级积累原创资源。三是以培育引进创新引领型企业、平台、人才、机构“四个一批”为抓手，推进区域创新资源向具有创新优势的企业、机构、平台、人才倾斜。

（五）促进政策协同

河南已经建立了种类上较为齐全的创新政策和产业转型攻坚政策，但由于政策体系缺乏协同、激励政策设计不合理、政策落地困难等原因，创新对工业增长的贡献作用还有待提升。要进一步促进创新政策与财政政策、金融政策、人才政策、产业政策的协同，通过政策叠加促进力量协同、要素协同，实现人才、资金与创新的协同，最终推动创新、人才、资金与产业发展的协同。

参考文献

李剑力：《加强高质量科技供给 推动产业迈向中高端》，《河南日报》2018 年 6 月 6 日。

罗颖、王腾、易明：《开放式创新与产业集群创新绩效的关联机理研究》，《管理学报》2017 年第 2 期。

张继东、张鉴炜、肖加余、曹德斌、秦元岗：《高校技术转移与服务类科技评价机制研究》，《科研管理》2015 年第 S1 期。

彭珍、贺德方、彭洁、赵伟：《以质量为导向的科技人才评价发现机制研究》，《科技管理研究》2015 年第 9 期。

白俊红、蒋伏心：《协同创新、空间关联与区域创新绩效》，《经济研究》2015 年第 7 期。

杜占元：《深化高校科技体制改革 促进质量提升和创新驱动发展》，《中国高等教育》2014 年第 11 期。

B.3

河南国家级高新区创新发展研究

刘晓萍*

摘　要： 当前，国家级高新区已经成为各地发展高新技术产业最主要的战略力量，成为引领区域技术创新和转型发展的战略先导。本文依据统计数据对河南国家级高新区的现状和发展情况进行了系统分析，并将7个国家级高新区与中关村、上海张江、深圳、武汉东湖、成都、西安6个科技部认定试点的世界一流高科技园区进行对比分析，建议今后从加快构建区域创新生态系统、加快构建国际产能输出与转移机制、加快构建全面配套的政策支持体系、加快壮大优势特色产业集群等四个方面进行突破。

关键词： 国家级高新区　创新发展　河南

一　河南国家级高新区发展现状

国家级高新区是全省发展高新技术产业的主要平台，也是全省创新驱动发展的重要载体，更是体现区域创新创业发展水平的重要标志。自1991年郑州高新技术产业开发区获批为国家级高新区以来，截至2018年底，河南先后有洛阳、平顶山、安阳、新乡、焦作和南阳等7个高新区升级为国家级高新区。

---

* 刘晓萍，河南省社会科学院工业经济研究所副研究员。

（一）经济稳步增长

近些年，国家级高新区加快提质增效，园区经济实力明显提升。2016年，7个高新区共拥有入统企业[1] 2225家，较上年新增72家；年末从业人员达到66.2万人，较2015年新增6.9万人；实现营业收入8877.4亿元、净利润523.4亿元，较2015年分别增长6.8%和5.3%；完成工业总产值7516.1亿元，较2015年增长2.2%；上缴税额达到345.2亿元，较2015年增长3.9%；实现出口总额2113.3亿元，较2015年增长363.2%（见图1）。总体而言，7个国家级高新区主要经济指标继续保持平稳增长态势，其中对外出口贸易增势喜人。此外，2017年7个国家级高新区生产总值达到940亿元，占7地市生产总值的比重为3.6%，国家级高新区在经济总量上持续支撑国民经济增长和地方区域经济发展。

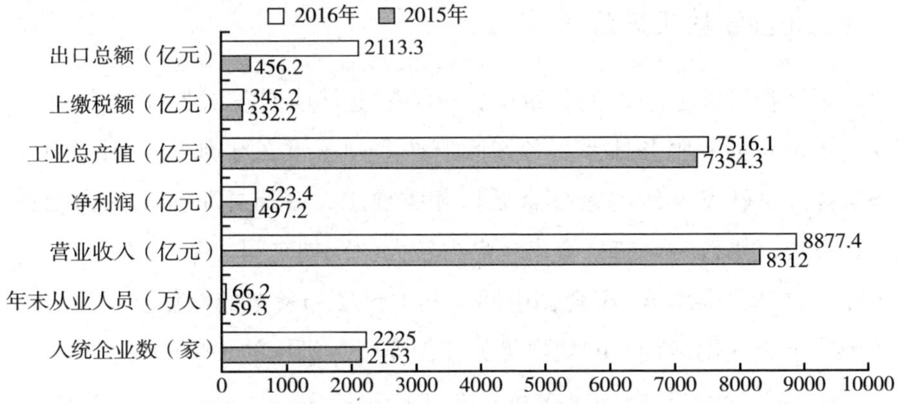

图1　河南国家级高新区2015~2016年主要经济指标

资料来源：科技部火炬中心。

但与此同时，高新区高效集约发展在一定程度上呈现进程迟缓的态势，生产效率提升停滞，人均经济效益指标出现回落。2016年，7个高新区人均营业收入、人均净利润、人均工业总产值、人均上缴税额、人均出口总额分

① 入统企业是指每年纳入火炬统计的企业。

别为134.1万元、7.9万元、113.5万元、5.2万元、31.9万元，较2015年人均指标除了出口得益于郑州高新区的建设而飞速提升外，其余指标均有所回落（见表1）。

表1　河南国家级高新区2015～2016年人均经济指标

单位：万元，%

人均指标	2016年	2015年	同比增速
营业收入	134.1	140.2	-4.4
净利润	7.9	8.4	-6.0
工业总产值	113.5	124	-8.5
上缴税额	5.2	5.6	-7.1
出口总额	31.9	7.7	314.3

资料来源：科技部火炬中心。

（二）创新势头强劲

高新区积极营造“双创”氛围，持续推进科技创新创业孵化链条建设，不断完善创新创业服务体系。各区政府按照国家《关于加快众创空间发展服务实体经济转型升级的指导意见》相关要求，多措并举推动区内众创空间蓬勃发展，培育一批特色突出、潜力较大的众创空间。截至2017年底，7个国家级高新区共有62家众创空间，其中科技部备案的众创空间为11家，初步形成了大众创新创业的规模优势和创业服务机构的集聚效应；共有科技企业孵化器46家，其中国家级科技企业孵化器14家；科技企业加速器20家，加速器面积达到96.9万平方米，加速器内企业数量达到971家，孵化器和加速器持续集聚创新创业资源要素，为高新区创业主体注入了鲜活动力（见图2）。此外，2018年11月，郑州、洛阳、新乡和平顶山4个高新区获批准成为国家“创新创业特色载体”，具体按照类型分为郑州高新区为科技资源支撑型、洛阳高新区为高端人才引领型、新乡高新区为专业资本集聚型、平顶山高新区为大中小企业融通型，这也将更有利于高新区提升市场化、专业化服务水平，进一步提高创新创业资源融通效率和质量。

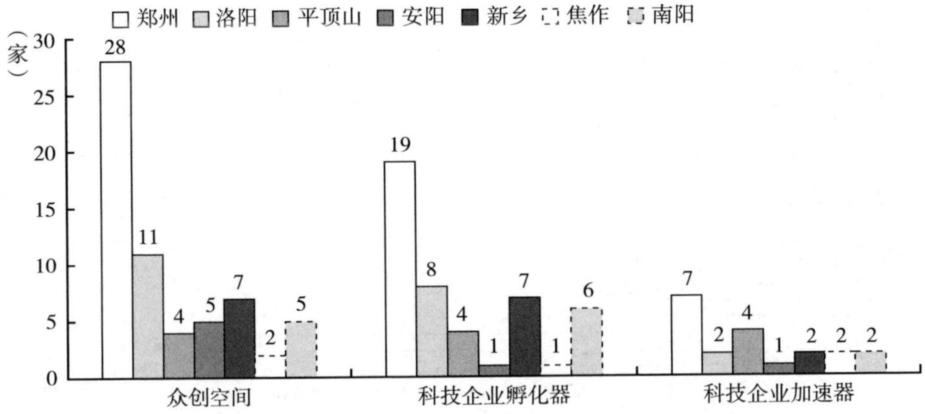

图 2　河南国家级高新区创新载体

资料来源：郑州国家高新技术产业开发区、洛阳国家高新技术产业开发区、平顶山国家高新技术产业开发区、安阳国家高新技术产业开发区、新乡国家高新技术产业开发区、焦作国家高新技术产业开发区、南阳国家高新技术产业开发区。

与此同时，高新区不断加强科技资源供给，充分发挥政府桥梁纽带作用，全力搭建协同创新平台助推创新资源和要素持续集聚。截至 2017 年底，7 个高新区共有大学 24 所；研究院所 38 家，其中国家或行业归口的研究院所 20 家；博士后科研工作站 65 个，其中国家认定的 50 个；累计建设国家重点实验室 11 个、国家工程研究中心 2 个、国家工程技术研究中心 6 个、国家工程实验室 5 个、国家地方联合工程研究中心 19 个。此外，高新区积极推动企业技术中心、新型研发机构等市场化创新服务机构的发展建设，截至 2017 年底，7 个国家级高新区共有企业技术中心 504 家，其中经国家认定的企业技术中心 35 家，各类新型产业技术研发机构 18 家。在诸多创新政策和要素资源的支撑下，高新区创新产出成果持续提升，逐步成为河南专利产出最丰硕的区域，2017 年高新区企业当年专利申请受理数量为 22798 件，其中发明专利申请受理数量为 11580 件，分别较上年增长了 91% 和 154.8%，发展态势喜人（见图 3、图 4）。

（三）企业加速成长

高新区积极吸纳各类金融机构入驻，不断完善园区资本市场，积极为

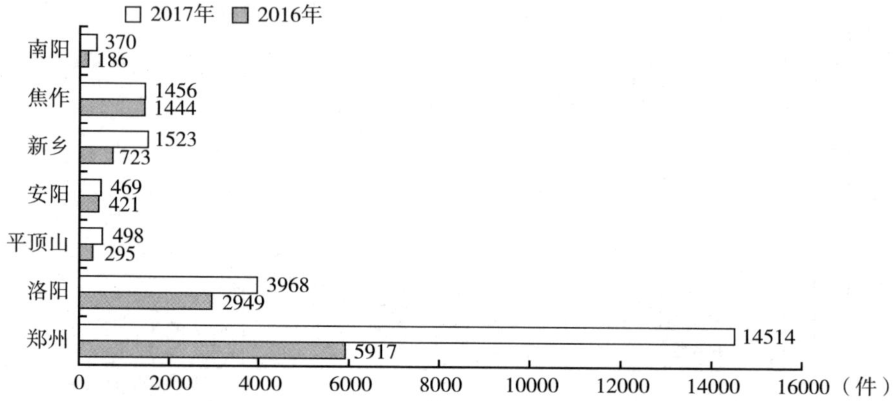

图3　河南国家级高新区2016～2017年专利申请受理数

资料来源：郑州国家高新技术产业开发区、洛阳国家高新技术产业开发区、平顶山国家高新技术产业开发区、安阳国家高新技术产业开发区、新乡国家高新技术产业开发区、焦作国家高新技术产业开发区、南阳国家高新技术产业开发区。

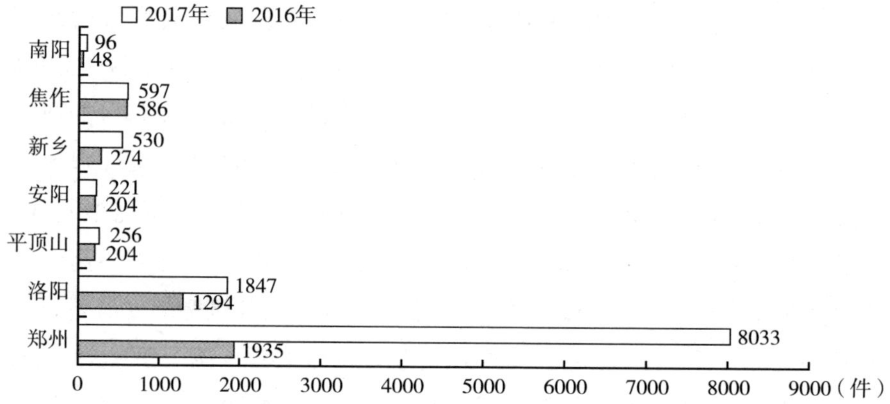

图4　河南国家级高新区2016～2017年发明专利申请受理数

资料来源：郑州国家高新技术产业开发区、洛阳国家高新技术产业开发区、平顶山国家高新技术产业开发区、安阳国家高新技术产业开发区、新乡国家高新技术产业开发区、焦作国家高新技术产业开发区、南阳国家高新技术产业开发区。

区内企业提供多元化融资渠道，加速推进科技与资本深度融合。截至2017年底，7个高新区内共有银行74家，创业风险投资机构18家，拥有主板上市企业17家，占全省上市企业的比例达到21.8%，其中上市工作优势最为突出的郑州市高新区，已助推 12 家公司上市，占全省的 15%；已助推 63 家企业新三板挂牌，约占全省的三分之一。新三板挂牌企业数全国高新区排名第 4，仅次于中关村、上海张江和武汉东湖。与此同时，高新区规模企业实力效益强劲，发展优势明显。2017 年 7 个高新区“四上”企业数量达到 1778 家，营业收入达到 7528. 9 亿元，共实现利润总额达到 430. 1 亿元（见图 5）。

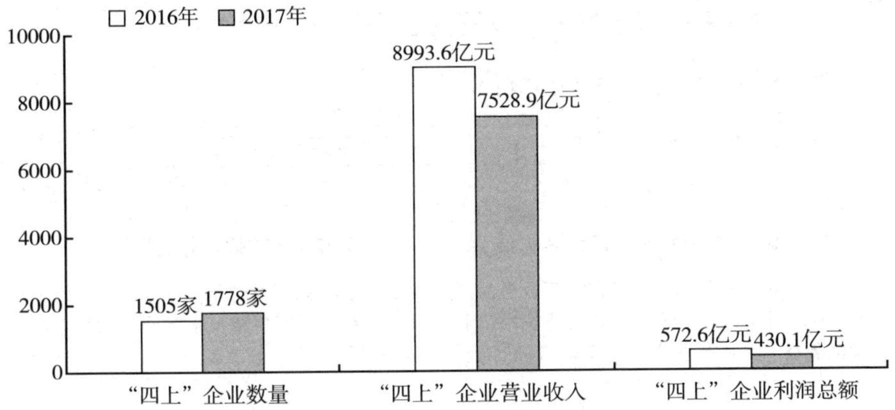

图 5　河南国家级高新区 2016 ~ 2017 年“四上”企业情况

资料来源：郑州国家高新技术产业开发区、洛阳国家高新技术产业开发区、平顶山国家高新技术产业开发区、安阳国家高新技术产业开发区、新乡国家高新技术产业开发区、焦作国家高新技术产业开发区、南阳国家高新技术产业开发区。

当前，随着“双创”生态系统的逐步完善，高新区内创新创业活动空前活跃，各地区政府也不断强化对创新创业活动的资本支持，据统计，2017 年 7 个高新区管委会支持创新创业资金达到 22 亿元（见图 6），在此背景下，高新区新增注册企业数持续提升，已经达到 8999 家，占当年工商注册企业总数的 17. 5%（见图 7）；其中技术开发和技术服务型企业达到 2773 家，占当年新注册企业的 31%，持续涌现的创业创新群体为高新区大中小微企业协调发展注入了新的活力。尤其，以独角兽企业和瞪羚企业为代表的高成长性企业成为高新技术企业发展的领头羊，逐步取代传统经济模式下的大型企业成为高新区创新发展的新引擎。《国家高新区瞪羚企业发展报告

(2017)》显示，河南高新区共有35家企业入选国家高新区瞪羚企业，高科技高成长企业集聚趋势日益明显。

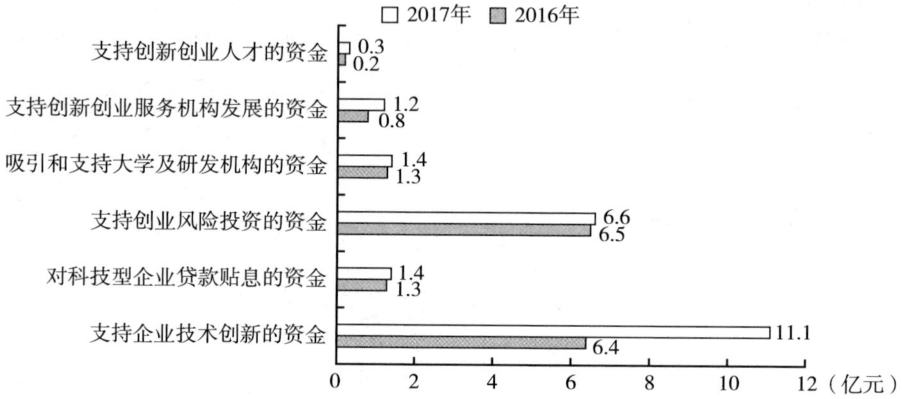

图6 河南国家高新区管委会2016～2017年支持创新创业资金

资料来源：郑州国家高新技术产业开发区、洛阳国家高新技术产业开发区、平顶山国家高新技术产业开发区、安阳国家高新技术产业开发区、新乡国家高新技术产业开发区、焦作国家高新技术产业开发区、南阳国家高新技术产业开发区。

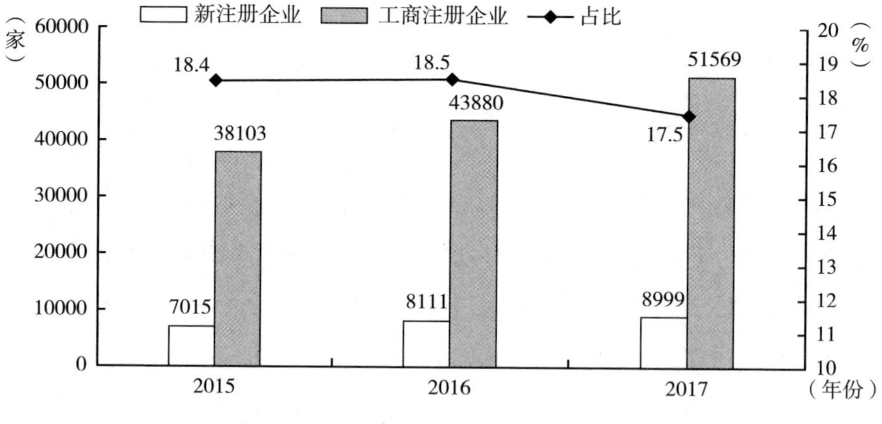

图7 河南国家高新区2016～2017年企业注册情况

资料来源：郑州国家高新技术产业开发区、洛阳国家高新技术产业开发区、平顶山国家高新技术产业开发区、安阳国家高新技术产业开发区、新乡国家高新技术产业开发区、焦作国家高新技术产业开发区、南阳国家高新技术产业开发区。

（四）产业高端转型

高新区建设之初就以助推高新科技产业化为核心任务，不断加强技术创新，实现产业发展高端化。当前，国家级高新区已经成为全省高新技术发展的前沿阵地和主要载体。据统计，仅 2017 年 7 个国家级高新区当年认定的高新技术企业达到290 家，占到当年新注册企业总数的3.2%（见图8），全区全部研究与试验发展（R&D）经费内部支出达到 199.1 亿元，以高技术制造业和高技术服务业共同构成的高新技术产业已经成为高新区产业体系的重要构成部分。

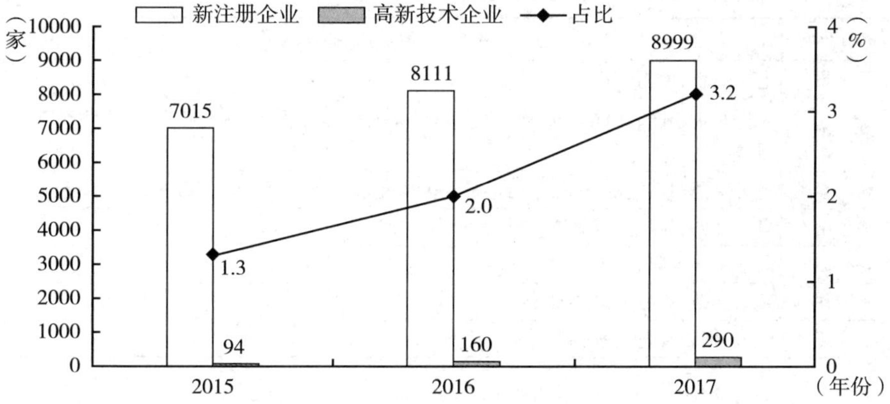

图 8　河南国家级高新区 2016～2017 年高新技术企业注册情况

资料来源：郑州国家高新技术产业开发区、洛阳国家高新技术产业开发区、平顶山国家高新技术产业开发区、安阳国家高新技术产业开发区、新乡国家高新技术产业开发区、焦作国家高新技术产业开发区、南阳国家高新技术产业开发区。

与此同时，高新区积极发展新产业、新业态，全力打造产业形态互动、产业属性相关、产业发展互补的集聚集群形态，推动高新区产业集群持续发展。当前，7 个国家级高新区结合各自资源优势和产业特色均已形成了清晰的主导产业体系，如郑州高新区紧紧围绕电子信息产业，初步打造了物联网、智能装备制造、智能电子电器、软件网络与数据信息服务、北斗导航与遥感、电子商务、广告创意、科技服务八大主导产业集群。洛阳高新区依托工业基础和科技资源，扎实推进军民融合、地企合作，推动洛轴、洛玻、中机四院、十院、七二五所、有色院等大型国企和科研院所在高新区建立产业化基地，确定发展了以先进装备制造、新材料产业为两个主导，以机器人及智能装备制造产业、新能源及新能源汽车产业、生物医药产业为三个新兴，以科技服务为特色产业的“231”产业发展体系。新乡高新区以“先进、智造、专业”为发展方向，确定了动力电池与新能源汽车、生命科学和生物技术、大数据产业以及航空航天军民融合产业四大主导产业集群，涌现了华兰生物、科隆集团、拓新生化、高原公路等一批行业龙头企业（见表2）。

表2　河南国家级高新区主导产业规划明细

高新区	主导产业
郑　州	电子信息、生物医药
洛　阳	先进装备制造、新材料、机器人及智能装备制造、新能源及新能源汽车、生物医药、科技服务
新　乡	动力电池与新能源汽车、生命科学和生物技术、大数据产业以及航空航天军民融合产业
平顶山	电力装备、新型能源化工、新材料
安　阳	新能源环保装备、新材料
焦　作	装备制造、食品加工、新材料
南　阳	光电、现代装备制造、新材料

二　河南国家级高新区国内对比分析

据统计，当今被世界广泛认可的一流高科技园区主要包括美国硅谷、法国索菲亚、英国剑桥科技园、日本筑波、韩国大德、印度班加罗尔、爱尔兰国家科技园等园区。聚焦国内，2006年科技部首次明确将中关村科技园区、上海张江高科技园区、深圳高新区、西安高新区、武汉东湖高新区和成都高新区6个园区作为建设世界一流高科技园区的试点园区，此后多年来又先后增加了杭州高新区、苏州工业园区、广州高新区、合肥高新区，至此我国建设世界一流高科技园区也先后从6个扩展到8个并发展到当前的10个。而本文为了紧跟一流园区发展前沿、准确查摆高新区发展问题，将河南7个国家级高新区与中关村、张江、深圳、武汉、西安、成都6个科技部首批认定的世界一流高科技园区试点进行详细对比，进而来分析河南国家级高新区与国内一流高新区之间存在的主要差距。

（一）园区单体规模小，产出经济效益低

与国内一流高科技园区相比，河南高新区体量规模偏小，园区产出效益偏低。根据科技部火炬中心公布的《2016年国家高新区综合发展与数据分析报告》数据，从企业数量看，2016年河南7个国家级高新区入统企业数达到2225家，仅占全国6个一流高科技园区入统企业数量（34846家）的6.4%。从园区规模来看，河南7个国家级高新区营业收入总和为8877.4亿元，仅相当于全国6个一流高科技园区营业收入（94855.5亿元）的9.4%；在全国6个世界一流高科技园区中，营业收入最高的是中关村，达到46047.6亿元，是河南7个高新区总和的5.2倍；营业收入最低的是深圳，为6208.5亿元，比河南7个高新区中营业收入最高的郑州高出1506.5亿元；河南7个高新区平均营业收入为1268.2亿元，不到全国6家一流高科技园区平均值（15809.3亿元）的十分之一。从经济效益贡献看，河南7个国家高新区上缴税费总和为345.2亿元，仅相当于全国6个一流高科技园区上缴税费（5148.3亿元）的6.7%；与一流园区单体相比，河南7个高新区缴税总额仅高于成都高新区，远低于全国其余5个园区的缴税额；郑州高新区作为河南高新区的领头羊，2016年上缴税费为109.4亿元，还达不到中关村缴税总额2314.1亿元的零头，相比之下，河南高新区企业的产出效益远远低于一流园区（见图9）。

（二）创新投入偏低，创新主体集聚少

河南高新区近些年持续提升创新发展水平，创新实力不断攀升，但与6个国内一流园区相比，还存在创新投入低、创新主体集聚少等问题。从创新投入来看，2016年河南7个国家级高新区全部研究与试验发展（R&D）经

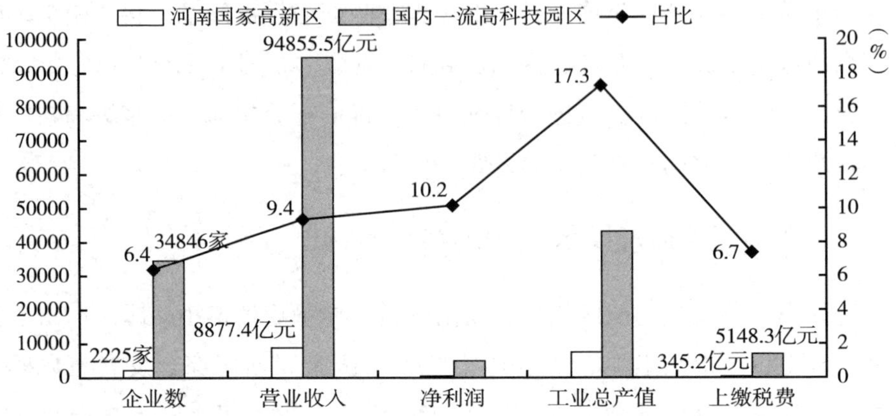

图9　2016 年河南 7 个和全国 6 个高新区规模情况比较

资料来源：科技部火炬中心。

费内部支出总额为 263.6 亿元，平均 R&D 经费支出为 37.6 亿元，刚刚超过全国国家级高新区 R&D 经费内部支出 36.8 亿元的平均水平。以园区个体对比来看，郑州高新区作为河南高新技术要素最为集聚的园区，2016 年 R&D 经费内部支出达到 181 亿元，远远高于其他 6 个省内高新区，但与国内一流园区相比差距较大，如被誉为“中国硅谷”的中关村 R&D 经费内部支出达到 574.6 亿元，同为中部创新高地的武汉东湖高新区 R&D 经费内部支出达到 249 亿元，郑州高新区经费支出仅为中关村的 31.5%、武汉的 72.7%，仅此一项就清晰地凸显出河南高新区与国内一流高科技园区在创新发展上的差距。与此同时，从创新主体集聚数量来看，河南高新区与国内一流园区相比差距较大。在科技部火炬高技术产业开发中心等的《国家高新区创新能力评价报告 2017》中，创新主体发展主要包括“各类研发机构数量”和“当年认定的高新技术企业数量”两个指标，据报告数据统计，在研发机构数量指标上，全国国家级高新区平均拥有各类研发机构① 114 家、国家级 22 家，其中河南国家级高新区拥有各类研发机构 1090 家、国家级 141 家，园

① “各类研发机构”是指省级及以上各类研发机构。

区平均拥有各类研发机构数量为156家、国家级20家，与国家级高新区平均水平基本持平，但与国内一流高科技园区差距较大（见图10）。在当年认定的高新技术企业数量指标上，全国国家级高新区平均新认定的高新技术企业数量为85家，国内一流高科技园区为860家，河南高新区为23家，远低于国家级高新区和国内一流园区平均水平。

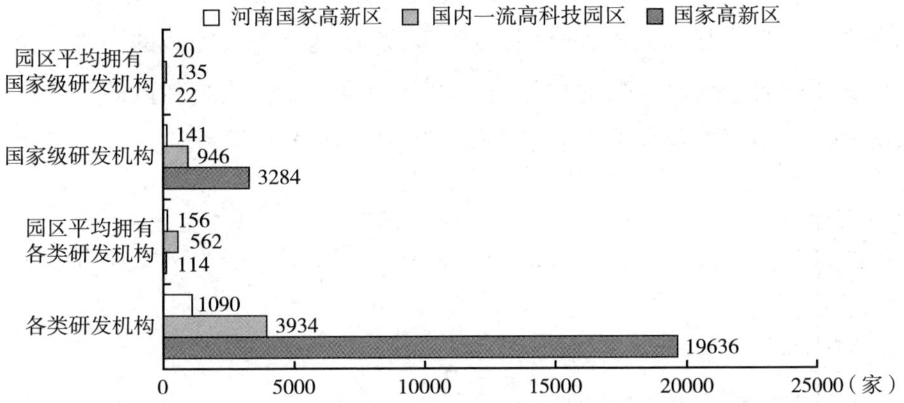

图10　2016年河南7个和全国6个高新区创新资源比较

资料来源：科技部火炬中心。

（三）孵化建设滞后，创业活力不够强劲

孵化培育科技创新企业是国家级高新区的核心功能之一。高新区通过搭建各类创业服务平台建立起从孵化器、加速器到专业园区的适应于不同阶段企业发展的创新载体，为企业创业创新发展提供集成化条件，而通过数据对比发现，河南7个国家级高新区在企业孵化器、众创空间构建上明显滞后于国内一流高科技园区。2016年郑州、洛阳、新乡、平顶山、安阳、焦作、南阳7个高新区科技企业孵化器数量分别为17家、7家、6家、1家、1家、1家、3家，平均拥有量为5家，远低于6个国内一流高科技园区的63家，甚至对比6个园区中孵化器发展最滞后的西安，作为领头羊的郑州高新区孵化器规模也远远落后，更不用说平顶山、安阳、焦作3个高新区都仅有1家

企业孵化器，差距巨大（见图11）。与此同时，在众创空间建设上河南高新区也严重滞后，2016年郑州、洛阳、新乡、平顶山、安阳、焦作、南阳众创空间数量分别为11家、4家、5家、1家、4家、2家、1家，合计28家，仅占6个一流高科技园区数量（419家）的6.7%（见图12）。因此，受创业生态系统建设滞后的影响，河南高新区新生企业发展低于全国高新区平均水平。2016年7个国家级高新区当年新注册企业总数为8111家，较2015年增长了14.2%，增速尚不到全国高新区平均增速（28.6%）的一半；当年新注册企业数占企业总数的比例为18.5%，也低于全国高新区的平均占比（20.3%），发展态势整体上显示出创业活力不够强劲的特征。

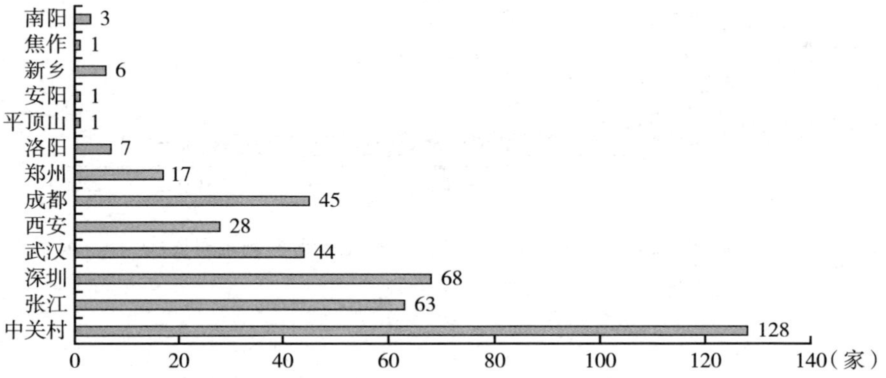

图11　2016年河南7个和全国6个高新区孵化器比较

资料来源：科技部火炬中心。

（四）出口贸易差距大，国际化进程发展缓慢

《2016年国家高新区综合发展与数据分析报告》显示，2016年河南7个国家级高新区出口总额为2113.3亿元，仅相当于6个一流高科技园区出口总额（7911.1亿元）的26.7%，且园区个体之间差距较大。其中郑州高新区出口贸易一枝独秀，出口总额达到1965.1亿元，与一流园区中出口贸易最为出色的上海张江高新区几乎相当，高于其他5个一流园区。而焦作高

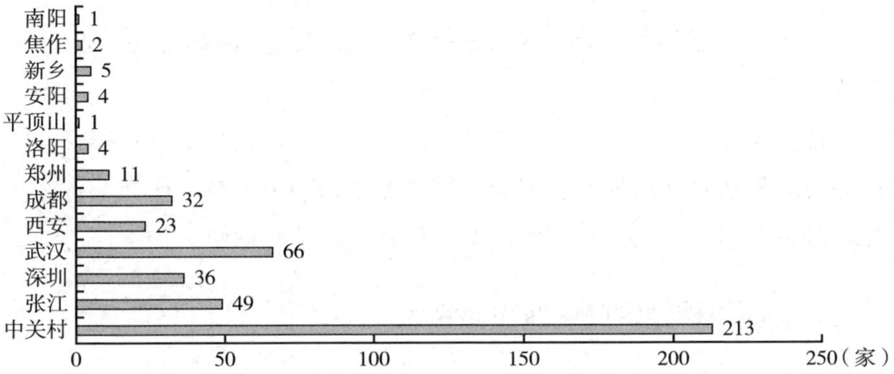

图 12　2016 年河南 7 个和全国 6 个高新区众创空间比较

资料来源：科技部火炬中心。

新区、平顶山高新区国际贸易发展较差，2016 年出口总额仅为 1 亿元和 1.2 亿元。与此同时，由于河南高新区地处内陆，对外开放发展滞后，园区企业机构开展的国际合作较少，7 个高新区在国际贸易、国际创新合作、国际人才集聚等方面与国内一流高科技园区差距较大，整体而言，国际化发展程度较低（见图 13）。

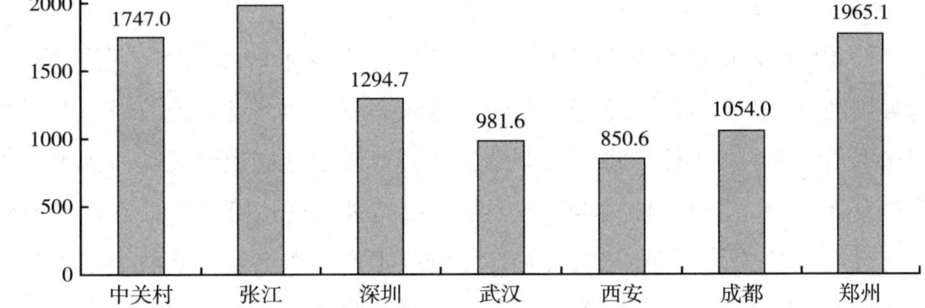

图 13　2016 年河南郑州和全国 6 个高新区出口贸易比较

资料来源：科技部火炬中心。

三 促进河南国家级高新区创新发展的对策建议

当前，全球正处于新一轮产业革命的重要关口，新技术、新模式、新业态的孕育和发展在不断加快，引导各国产业结构加速调整。作为全省经济转型发展的重要引擎，河南国家级高新区创新发展迫在眉睫。

（一）加快构建区域创新生态系统

创新驱动是高新区发展的根本路径，因此，不断完善产业创新体系、构建区域创新生态系统是当前高新区创新发展的关键。一是加强高端人才队伍建设，试点创建一批海内外高层次人才创新创业基地，尝试设立“海外留学人才创业基金”，争取国家“千人计划”“百人计划”等项目的重点支持，积极邀请两院院士、长江学者、省特级专家、学科专业带头人等创新型领军人才为园区企业发展服务。二是完善对企业的资金支撑体系，在政府层面进一步加大贴息贷款、战略性新兴产业投资基金等支持力度，引导多渠道资金支持相关企业发展；在金融机构层面建立合理的项目评级授信体系，考虑企业和项目的成长性，信贷重点向高新技术及新兴产业领域倾斜。

（二）加快构建国际产能输出与转移机制

深化国际产能合作有助于实现产业、资金及技术合作的“多赢”格局，能够推动企业走向国际大市场，提升企业核心竞争力，克服当前经济下行所带来的负面影响，更能推进相关制造业从产业链中低端迈向高端，实现产业集群升级。一是推进产业集群开放发展，支持高新区优势产业集群选择境外合作重点国家和重点行业进行布局，围绕技术密集型产业，鼓励企业按照产品→标准→技术→资本→服务“走出去”的实施路径，选择投资需求大、营商环境好、规模效益优的国家，加强高端装备制造业等产业的全产业链合作。二是推进企业国际化发展，鼓励具有自主知识产权、主业优势明显的企业集团对外投资，推动装备、技术、标准、服务“走出去”，深度融入全球产业链、价值链、物流链，建立海外研发中心，建立境外营销网络和区域营销中心，建设一批大宗商品境外生产基地。三是加快保障体系建设，积极发挥地方政府及行业协会等组织的作用，强化对企业进行产能输出与国际转移的服务保障，以政府为主导，完善信息共享制度，指导相关机构建立公共信息平台，全面整合政府、商协会、企业、金融机构、中介服务机构等信息资源，及时发布国家“走出去”有关政策，以及全面准确的国外投资环境、产业发展政策、市场需求、项目合作等信息，为企业“走出去”提供全方位的综合信息支持和服务。

（三）加快构建全面配套的政策支持体系

就河南而言，破除高新区发展的体制机制束缚，进一步完善政策体系、优化发展环境是推进高新区创新发展的关键举措。一是制定高新区创新发展规划，立足于多重要素尺度重构下高新区转型发展面临的新形势、新环境，遵循产业集群形成、演进和升级的内在规律，结合本地实际，注重与“中国制造 2025”“互联网 +”“一带一路”倡议等国家重大政策协调配合，注重与产业、行业等具体规划的衔接，科学制定河南国家级高新区创新发展规划。二是创新集聚区转型发展的扶持政策，从全省层面出台针对国家级高新区的具体推进措施和工作方案，尝试单独设立符合高新区发展特点的考核评价指标和方法、奖励制度。联合产学研用等创新主体，打造一批落实创新驱动发展战略的高端平台，如区域新兴产业研究中心、制造业创新中心、重点企业研究院等，将高新区打造成全省的研发创新核心区，形成创新资源集聚发展态势。

（四）加快壮大优势特色产业集群

培育壮大优势产业集群是实现高新区创新发展的核心任务。尽管高新区产业集聚发展态势显现，但大型企业辐射带动作用不强、产业配套体系不健全等问题还普遍存在，因此要以河南实施“百千万”亿元级优势产业集群培育工程为契机，全力打造一批特色突出、优势明显、技术密集的优势产业集群。一是推进高新区跨区域合作。当前 7 个高新区主导产业也存在一些雷同，但由于各地发展水平和条件存在差异，应积极培育跨区域产业集群。如针对智能终端制造等行业，诸多同类企业间不存在上下游配套关系，而是需要开拓同一市场、研发共性技术、共用相同资源，因此可以通过共建研发平台、培训机构、服务中心、专业市场等方式，推动群体企业共享要素资源，避免产品同构及恶性竞争；针对电子信息等产业技术体系庞大、行业内分工细化的产业，要以不同区域生产要素的差异性以及产业结构上的互补性为基础，构建合理的专业化分工体系，实现不同高新区之间产品的横向分工互补，推动企业间的优势互补、利益共赢，满足市场的不同需求。二是构建协同发展新机制，省政府应加强跨区域协同发展机制的顶层设计，加快构建多层级的、纵横结合的协调机制，为各高新区加强开放合作、减少跨区域发展的障碍及不稳定因素提供保障。三是重视企业尤其是龙头企业的辐射带动作用，打造龙头企业带动产业集聚协同发展的新格局，支持龙头企业以分离制造环节或供应链互补整合等方式，构建以龙头企业为核心的跨区域产业分工合作网络。四是创新跨园区合作考核制度，支持现有企业及园区，通过总部经济、企业兼并重组、项目合作共建、园区合作共建、飞地经济、企业迁建、招商引资等方式加强合作，加快制定跨园区投资的产值考核、税收分享制度和土地资源共享的税收分享制度，允许地区生产总值、工业总产值、项目投资、税收等经济指标在合作地区之间合理分解，充分发挥考核的激励导向作用。

参考文献

科技部火炬高技术产业开发中心等：《国家高新区创新能力评价报告 2017》，科学技术文献出版社，2017。

程凌华等：《2016 年国家高新区综合发展与数据分析报告》，《中国科技产业》2017 年第 11 期。

程凌华等：《2015 年国家高新区综合发展与数据分析报告》，《中国科技产业》2016 年第 11 期。

杨静、汪长柳：《江苏省国家高新区“争先进位”的国内对标分析》，《江苏科技信息》2017 年第 12 期。

B.4

以人才队伍建设推动河南制造业高质量发展研究

宋　歌*

摘　要： 人才短缺是制造业高质量发展重要的制约因素之一。近年来，河南省高度重视制造业人才工作，相继出台系列人才政策，推进人才培养模式多样化，持续加大人才引进力度，有力推动了制造业人才队伍的建设。尽管如此，河南制造业人才队伍建设仍面临人才总量不够、人才质量不高、人才结构不合理等突出问题。当前，河南制造业人才队伍建设既面临机遇，也存在诸多制约因素；要抓住新旧人口红利转化期这一机遇，通过加大工匠型人才培育、搭建人才成长平台、创新人才培养模式、提升职业教育水平等，破解制造业人才队伍建设面临的诸多难题，加快人口优势转化，以人才队伍建设推进河南制造业高质量发展。

关键词： 制造业人才队伍　技能人才　职业教育

推进制造业高质量发展既是我国也是河南所面临的重大战略任务。在2018年底中央经济工作会议上，“推动制造业高质量发展”被置于2019年重点工作任务的首位。当前，制造业的高质量发展仍面临诸多制约，人才短

---

* 宋歌，河南省社会科学院工业经济研究所副研究员。

板即是掣肘之一。2018 年，《人民日报》对广东、山东、湖南等省 100 家企业的问卷调查结果显示，高达 73.08% 的企业认为，目前企业迈向高质量发展过程中的最主要困难就是“技术人才缺乏”。党的十九大报告已指出，要“建设知识型、技能型、创新型劳动者大军，弘扬劳模精神和工匠精神，营造劳动光荣的社会风尚和精益求精的敬业风气”。为我国制造业人才队伍建设指明了方向。河南作为人力资源大省，面对经济发展新时代，需要进一步发挥人力资源优势，提升人才资源质量，积极完善制造业人才队伍，打造技能人才大军，以人才队伍建设推进制造业高质量发展。

一 河南制造业人才队伍建设现状

人才是兴业之本，是制造业高质量发展的第一资源。面对制造业人才短缺的发展困境，我国已于 2016 年底由教育部、人力资源和社会保障部、工业和信息化部共同编制并发布了《制造业人才发展规划指南》，对制造业人才的培养、培训、管理、评价等多个环节进行系统的规划设计，凸显制造业人才队伍建设的重要性。随后，全国各地纷纷出台制造业人才发展细则，形成了推动制造业人才队伍建设的良好氛围。河南近年来也相继出台诸多政策措施，有力推动了制造业人才队伍建设。

（一）相关人才政策不断出台

随着制造业人才队伍建设的日益迫切，河南省 2017 年以来相继出台多个与制造业人才相关的政策，为制造业人才队伍建设提供了良好的政策环境。2017 年 10 月，河南省委组织部及省人力资源和社会保障厅联合印发了省内首个针对高层次专业技术人才队伍建设的政策文件——《关于加强河南省高层次专业技术人才队伍建设的实施方案》，提出了打造“高精尖缺”、创新型、引领型专业技术人才的目标及实施方案；紧随其后，两部门又联合印发了《关于深化体制机制改革加快推进高技能人才工作的若干意见》，明确了省内高技能人才的培养、评价、使用和激励等措施。此外，为进一步选拔和吸引高层次专业技术人才，河南省委组织部与省科技厅等九个部门还联合发布了《关于实施河南省高层次人才特殊支持“中原千人计划”的通知》，河南省科技厅与省财政厅联合发布了《中原科技创新领军人才管理办法》，等等。2018 年，“中原千人计划”已展开申报及评选，“中原技能大师”等一批制造业领域的高层次专业人才脱颖而出，将为培育“工匠精神”，打造制造业人才队伍产生较大带动作用。2018 年，河南省又印发了《深入推进全民技能振兴工程大规模开展职业技能培训行动方案（2018 ~ 2022 年）》《关于支持民营经济健康发展的人才政策》等政策文件，进一步优化了技能人才的培养环境，将为制造业高质量发展提供重要支撑。

（二）人才培养模式趋向多样化

加快人才培养是河南省制造业人才队伍建设的亮点之一，各级政府与高职院校、企业通力合作、相互配合，实现了人才培养模式的日益多样化，有力推动了制造业人才尤其是高技能人才的培养。截至 2018 年 10 月底，河南省技师学院数量达到 20 家，已建设 10 个省级高技能人才培养示范基地和 10 个省级技能大师工作室，新培养高技能人才 18.92 万人。河南省政府高度重视制造业人才培养，一方面引导高职院校根据制造业转型升级的需要及时调整专业结构，另一方面大力支持高职院校与省内外企业深度展开校企合作，不断提高制造业人才培养的适应性和针对性。近年来，河南省将产教融合、校企合作作为发展职业教育的关键，通过组建专业性技工教育集团，吸收学校及企业加盟，依托于此与省内外企业以订单培养、定向培养、实训基地共建等多种模式展开校企合作。省内高职院校积极响应，不仅及时调整专业结构，同时围绕制造业升级，主动与国内外优秀企业加强合作，着力推动高技能人才及“工匠”的培养。如，黄河水利职业技术学院立足于河南装备制造业的发展，与中信重工、郑州富士康等开展了订单式联合培养；河南职业技术学院则吸引到美国微软公司入驻，并在该校设立了“微软技术实践中心”，同时在汽车制造与装配技术、焊接技术与自动化、电子信息工程技术等专业尝试展开了现代学徒制培养模式教学。除了校企合作，河南还积极推进与国外相关机构的职业教育合作，不仅政府部门将与德国莱比锡工商联合会、德国德累斯顿工业大学合作，设立职业教育考试鉴定（河南）中心，河南化工技师学院、漯河技师学院等多所院校与加拿大、德国有关机构也展开了形式多样的合作，技能人才开启了国际化培养新模式。

（三）人才引进力度持续加大

大力引进人才是制造业人才队伍建设的重要举措之一，河南省各级政府将人才作为推动先进制造业高质量发展的根本，纷纷从政策优化、体制创新、环境营造等方面入手加快人才引进步伐。其中，郑州市起步早、力度大，早在2015年就出台“智汇郑州·1125聚才计划”，拉开了招才引智的大幕。2017年，随着国内武汉、西安、南京及长沙等二线城市之间对人才的争夺愈加激烈，郑州也升级出台“智汇郑州”人才新政，出台了《中共郑州市委郑州市人民政府关于实施“智汇郑州”人才工程加快推进国家中心城市建设的意见》和22个配套文件，不仅政策含金量十足，惠及面也更广，对各类高层次人才以及高等院校、职业院校毕业生等均抛出了橄榄枝，全力营造、优化人才发展环境，因此也被称为“史上最强人才新政”。自2018年初至10月中旬，全市已通过人才引进政策落户近4万人，比2017年同期增长228%，其中就包括技能人才630人。其他地市不甘落后，省内各地的人才绿色通道、人才新政、英才计划等相继出台。如，濮阳市推出了人才新政二十条，洛阳市推出了“人才新政30条”并实施“河洛英才计划”，平顶山市推出了“人才新政31条”并出台了“鹰城英才计划”，南阳实施了“诸葛英才计划”，开封实施了“汴梁英才计划”，许昌实施了“许昌英才计划”，济源则出台了“智汇济源”计划，等等。各地通过政策及配套方案的全方位扶持，破除了人才发展的体制机制障碍，将为制造业高质量发展提供充足的人才保障。

二　河南制造业人才队伍建设存在的问题

河南作为人力资源大省，尽管近年来着力向人力资源强省和人才强省跨越，但制造业人才队伍建设中仍存在一些突出的问题，与制造业高质量发展的目标存在较大差距。

（一）制造业人才数量仍不够

尽管河南省人力资源丰富，近年来制造业人才培养规模日益增大，但与制造业高质量发展的要求相比，全省制造业人才的数量远远不够，人才储备明显不足。近几年来，相比较于省内其他行业，制造业都是用工大户，在人力资源市场上，机械类工种、技工、普工等职位需求量较大，但求职人员中技工所占的比例却在日趋缩小。根据河南省人才交流中心发布的2018年第一季度至第四季度河南省人才市场分析报告，2018年以来，制造业人才需求表现抢眼，第一、第二、第三及第四季度分别占总体人才需求量的23.58%、18.83%、21.49%及21.37%，均高于同期其他行业。正是相关制造业人才的缺乏，造成了市场上制造业人才需求的旺盛，各类专业技术岗位空缺与求职人数的比例均大于1。从用人单位所需专业类型来看，机械类占比较高，人才需求量较大。机械制造行业是河南省装备制造业的重要组成部分，近年来对人才的需求日益增多，但市场上，机械类专业求职人数远远低于岗位供应的数量，机械制造行业用工单位人员缺口明显。

（二）制造业人才质量仍不高

河南省制造业人才队伍建设在人才数量缺乏的同时也面临着制造业人才质量偏低、高层次人才短缺的困境，尤其是技能人才需求量大。高技能人才数量的明显不足已成为制约制造业高质量发展的重要因素之一。从人力资源市场上看，河南省人才交流中心2018年数据显示，具有一定专业技术等级及职称的市场求职人员尚不到需求量的40%。从行业来看，河南省技能人才队伍的学历普遍不高，大专及本科以上学历的技能人才多充实到了管理岗位上，导致技能人才以高中以下学历为主，技能水平不高，整体层次较低，劳动替代性强。另外，高技能人才培养周期较长，多在5年以上，而技能人才与非技能人才薪资收入差别不大，致使工人提升技能的积极性不高。一些企业的一线工人甚至由农民工直接转化而来，缺乏系统培训，技术水平参差不齐。因此，河南省技能人才明显存在初级工多、高级工少以及短训速成的多、系统培养的少的问题。当前，在河南省人力资源市场上，高技能人才需求量大，缺口明显，高级技能岗位的供求失衡比率更是远高于其他岗位，高技能人才需求极为迫切。

（三）制造业人才结构不合理

高层次专业技术人才的短缺直接反映了制造业人才结构的不合理，但河南省制造业人才结构不合理不仅表现在高技能人才短缺，创新型人才、行业领军型人才、高级管理人才匮乏等方面，随着制造业转型升级步伐的加快，新型、复合型等现代技能人才缺乏问题也日益显现。实现制造业高质量发展必须加快发展先进制造业，而从传统制造业向先进制造业转型必然要求制造业人才结构做出相应转变。从河南人力资源市场上来看，近两年来新一代信息技术、新型材料制造、新能源汽车、高端装备制造等战略性新兴产业及高新技术产业对人才的需求增长迅速，加之传统企业正在推进的智能化改造及技术改造工程，使得对拥有新技能、综合能力强的技术人才的需求远高于其他行业。但实践中单一型的传统技工多，复合型的现代技工少，拥有新技能的员工数量明显不足，存在技能断代的问题。据河南省人才交流中心统计，在2018年河南省春季大型招聘会上，信息技术、新材料制造、生物工程等高新技术产业及现代服务业人才需求量约占岗位总需求的57.81%。从人才市场全年的数据来看，那些有工作经验的高、精、尖人才备受青睐，求人倍率一度超过4。

三　河南制造业人才队伍建设面临的形势

伴随我国新旧人口红利转化期的到来，河南推动新旧人口红利平稳转化势在必行，为推动制造业人才队伍建设提供了有利机遇，同时也必须看到，当前河南制造业人才队伍建设还面临诸多制约因素。

（一）我国正处在新旧人口红利转化期

人口红利是中国经济增长的重要解释变量，所谓人口红利，指的是一个国家或地区劳动年龄人口占总人口比重较大，抚养率比较低，普通劳动力无限供给推延了资本报酬递减现象的出现，从而支撑经济高速增长。这种建立在劳动力规模基础上的传统人口红利，可以称之为数量型旧人口红利。但近年来，我国人口结构正在发生根本性变化，根据国家统计局的数据，2011年我国劳动年龄人口规模达到高峰，总抚养比（总体人口中非劳动年龄人口数与劳动年龄人口数之比）到达底部，人口学家蔡昉认为2011年前后中国迈过刘易斯拐点（即劳动力过剩到短缺的转折点），数量型旧人口红利已经消失；经济学家厉以宁则认为伴随着消费升级和产业升级，中国正在开启新人口红利时代，所谓新人口红利就是基于技能人才的质量型人口红利，新人口红利孕育着新的发展动力和发展模式，是中国经济由高速增长阶段转向高质量发展阶段的重要支撑。

人口结构变化的一个主要表现是工人短缺，2011年以来，招工难问题加速显现，从珠三角、长三角逐渐向内陆蔓延，普通劳动力短缺逐渐成为制约企业发展和经济增长的关键因素。同时，技能工人更加短缺，人力资源和社会保障部的数据显示，目前我国技术工人占就业人员的比重约为20%，高技能人才为6%，与世界先进水平差距较大，日本、德国等发达国家高级技工占比高达40%～50%。近两年，不仅沿海地区，重庆、湖北、四川、陕西、河南等中西部省份也陆续推出人才政策，不断降低落户门槛，“抢人大战”愈演愈烈，人口规模和质量成为区域经济发展和竞争的新焦点。一般来说，在旧人口红利期，经济增长更加依赖资本和劳动力要素的投入，而迈过刘易斯拐点的经济增长，必须更加依靠全要素生产率的提高，在旧人口红利和新人口红利之间，要避免出现经济增长源泉真空期。当前中国在新旧人口红利衔接上面临挑战，即如何在创造质量型人口红利的同时，延长数量型人口红利期。实现由数量型旧人口红利向质量型新人口红利平稳转化，培育壮大制造业人才队伍是关键。

（二）河南推动制造业人才队伍建设大有可为

面对高质量发展新时代，作为一个内陆经济大省，与沿海地区相比，河南稳增长、调结构任务更加艰巨，而新旧人口红利平稳转化对稳增长和调结构均具有重要作用。从稳增长看，人口是投资增长和经济增长的重要解释变量，传统人口红利消失导致资本报酬递减，技能人才缺乏制约企业高质量投资意愿，是当前投资尤其是工业投资下降的一个重要原因，普通工人和高素质技术工人难招难留已经成为河南省制造型企业扩大规模、投资新项目的最大制约。从调结构看，战略性新兴产业、高新技术产业的培育壮大，需要既懂制造技术又懂信息技术的一线技能工人，传统产业的智能化、绿色化和技术改造等对工程师、高技能人才的需求快速增长，产业结构优化升级迫切需要质量型新人口红利的支撑。因此，推进制造业人才建设，在人口数量红利基础上培育人口质量红利，推动新旧人口红利平稳转化，对河南经济的高质量发展至关重要。

河南是全国重要的人力资源大省，基于数量的旧人口红利尚未完全消失，2017 年河南常住人口 9559.13 万人，比 2016 年增加了 26.71 万人，15 ~65 岁劳动适龄人口 6538.44 万人，总抚养比为 44.2%，比全国低 9.9 个百分点，一般来说，总抚养比低于 50% 则仍处在数量型人口红利期。同时，河南人口结构也蕴含着培育质量型新人口红利的潜力，2017 年全省普通高等教育毕业生 50.41 万人，成人高等教育毕业生 15.92 万人，中等职业技术教育毕业生 40.38 万人，农村劳动力转移就业总量 2939 万人，蕴含着广阔的消费升级红利、高级蓝领红利、工程师红利等新人口红利。加之当前制造业一线工人正处在新老交替期，以“80 后”“90 后”为主体的新一代工人受教育程度更高，职业期望值更高，接受新技术新事物更快，具有提升质量和素质的广阔空间。因此，在新旧人口红利衔接上做好文章，发挥人力资源优势，推进制造业人才队伍建设，打造技能人才大军，避免经济增长源泉真空的出现，河南可以大有作为。

（三）河南推动制造业人才队伍建设存在制约因素

必须看到，新时期河南推动新旧人口红利平稳转化、培育制造业人才队伍仍然存在诸多亟待破解的难题。一是产业结构的制约。近年来，尽管河南省产业结构优化升级取得积极成效，但是传统产业比重大，2017 年传统产业占规模以上工业增加值比重仍高达 44.2%，高新技术产业、新兴产业占比分别仅为 8.2% 和 6.7%，导致高技能人才就业机会相对偏少、收入偏低、成长空间受限，人才外流现象比较严重。没有好的产业结构就难以吸引、留住高素质人才。二是职教资源的制约。河南是职业教育大省，但是，近年来受人口结构变化、普工紧缺的影响，很多院校由于缺乏新学科、新师资支撑，在校学生较少，甚至有 20% 的院校不招生，而一些转型成功的院校毕业生供不应求，办学条件十分紧张。未来生源集中度提升是大势所趋，但是职业教育机构分散在各个部门，整合难度大，规模效应难以发挥。三是成长平台的制约。河南的创新创业平台明显不足，尤其是对新生代人才成长支撑较强的众创空间、孵化园等在数量与质量上均与发达地区存在差距，大多数企业对内部职工培训缺少统筹规划。四是人才环境的制约。旧人口红利中的非熟练劳动力对发展环境要求相对不高，而高素质人才对制度、文化、圈子、生态等软环境以及创新创业生态、职业成长空间等更加看重，这也是人口尤其是高层次人才向北上广深集聚的主要原因。而河南在区位、制度环境、成长空间、生态环境等方面与沿海及发达地区省份相比仍有较大差距，在新一轮的抢人大战中缺乏优势和竞争力。

四　加快河南制造业人才队伍建设的对策建议

面对制造业高质量发展的要求，河南要顺应新旧人口红利转化的形势，把制造业人才队伍建设作为推动新旧人口红利平稳转化的突破口，以高素质技能人才为重点，实施“技鼎中原”行动，探索技能人才培养新模式，提升产业工人整体素质，推动人口优势转化。

（一）实施“大工匠”培育计划，弘扬工匠精神

各级政府要提高认识，进一步健全激励保障制度，加大对制造行业优秀

技能人才的保障奖励。在全省积极推广复制中信重工、中国一拖等企业的“大工匠”培养模式，实施“中原大工匠”培育计划，开展“中原技能大师”评选活动，塑造“中原名匠”品牌。推动骨干企业建立首席技师制度，引导企业建设技能大师工作室、劳模和工匠人才创新工作室、职工创新工作室、青创先锋工作室等，带动普通工人向技能工人转型。实施先进制造卓越工程师培养计划和专业技术人才知识更新工程，进一步释放工程师红利。持续提升技能人才经济待遇和社会地位，创新收入分配激励机制，探索实行协议工资、项目工资、年薪制等分配形式，鼓励企业对高技能人才实行技术创新成果入股、岗位分红等激励方式，提升技能人才经济社会地位，增强一线岗位对劳动者的吸引力，壮大工人队伍，延长数量型人口红利。要充分利用网络新媒体，树立工匠典型，加大宣传力度，为弘扬工匠精神营造良好的社会环境。

（二）引导学习型企业建设，搭建人才成长平台

支持规模以上企业设立专门机构和人员组织实施职工教育培训，重点强化智能制造、数字制造、绿色制造等专题培训，提升工人对新经济、新业态、新模式的适应能力。引导龙头企业依托优势产业集群建设众创空间、孵化器等，为技术技能人才提供管理、金融、营销等综合性培训，培养复合型高素质人才。支持企业尤其是大企业将技能人才建设上升到企业发展战略高度，通过开展选聘技能大师等活动选拔、奖励优秀技能人才，为技能人才打通高层次发展道路。引导骨干企业搭建内部创新创业平台，支持企业借鉴海尔内部创业孵化平台模式，为技能人才、一线工人提供新的成长平台和职业通道。引导各地龙头企业建设返乡创业园，支持在外的豫籍大学毕业生、企业高管和技术总监、熟练技能工人等回乡创业。

（三）推动多元化战略合作，创新人才培养模式

引导高等院校、职业院校加强与国内外教育机构和企业的战略合作，

探索产教对接、工学结合、中外合作、校企协同等人才培养新模式。支持职业院校与德国、韩国、澳大利亚等国际教育机构强化战略合作，引入全球教育资源，开展“双元制”“培训包”“教学工厂”等人才培养模式的本土化改革探索。引导龙头企业在职业院校开设实训中心和专业实验室，提升教学水平和学生实操能力。鼓励职业院校充分利用各类资源，支持学生通过工学交替、顶岗实习等形式实现“教学做”一体化。实施能工巧匠进校园计划，引导各类院校聘用一批具有行业影响力的专家作为专业带头人，支持企业能工巧匠在学校设立技能大师工作室或担任兼职教师。政府要进一步开辟职业技能鉴定新领域、新渠道，通过政校企联动合作，加快省内技能人才培养。

（四）加强资源整合，提升职业教育水平

鼓励与省内外以及国外优秀职业教育资源的交流与整合，以省部共建国家职业教育改革试验区和全国技工院校改革试验区为平台，加快各类职业院校之间的资源整合，支持优势院校跨区域整合职教资源。引导社会资本参与职教资源整合，创建大型职教集团，鼓励组建跨区域、跨行业的复合型职业教育集团，探索与国外职教机构、跨国企业等联合组建涉外型职业教育集团。围绕主导产业发展需求，引导相关学校、企事业单位、行业协会等联合组建主导产业职教联盟，实行实体化运作，推进产教深度融合，打造中原特色、国内一流、世界水平的现代化职业教育体系。

参考文献

田俊荣、赵展慧、王政等：《制造业引才须综合施策》，《人民日报》2018 年 9 月 17 日。

逯彦萃：《拥抱大数据 培养“大工匠”》，《河南日报》2018 年 11 月 13 日。

孙佳慧：《搭好平台聚英才 栽得梧桐引凤来——中国·河南招才引智创新发展大会侧记》，《中国劳动保障报》2018 年 11 月 8 日。

张瞧：《今年近4万人才落户郑州“智汇郑州”人才政策含金量高》，《大河报》2018年10月29日。

张海涛：《河南省各地人才工作综述：“智力引擎”更强劲》，《河南日报》2018年10月30日。

蔡昉：《从人口红利到改革红利》，《中国证券报》2018年6月23日。

厉以宁：《农民工、新人口红利与人力资本革命》，《改革》2018年第6期。

张军红：《新时期应用型职业院校人才培养模式浅析》，《教育现代化》2018年第30期。

B.5
借鉴德国经验 推动河南制造业高质量发展

张福禄*

摘　要：　2018 年河南制造业继续保持了中高速增长，由于环保、资金、产业结构等方面原因也面临下行压力。谋划 2019 年河南制造业的高质量发展，德国制造业转型发展的基本经验值得参考。作为一个老牌资本主义工业强国，德国经过工业革命、技术革命的洗礼，目前已经形成一整套制造业发展经验。河南省要围绕制造业转型发展大趋势，从省情实际出发，借鉴他山之石，厘清战略方向，精准施策精准发力，满足人民群众美好生活的需要，助推 2019 年河南制造业高质量发展。

关键词：　德国经验　河南制造业　人工智能

2018 年 12 月 19 日至 21 日，中央经济工作会议在北京召开。会议确定了 2019 年需要抓好的重点工作任务，其中第一项重点工作任务就是推动制造业高质量发展。河南工业在 2018 年继续保持了中高速增长，由于多方面原因也面临下行压力。河南制造业高质量发展路在何方，需要深入思考研究。2018 年 11 月，河南省制造业转型发展赴德国专题研讨班围绕德国工业 4.0 实施路径、德国制造业创新发展以及政府作用等方面的内容赴德国进行

* 张福禄，河南省社会科学院工业经济研究所所长，研究员。

了研讨学习，实地考察了德国 ABB 集团、巴斯夫（BASF）化工集团、奥迪汽车制造集团、大众汽车制造集团、REFORM 集团、FFT 集团、阿德勒斯霍夫（Adlershof）高科技产业园等。他山之石，值得借鉴。

一　德国制造业转型发展的基本经验

德国是一个老牌资本主义工业强国，经过几百年的工业革命、技术革命的洗礼，目前已经形成一整套经济社会发展体系，近年来德国经济保持平稳发展，GDP 增速维持在 2% 左右。

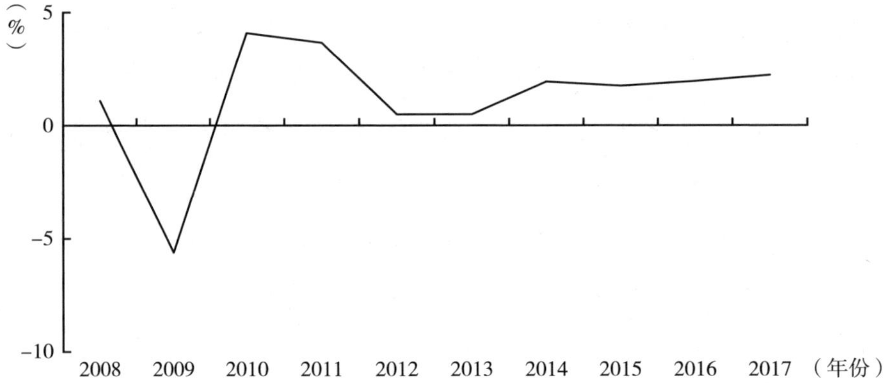

图 1　2008～2017 年德国 GDP 增速（不变价）

资料来源：Wind。

从工业地位和竞争力来看，德国是一个工业化强国，制造业仍是德国经济的重要支柱，近年来制造业产值占 GDP 的比重在 30% 左右波动。从产业角度来看，德国拥有强大的汽车、机械制造、电子、化工等制造业，拥有一大批在社会上不怎么出名，却在本行业拥有市场垄断地位的中小企业隐形冠军。

从研讨班的整体学习内容来看，德国制造业转型发展的基本经验是多方面的，而且自成逻辑体系，与德国的经济社会发展阶段相匹配。其中主要包括：实施“工业 4.0”战略、发挥市场和政府作用、产业转型是基础（产业结构转型、能源结构转型、中小企业隐形冠军培养）、管理创新是支撑（变

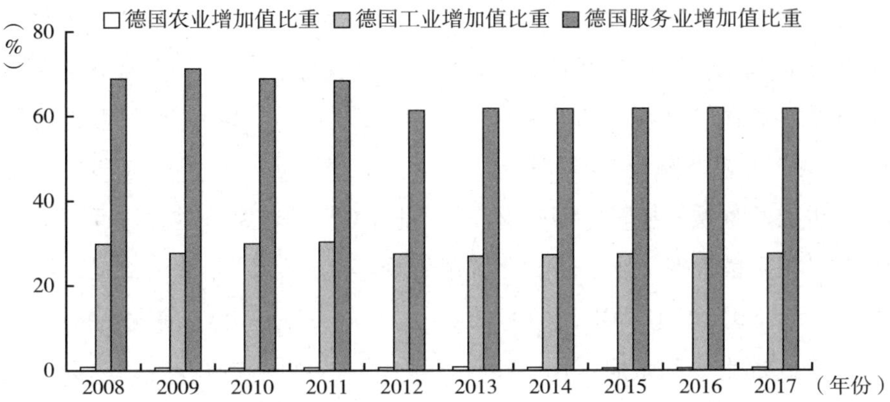

图 2　2008～2017 年来德国三产比重

资料来源：Wind。

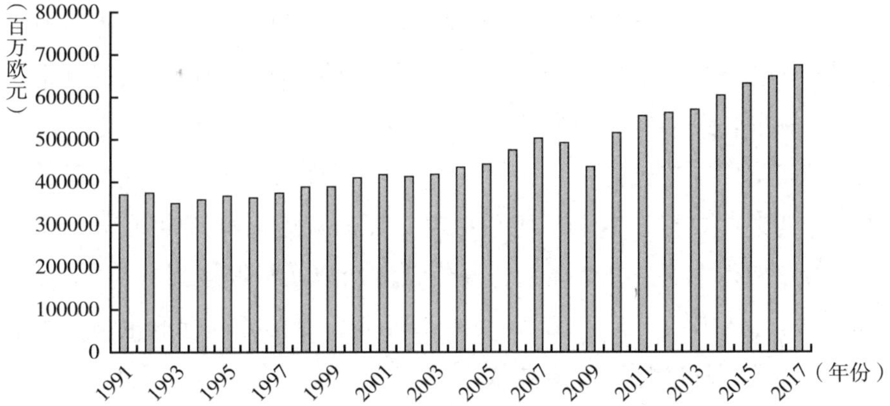

图 3　1991～2017 年来德国制造业增加值总额

资料来源：Wind。

革管理、创新管理、技术研发、质量管理、双元制职业教育等），以下选择要点内容予以分析。

一是推动制造业向智能制造转型。2013 年 4 月，德国在汉诺威工业博览会上首次发布《实施“工业 4.0”战略建议书》，旨在利用信息物理系统将生产中的供应、制造、销售信息数据化、智慧化，最终达到快速、有效、个人化的产品供应。因此，德国在推进“工业 4.0”的过程中，注重发挥制造业企业的主动性和主导性，将设备、原材料、产品等制造领域的因素和资源都通过CPS连接起来，并利用互联网、物联网以及模块化技术，实现工业生产方式的变革。德国“工业4.0”总体可以概括为：一个核心（信息物理系统CPS)、两个主题（智能工厂和智能生产)、三个重点、八大计划和九大技术等。在讲课的时候，德国老师提出，“工业4.0”的道路是进化过程而不是革命行为，在质量管理、技术研发、变革管理等基础上，自动化、数字化等逐步推进。而且，“工业4.0”目前没有终止的节点，是不断向前发展的。

二是发挥市场和政府作用。由于国情不同，德国政府部门的职责主要是外围的、基础性的工作，包括标准制定、宽带等基础设施建设、相关法律环境的营造、网络安全保障等。因为“工业4.0”和其他企业经济行为一样，存在巨大的、不可知的风险，70%的数字化转型项目都是失败的（超时、超预算、无法实现原有目标)。承担这个风险的主要是企业。企业会利用市场机制，在合理的筛选过程中去除一大半的风险，所以政府不会强制企业去干什么。标准化及参考架构是德国“工业4.0”的八大关键计划之一，主框架在机械与工厂制造、自动化工程、软件企业间形成合作，达成共同的基本术语；参考架构要基于本土环境和特定目标的实施策略逐渐转变为国际标准；在参考架构中建立诚信体系，并使预期用户在早期适当参与它的设计。德国在“工业4.0”平台下成立一个工作小组，专门处理标准化和参考架构的问题。当然，标准化不能单纯依靠政府自上而下地制定，也需要企业参与，以自下而上的方式发展，同时由政府对时间、协调成本、利益冲突等进行调控，以便达成共识。

三是加强双元制人才培养。双元制指的是以职业学校和企业培训这两大主体为核心的人才教育模式。双元制职业教育的学习年限为2～3.5年，在双元制教育模式中，学生交替在企业接受培训和在职业学校学习。例如，每周在企业培训三天，比如星期一、星期二、星期三，在学校学习两天，比如星期四、星期五。教育企业和职业学校也可以分别安排学生在其各自的场所长期学习，比如在教育企业连续学习4周，在职业学校连续学习1周。学习内容紧密结合企业生产制造需要。一般在职业教育毕业之后，学生就可以达到熟练工的水平，大大减少了企业使用不熟练工人而带来的效益损失。德国政府在双元制教育模式中主要发挥法律法规方面的作用。从这个角度来看，独特的技能人才培养体系，是德国制造业高素质技工的重要来源，进而构成了德国制造业优秀的产品质量基础和强大的制造能力（包括系统集成）基础，最终构成了德国制造业的竞争力（包括中小企业隐形冠军）以及在世界范围内的制造强国地位。在德国 REFORM 集团考察过程中我们看到，由于他们的大型机床产品大多是定制的，所以有些工位（例如螺丝钉打孔、上钉）其实是工程师拿着专用工具操作的，也就是说，这些熟练的工程师用自己的双手生产出了自动化程度极高、每台价值数百万欧元的数控机床。

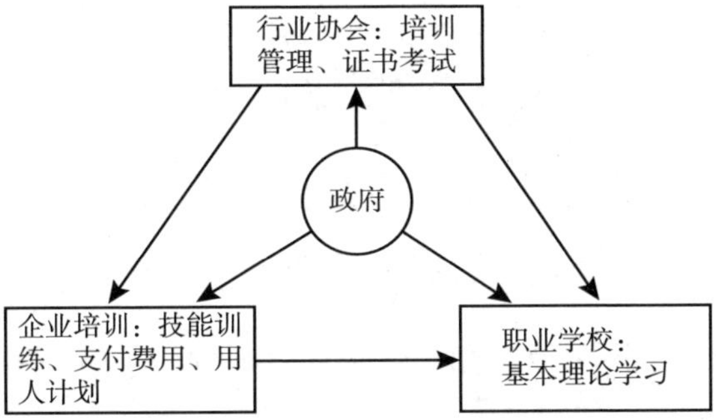

图 4　德国双元制职业教育示意

四是注重科技研发和产学研协同创新。德国实现“工业 4.0”并保持在全球制造业的领先地位，必须以强大的创新能力作支撑。科技创新是“工业 4.0”得以顺利实施的基石，不仅为“工业 4.0”提供信息技术、人工智能技术，而且为制造业的产业转型升级和产品转型升级提供制造技术。2018 年 10 月 17 日，世界经济论坛（WEF）公布了 2018 年度全球竞争力报告。该报告表明，就创新能力而言，德国位居世界第 1。德国政府十分注重产业创新体系的发展，对基础研究和应用研究同样重视，而且形成了良好的产学研协同创新体系。研究机构之间有跨学科的合作、分享数据库，并且和大学及小型企业进行良好合作。例如我们参观学习的阿德勒斯霍夫高科技产业园是德国最成功的高科技产业园区之一，始建于 1991 年（和国内高新技术开发区的起步时间差不多)，目前，园区企业和相关科研机构主要集中于四个领域：光学技术，材料和微系统技术，信息和媒体技术以及环境、生物和能源技术。园区领导介绍了他们成功的产学研结合发展模式，其中包括高校（学生和研究机构）、非高校科研机构、企业（中小企业）、园区专业管理公司（见图5）。阿德勒斯霍夫高科技产业园科研机构实力雄厚，自主创新能力强，产学研紧密结合，尤其是柏林洪堡大学等在其中起到了非常大的作用。

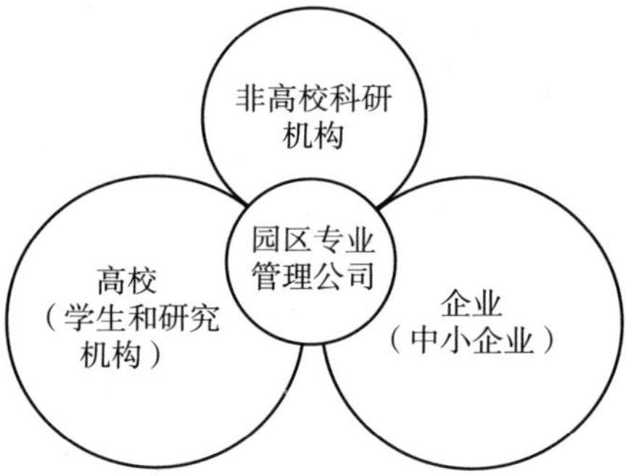

图5　德国阿德勒斯霍夫高科技产业园产学研结合模式

二　德国经验对河南省制造业高质量发展战略方向的启示

从总体情况来看，河南省企业界智能制造处在初级发展阶段，尤其当前河南省工业下行压力比较大，工业投资增速连年下滑，规模以上工业增加值2018年下半年出现大幅度波动，部分企业经营困难，面临严峻的生存难题。2018年10月，规模以上工业增加值同比实际增长（注：增加值增速均为扣除价格因素的实际增长率）4.5%，11月同比实际增长6.7%，较10月回升2.2个百分点。河南省制造业高质量发展的战略方向需要深思。

从德国制造业转型发展情况来看，智能制造是主攻方向，绿色发展是必然要求，创新发展是重要支撑，中小企业是根基（德国经济的根基

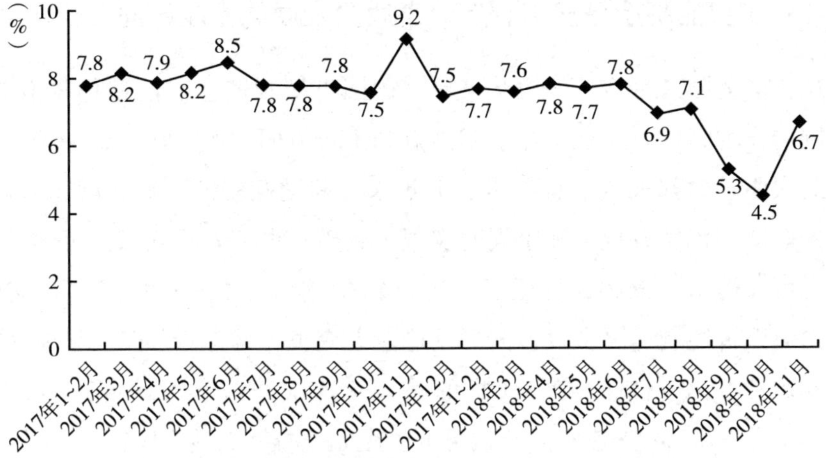

图 6　2017～2018 年河南省规模以上工业增加值增长速度

资料来源：河南省统计局。

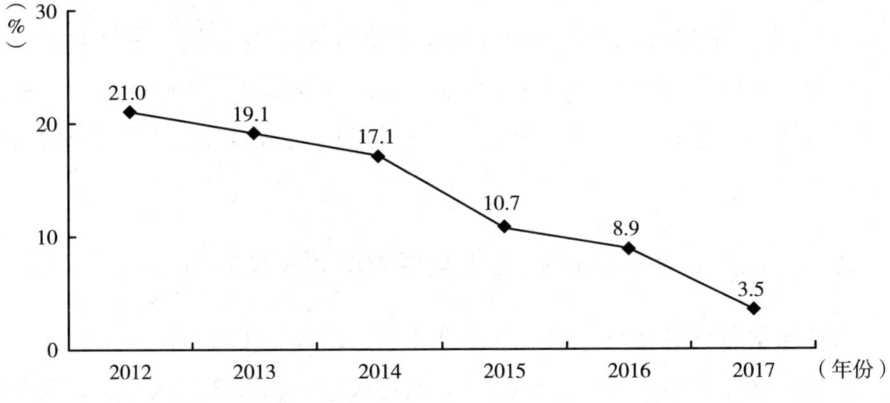

图 7　2012～2017 年河南省工业投资增长速度

资料来源：河南工业发展报告（2018）。

不是大企业，而是广大的中小企业）。我们要围绕制造业转型发展大趋势，从省情实际出发，借鉴德国经验，厘清战略方向，力求避免大的方向性错误，努力走出一条成功的新型工业化道路，满足人民群众对美好生活的需要。

（一）智能制造是河南制造业高质量发展的主攻方向

从德国的“工业 4.0”战略来看，德国也把制造业与信息化技术融合、智能制造作为新一轮工业革命的制高点和主攻方向，主要在于新一轮工业革命的三大驱动力都来自信息技术。近年来，移动互联网、物联网、云计算、大数据等新一代信息技术几乎同时实现了突破，世上万物互联，可感知、可度量、可通信、可操控，催生了一种全新的创新方法——集成式智能化创新。面对以智能制造为主攻方向的制造业大变革，谁先行一步，谁就能在高质量发展中抢占先机。需要注意的是，从这次德国学习情况来看，德国“工业 4.0”以智能制造为主导，两个主题是智能工厂和智能生产，但是从其实践情况来看，似乎更加注重自动化、数字化、网络化，众多企业在自动化、数字化方面成效显著，而中国在智能制造理论研究方面富有新意。例如中国工程院 2017 年 12 月发布的《中国智能制造发展战略研究报告（征求意见稿）》提出智能制造的三种基本范式，包括数字化制造、数字化网络化制造、数字化网络化智能化制造（即新一代智能制造），对中国而言，必须发挥后发优势，采取三个基本范式“并行推进、融合发展”以及分阶段实施的技术路线。

（二）人工智能是河南制造业变革的重要驱动力量

从这次学习情况来看，德国“工业 4.0”在智能化方面虽然也有明确提法，但是实际探索似乎有限。例如在个人交谈中，德方老师认为，智能化应用于制造过程还很远，目前尚难以想象和理解，至于将来多长时间能实现、应用程度如何，则由企业探索，让市场发挥作用。而中国在智能化方面的探索同样富有新意。例如中国工程院的相关研究表明，真正意义上的智能制造是指新一代智能制造，即智能制造的第三种基本范式（数字化网络化智能化制造）。中航工业集团信息技术中心首席顾问宁振波研究员提出，“人造智能系统具有五个典型的特征：状态感知、实时分析、自主决策、精准执行、学习提升”。尤其需要重视的是，中共中央政治局 2018 年 10 月 31 日下午就人工智能的发展现状和趋势举行第九次集体学习，习近平在主持学习时发表了讲话，明确指出加快发展新一代人工智能是事关我国能否抓住新一轮科技革命和产业变革机遇的战略问题。习近平的重要讲话表明了加快发展新一代人工智能的重大战略意义。

（三）加强国际交流合作是河南制造业高质量发展的战略选择

进一步扩大国际交流合作是河南省产业高质量发展的又一个战略选择。从这次德国学习情况来看，加强中德（河南）等国际交流合作具有一定基础，包括政治基础、市场基础、产业基础、实践基础等。例如许昌市初步构建了“渠道＋洽谈”“园区＋项目”“政府＋机构＋企业”等对德开放合作模式。中德中小企业合作区（许昌）是全国第8个、全省首个获批的中德中小企业合作区，重点发展高端装备制造业、电子信息、新材料及健康养生四大产业。可以这样说，自2016年与德国鲁道夫沙尔平战略咨询有限公司签订战略合作协议以来，许昌市与德国的交流合作已经常态化，在中德（河南）交流合作方面走在了前列。在德国学习期间，无论是从德方授课老师，还是从参观的德方企业，我们都可以感受到他们对于中国人民的友好、对于中国庞大市场的兴趣。尼尔斯泰因是德国莱茵兰－普法尔茨州的一个市镇，面积19.34平方公里，总人口7908人，盛产雷司令葡萄，是莱茵河畔著名的雷司令葡萄酒产区之一。该市领导多次访问中国，中方团长开封市副市长郑中华说，河南省人口约一亿，市场潜力巨大，引发对方的极大兴趣。我们专题研讨班同学到访的那一天，正好赶上尼尔斯泰因和我国辽宁省盘锦市签署友好合作意向书。

三　关于河南省推进制造业高质量发展战略举措的思考与建议

中国经济已经进入新时代，河南工业发展也已经进入新时代。近年来，在河南省委省政府的正确领导下，河南省产业转型发展攻坚全面展开，智能化改造、绿色化改造和技术改造深入推进，各项工作取得较好成绩。我们要进一步拓展国际化视野，立足省情实际，针对当前河南工业投资发展等方面存在的突出问题，围绕制造业高质量发展战略方向，精准施策精准发力，确保2019年河南制造业高质量发展。

（一）加强中德（河南）经济交流合作和项目对接

许昌市与德国有关方面具有良好的合作交流基础，要争取把许昌这种合作经验模式升级升格并且在全省推广，争取再有若干个地市与德国建立良好的合作关系。河南市场空间巨大，产业基础扎实，德国在高端制造、创意设计、管理服务、技术研发等方面优势明显，双方应在现有合作基础上，进一步拓展和深化在经济、技术、城市、教育等多领域、多层面的合作。例如可以依托中德中小企业合作区（许昌）和全省产业集聚区管委会，借鉴德国工业园区建设管理模式，把中德产业合作扩展到全省产业集聚区，争取再建三五个中德产业合作园区。也可以聘请一批德国专业人士，依托中机六院、中机新时代有限公司等机构，依托河南省人才专项政策，整合政产学研用优势资源，建设智能制造和绿色发展技术创新中心，加强协同创新，联合开展核心关键技术和共性技术攻关。

（二）有条件的企业、行业、园区、城市，加快推进智能制造的步伐

智能技术深度影响工业未来，智能制造、工业互联网、工业上云成为智能转型的最佳路径。要扩大社会宣传，促进企业界深刻认识加快发展“中国制造2025”的重大意义，积极推广智能制造试点经验，积极扩大智能制造试点范围，加快推进关键岗位、生产线、车间、工厂等企业层面的智能化改造，实施智能化示范园区和智能化产业链建设行动，选择条件较好的产业集聚区、产业领域（汽车、飞机、冷链物流、军民融合）为重点，全面推动产业发展、企业运营、园区管理等智能化升级。另外，加强培育系统解决方案供应商，在方案设计、软件开发、装备改造、技术支持、检测维护等方

面为行业提供服务，对智能化改造需求迫切的企业开展实地调查和咨询诊断，制定可行性解决方案。

（三）优化产业结构，提升企业竞争力

一是重视实体经济（制造业是主体）发展，客观处理新兴产业和传统产业关系。加快发展智能制造装备、新能源、生物医药等新兴产业，客观对待传统产业，通过引入新技术、新模式、新业态，对技术流程、品牌形象和商业模式进行优化再造，推动传统产业“老树发新芽”。同时，坚决淘汰落后产能、化解过剩产能，妥善安置相关职工再就业。二是推动产业链改造提升，助推大中小企业融通发展。一般来说，上游企业是相对下游企业而言的，主要生产下游企业所必需的原材料和初级产品。下游企业主要通过深加工、系统集成生产产品和销售产品。进一步分析就会发现，上游企业主要生产零部件和生产装备，越是下游的企业越接近大众市场。所以，大中小企业要错位竞争、融通发展，形成高中低各异、大中小不同、错落有致的生态群落，上游企业要加强高端装备配套生产，下游企业加强系统集成和知名品牌产品生产。中小企业要走“专精特新”之路，“背靠大树好乘凉”，围绕国家产业政策要求，在专业化、精细化、特色化、新颖化方面发力，培养具有竞争优势的“单项冠军”和“配套专家”，向价值链中高端迈进。

（四）开展专项行动，加强全省企业界基础性的创新管理工作（包括变革管理、精益管理、技术研发、质量管理、员工培训等）

20世纪80年代末我们国家曾在全国企业界开展企业管理升级工作。2016年8月工信部等十一部门发布《关于引导企业创新管理提质增效的指导意见》（工信部联产业〔2016〕245号），建议围绕十大路径开展企业创新管理提质增效工作，具体包括成本管理和控制、资源能源集约管理、资源优化配置与管理、质量品牌管理、内部市场经营机制、创业创新、服务型制造、信息技术深度融合、战略管理、全面风险管理。2017年6月河南省工业和信息化委员会办公室下发《关于开展“百家标杆万家争先”企业创新

管理提质增效活动的通知》，提出重点从四个方面评价企业相关创新管理工作：创新管理投入能力、创新管理运营能力、创新管理转化能力、创新管理保障能力。总体而言，河南企业界管理还有很大潜力，与国内外优秀企业的管理水平仍有较大差距，与推进智能制造的要求还有较大差距。建议省委省政府出台文件，在全省范围内大规模开展企业创新管理提质增效专项行动，全面加强全省企业界基础性的创新管理工作（包括变革管理、精益管理、技术研发、质量管理、员工培训等）。

参考文献

宁振波：《航空智能制造的基础——软件定义创新工业范式》，《中国工程科学》2018 年第 4 期。

宁振波：《智能制造的难点和焦点研究》，《互联网天地》2016 年第 6 期。

周济：《走向新一代智能制造》，《中国科技产业》2018 年第 6 期。

《中国工程院周济院长：关于中国智能制造发展战略的思考》，搜狐网，2017 年 12 月 26 日，https：//www. sohu. com/a/212950155_ 694623。

梁新莉：《德国制造业发展对“中国智造”的启示》，《华北水利水电大学学报》（社会科学版）2018 年第 4 期。

高蓓：《结构性改革：德国经济稳定发展的法宝》，《中国财经报》2016 年 3 月 26 日。

张勇：《德国制造业发展模式研究及对我国的启示》，《管理观察》2017 年第 26 期。

刘永焕：《德国产业结构调整及其经验借鉴》，《对外经贸实务》2014 年第 1 期。

张碧娴：《德国双元制职业教育师资培养模式的实践与启示》，《职教通讯》2018 年第 17 期。

李佳：《新常态下我国制造业转型升级所面临的矛盾与调整方向》，《现代管理科学》2018 年第 12 期。

徐孝勇、曾恒源：《“逆全球化”背景下中国制造业转型升级路径研究》，《重庆科技学院学报》（社会科学版）2018 年第 6 期。

B.6

以优化营商环境推动河南工业高质量发展研究

张志超 *

摘　要：　良好的营商环境是一个国家或地区提升综合竞争力的客观需要，也是促进工业经济全面发展的重要方面。近年来，河南在“放管服”改革、优化营商环境方面不断创新举措，取得了一定的成效，但也存在一些突出问题。河南工业高质量发展需要进一步优化营商环境，必须通过市场化、国际化和法治化的营商环境形成更新的激励机制，进一步释放工业经济发展活力，实现河南工业高质量发展。

关键词：　营商环境　河南工业　“放管服”改革

面对严峻复杂的国际国内形势，河南工业坚持创新发展，坚持优化结构，加快建设现代化工业经济体系，通过“三去一降一补”着力推进供给侧结构性改革，抓结构调整，放宽民间投资市场准入，发挥政府投资的引导带动作用，工业经济保持了稳中求进、稳中向好的发展态势。在优化营商环境方面，深化机关作风整顿，加强和改善政府管理服务，增强企业信心和投资意愿，提高了工业经济活力。但也要看到，在外部不稳定不确定因素较多的情况下，当前国内外形势错综复杂，经济下行压力加大，必须坚定不移深

---

* 张志超，河南省社会科学院工业经济研究所助理研究员。

化改革扩大开放，不断地优化河南营商环境，增强工业发展动力和后劲，促进河南工业经济平稳运行，进一步提高河南工业的发展质量。

一 当前河南工业经济的基本情况

2018 年以来，河南工业企业以习近平新时代中国特色社会主义思想为指导，贯彻落实党的十九大精神，统筹稳增长、促改革、调结构、防风险，面对国际国内各种挑战和不确定因素明显增多的情况，河南工业经济在应对风险挑战中保持平稳发展、实现稳中有进。据河南省统计局数据，1～11 月，全省规模以上工业增加值增速高于全国平均水平 0.6 个百分点，同比增长 6.9%。其中装备制造、新型材料制造、食品制造、电子制造、汽车制造等符合转型升级方向的五大主导产业发展势头良好，新动能成长较快，供给侧结构性改革不断深入，全省工业经济继续保持总体平稳发展态势。

（一）工业投资增速下行压力凸显

当前，国内外经济形势对河南工业经济冲击较大，受价格回落、成本上升、利润空间缩小等影响，河南工业投资增速出现了下滑。2018 年 1～11 月，全省固定资产投资（不含农户）同比增长 8.2%，工业投资同比增长 3.2%，增速比 1～10 月回落 0.1 个百分点，比 2017 年回落 0.3 个百分点。且进入经济新常态以来，产业进一步由资本密集型向技术密集型转变，而河南工业企业在高新技术投资领域尚不具备优势，再加上房地产市场投资利润高，资金被虹吸到房地产市场，工业投资的资金不断被分流，工业投资增速下行压力凸显。民间投资方面呈现下滑时间短、速度快的特征，在短短的两年时间内，全省民间固定资产投资增速就由 2015 年的 16.6% 下降到 2017 年的 9.1%，回落了 7.5 个百分点。特别是过去河南民间投资增速一直高于国有及国有控股投资增速，自 2015 年以来民间投资增速开始落后于国有及国有控股投资增速，到 2018 年 11 月，全省民间固定资产投资增速只有国有控股投资增速的十分之一左右。

（二）工业生产总体平稳，工业结构继续优化升级

在工业投资增速下滑的背景下，河南工业生产总体上仍保持着平稳的发展势头。2018 年 1～11 月，全省规模以上工业增加值增长 6.9%，比全国平均水平高出 0.6 个百分点。符合转型升级方向的装备制造、新型材料制造、食品制造、电子制造、汽车制造等五大主导产业增加值增长 7.9%，高于全省规模以上工业增加值增速 1.0 个百分点。但是，也应该看到这些受到了 2017 年煤炭、钢铁、石油等原材料行业“去产能”、价格提升、需求上涨所带来的采矿业和压延加工业复苏的影响，而由于经济仍处底部调整期，这些行业并不具备可持续性增长的基础。

（三）企业成本持续攀升，中小民营企业经营成本居高不下

近年来，河南省着力降低企业成本，支持实体工业发展。在让税减负降成本方面进行了政策性安排，但由于劳动力成本、融资成本和非制度交易成本仍居高不下，挤压了实体经济发展活力，工业经济发展依然困难。在环保管控下，部分企业停产、限产也对工业经济造成一定影响。2018 年 1～10 月，规模以上工业企业每百元主营业务收入中的成本为 87.29 元，同比减少 0.17 元，高于全国 3.02 元。2018 年 1～11 月，全省工业生产者购进价格同比上涨 4.2%，而工业生产者出厂价格同比只上涨 3.8%。

2018 年以来，国务院多次研究部署进一步促进民间投资和民营经济发展的方案。同时，各地加快出台政策促进有利于提高经济发展质量的领域的投资，落实促进民间投资的有关政策，放宽民间投资市场准入，加强和改善政府管理服务，增强民间资本投资信心和意愿，切实提高企业活力。但因各种原因的影响，中小企业尤其是民营工业企业经营成本居高不下，存在着人工成本持续增长、税费和财务成本负担过重、企业隐形成本不降反升、货款回收困难、政府降成本的政策措施尚不完善等问题，致使企业生产经营压力较大，企业效益持续下滑，制约了中小企业民营经济的健康发展。这迫切需要各级政府营造有利于实体经济发展的环境，将降成本行动方案落实到位，

切实减轻企业负担。优化营商环境的政策措施要真正贯彻执行，提振企业发展信心，激发工业企业发展的动力和活力。

（四）工业高质量发展需要进一步优化营商环境

目前，河南工业增加值占全省 GDP 的 41% 左右，是长期以来河南财富的重要源泉，是河南经济增长的动力所在。然而，目前工业发展的环境艰难。成本高、税负重、市场萎缩、劳动力供应减少等问题，都在困扰工业的发展，工业经济下行压力逐渐加大。从表面上看影响河南工业发展的因素是发展基础差，其背后的深层次原因还是发展条件和营商环境存在问题。要扭转这种局面，确保全省工业持续稳定地实现高质量发展，关键在于培植出适合各类企业成长壮大的土壤，增强投资者投资兴业的信心，这些必须通过改革，通过营商环境的优化来实现。

营商环境是工业发展的重要基础，优化营商环境是解放生产力、提高河南工业竞争力的必然要求。世界银行的一项报告表明，良好的营商环境可使投资增长率和 GDP 增长率分别增加 0.3 个和 0.36 个百分点。在当前外部环境复杂严峻，整体经济下行和工业转型升级压力较大，工业经济向前的力量减弱的情况下，只有形成新的激励机制，即规范政府监管，保护市场主体合法权益，最大限度激发市场活力，降低企业运行成本，通过市场化和法治化的营商环境来形成更新的激励机制，真正让企业“安心投资、顺心办事、舒心创业”，河南工业经济才能启动新的周期，实现工业高质量发展。

二　当前营商环境中存在的主要问题

近年来，河南省深入学习贯彻习近平总书记重要讲话和重要指示精神，持续开展作风整顿和环境整治，坚持向人民群众最反感、市场主体最困扰、制约发展最突出的问题发力，在“放管服”改革、减免税收等方面做了大量工作。在商事制度改革、取消行政审批、提升企业开办效率等优化营商环境方面不断地创新举措，落实和完善政策措施，取得了一定的成效，但也存在一些突出问题。

（一）优化营商环境的政策措施落实不到位，政策效益没有达到预期目标

打造良好的营商环境是促进工业高质量发展、构建现代化工业体系的重要基础。国务院为了优化营商环境大力推进简政放权、放管结合、优化服务改革，出台了相关的政策措施及改革方案，河南省营商环境确实有所改善，但也应当看到，当前营商环境与国内外先进水平的差距仍然存在，有些措施还没有真正地贯彻落实。比如：一些部门落实国家政策措施缺乏实施细则和操作办法，许多政策措施套用国家政策内容，其措施过于原则化、不易落地，使得有限的优化营商环境政策措施缺乏执行力。许多县乡以下基层单位对优化营商环境重视不够，没有认识到营商环境就是生产力，行动上缺少积极性、主动性，致使政府优化服务、精细服务力度不足。一些地方由于对优化营商环境的政策措施宣传、送达力度不够，清负降费政策不透明，相关文件信息公开力度不够，导致相关降费政策执行出现滞后，造成了市场主体在优化政务服务环境相关的政策上不知晓、不熟悉，许多企业仍感到地方部门对中央政策措施认识不到位，有的部门甚至偏离了国家要求，将上级简政放权的内容，作为强化部门权力的增项。目前，新企业开办的要求和手续确实简化了，但老企业却感受到政策效益没有达到预期目标。以企业安全生产许可证延期为例，国家《安全生产许可证条例》明文规定，企业安全生产许可证有效期届满时，有效期内未发生死亡事故的，不再审查，其有效期延期3年。而目前有的行业管理部门在企业安全生产许可证需要延期时，不仅需要严格审查上报（纸质和电子）材料，还需要实地考察企业，在公示后再审批，给企业经营造成很大不便。

（二）法治化规则不完善，“放管服”改革尚需深化

由于长期以来受计划经济体制的影响，法治化规则不完善，深化“放

管服”改革，优化政务服务环境任务十分艰巨。当前由于存在着立法对“不作为”“虚作为”“乱作为”等现象规定不清、界定不明，行政执法的依据和设定还有待全面梳理，行政权力运行尚待规范。至今在行业和地方立法中，尚未完全树立以人为本、立法为商的理念，企业界的代表在地方立法中的参与度不够，行政立法很少听取企业及企业家的意见建议，有些立法项目只考虑到行业部门利益，一定程度上造成了对市场主体的不公平竞争。此外，一些地方政府政策连续性不足，存在“前官不理后事”“新官不认旧账”的问题，在不少部门、很多环节办事难现象依然突出。目前，“吃拿”现象基本消失，但“卡要”问题依然存在，少数公职人员勾结“黑中介”问题也依然存在，行政性收费较高，企业隐形成本不降反升，有的企业税外费用大约与税收相等。

（三）营商制度不健全，新型的政商关系尚未完全构建

目前，新型的政商关系尚未完全构建，行政化的经济干预政策仍然对营商制度建设起着较大的阻碍作用，再加上中介服务等第三方机构收费行为不规范，从而在一定程度上造成了社会主体对政府的不信任。同时，信息共享机制不完善，事中事后监管责权不明，政府部门服务企业职能政策落实不到位。客观上由于大多数部门信息网络平台没有统筹起来建设，不同部门的核心业务系统都在纵向专网上运行，条块分割严重，部门间横向信息不能互联互通，“信息孤岛”“部门割据”问题致使相关行政审批部门和行业管理等部门各自为战，存在着责、权、利纠缠的情况，影响了“放管服”改革的深化和服务效率的提高，给企业办事造成不便。此外，部分领导干部不敢与企业家接触，政商之间缺少了必要的互信。个别党政干部以廉政为由，“怕”字当头，在工作中不敢为、不愿为、不担当、不作为，这也是制约新型政商关系构建的突出问题。

（四）政府科学监管水平相对较低，市场秩序不够规范

随着“放管服”改革的深化，准入门槛降低了，审批事项不断减少，

但对政府部门事中事后监管水平则提出了更高的要求。比如，构建良好的营商环境需要行业内部良性竞争，但当前企业法治思想仍没有树立起来，企业间不正当竞争问题依然存在。有的企业为争夺市场占有率，不择手段在低价位、低标准、低层次上竞争。有的企业因守法诚信意识淡薄，制假售假、低价倾销现象时有发生，致使社会上劣质产品鱼目混珠，优质名牌产品受到挤压，严重损害了消费者利益。另外，因部分市场执法人员不熟悉法律法规，不精通执法要求、执法程序，重罚轻纠甚至只罚不纠等问题比较突出，结果使市场监管不严，执法不力，对企业间的恶性竞争无法进行有效的约束，加剧了市场恶性竞争。特别需要市场监管部门创新工作方法，提高科学监管水平，为企业营造公平公正的市场竞争环境。

（五）对企业家的宣传力度不够，没能营造培育优秀企业家精神的社会氛围

着力保护和培育企业家精神，是深入贯彻落实十九大精神，造就优秀企业管理人才的关键。目前存在的主要问题：一是缺乏企业家人才队伍整体规划，组织保障力度不够。培训形式单一，短训为主，长训的长效机制缺乏。培训内容针对性不强，不接地气，缺乏与企业相结合可操作的知识。二是企业文化培育不够。崇尚科学、诚实守信、文明经营、公平交易、廉洁自律等理念有所丢失，精神文明建设滞后。三是对外交流平台少。企业家思想还不够解放，意识狭隘，观念保守，主动“走出去”交流不多。地方党委和政府部门与企业对接交流实际性的工作不多，流于表象。四是政治关怀不够。如人大代表、政协委员中民营企业家的占比不高，公职领导干部占比较大。

三　进一步优化营商环境，促进河南工业高质量发展的建议

优化营商环境就是让投资者去政府职能部门的办事效率高、创业投资有回报、合法权益有保障，增强投资者投资兴业的信心，从而释放工业经济发

展活力。当前工业经济稳中有变、稳中有忧，今后面临的形势可能更加严峻，困难和挑战可能更多。各级政府部门要积极主动地将优化营商环境的政策措施落到实处，加快推进市场监管的转型与变革，进一步推进简政放权，调整监管职能，创新监管方式，从而形成市场化、国际化和法治化的营商环境，不断地促进河南工业经济持续健康发展。

（一）各级政府部门要积极主动地将优化营商环境的政策措施落到实处

十九大报告提出，要实行高水平的贸易和投资自由化便利化政策，深化商事制度改革。习近平总书记也强调，要营造稳定公平透明、可预期的营商环境。李克强总理多次强调“营商环境就是生产力”，“必须下大功夫、真功夫，进一步深化‘放管服’改革，持续优化我国的营商环境”。在全国深化“放管服”改革电视电话会议上，李克强总理又指出，改善营商环境要在简政放权上做“减法”、强化监管上做“加法”和优化服务上做“乘法”。为了深化“放管服”改革，落实优化营商环境的政策措施，各级政府部门要树立优化营商环境就是促进经济发展的观念，充分认识到优化营商环境对促进河南经济持续健康发展的重要性，统一思想，形成共识和合力，进一步释放经济发展活力，推动社会资源的优化配置。当前，要认真学习并落实《国务院办公厅关于聚焦企业关切进一步推动优化营商环境政策落实的通知》（国办发〔2018〕104 号，2018 年 10 月 29 日），强化政策的执行力。

一是各级政府部门要全面梳理党中央、国务院已出台的优化营商环境政策措施，认真贯彻落实国务院关于深化“放管服”改革的各项要求，检查各项政策措施在本地区、本部门落实情况，确保取消下放的行政许可事项、行政审批事项等重点任务落实到位。

二是各级政府部门要从本地实际出发，分解工作目标，以改革的办法、创新的思维细化优化营商环境的具体措施。对尚未有效落实的政策措施，要研究解决办法，确保优化营商环境的各项措施尽快落地，打通政策落地“最后一公里”。

三是在优化营商环境中，要通过加大宣传、树立典型、营造舆论等措施，让政务环境更透明、法治环境更公开、人文环境更诚信，并使之形成一个整体的社会环境，进而相互促进，相互支撑，协同构造良性互动的良好氛围，不断提升群众满意度。

四是积极构建“亲清”政商关系。政府要加强与企业的沟通，建立真诚互信、清白纯洁的政商关系。在出台相关政策时，要因地制宜、切实可行、科学合理。政策出台后，为防止出现偏差应及时跟踪问效、及时调整。

五是要强化组织领导，各地要成立优化营商环境领导小组，统筹协调解决“放管服”改革和落实优化营商环境的政策措施中的重大问题。同时要强化督促检查，向社会公布举报投诉电话、电子邮箱等，建立健全企业或民众对营商环境评价反馈机制，主动接受社会监督，更好地服务企业，激发工业经济健康发展的内生动力。

（二）推动优化营商环境的法治化，提高政务服务法治化水平

营造公正、公平、透明的政务环境，提高政务服务法治化水平是优化营商环境的本质要求和重要保障。优化法治化的营商环境，一是要通过完善立法保护营商环境。截至目前，河南省委办公厅、河南省人民政府办公厅联合下发了《河南省优化营商环境三年行动方案（2018～2020年）》，下一步应尽快出台《河南省优化营商环境条例》。各级地方政府和部门要依照省和国家相关的法律法规，结合实际出台优化营商环境法律、法规和相关文件，从而使地方政府和部门有“法”可依，有“法”必依。二是要改变部分法律规定过于原则化，立法与营商工作实际脱节的现象。各级地方政府和部门在出台相关法律、法规和文件前，应请企业界等市场主体的代表人士参与，在听取社会多方面的意见和建议的基础上，并在充分论证后产生能够保障商事主体利益的法律法规。三是对于中央已经取消的相关法律法规，地方要及时调整，并坚决执行。要突出保护企业权益和政府依法办事为特点，实现公平正义的法治环境。四是继续大胆进行探索，推进基层综合执法改革，建立健全“事权、人权、财权”对等保障机制，让基

层政府部门有动力、有能力承办各种审批和服务事项，切实解决营商环境中的“最后一公里”问题。

（三）不断优化政务服务环境，提高各级政府行政服务的质量和效率

如何提高各级政府行政服务的质量和效率，已成为改善营商环境举足轻重的一环。而互联网技术的运用，无疑能显著提升行政服务的质量和效率。为此，建议以“互联网+政务服务”为抓手，推进智慧政务体系建设，进一步改善河南营商环境。第一，强化省级统筹，建立覆盖全省的统一互联网政务服务平台。要从解决服务平台分散重复建设的问题入手，构建省、市、县三级联动，加大数据共享，打破政务服务“条”“块”分割。第二，增加主动上网事项，扩大在线政务服务的范围。各级政府应以企业的实际需求为导向，增加“主动上网”事项。各行政部门应依据各自职能全面梳理具体服务事项，扩大在线政务服务的范围；凡与企业生产经营密切相关的服务事项，做到“应上尽上、全程在线”。第三，整合前台后台，进一步优化政务服务流程。对政务服务事项统一编码，进行精细化、可追溯性管理；在统一编码管理的基础上，优化简化服务事项网上申请、受理、审查、决定、送达等流程；构建并联审批长效机制，凡是能通过网络核验的信息，不得要求其他部门重复提供，凡是能通过网络共享复用的材料，不得要求企业重复提交，实现网上办事“一次认证、全网通行”，实现线上线下一体化运行，让办事企业和群众“最多跑一次”。第四，建立营商环境评价指标体系，强化问责机制。为了提高政府服务效率和透明度，要强化事中事后监管新机制，明确行政审批与事中事后监管的职责，严格界定必要的法定程序，明确行政审批后的信息“双推送”方式，确保审批与监管的无缝隙对接。同时，各级政府要围绕降低实体经济经营成本，进一步完善涉企收费目录清单管理和收费公示制度，尽力清除不合理涉企行政性收费。要制定违规执行的问责机制，加大涉企收费专项问责力度，切实减轻企业负担，维护企业的合法权益。同时，要有严格的工作业绩考核制度，对以任何方式阻碍民营企业发展

的机构或个人进行严厉查处。针对“放管服”改革中政府人员不作为的懒政怠政行为，应当在政府人事考核制度中，将“放管服”改革工作成效作为政府工作人员个人重要的考核内容之一，严格考核问效，确保各级政府部门行政服务的质量和效率。

（四）努力为企业营造公平公正的市场竞争环境

优化营商环境必须构建良好的社会信用体系和市场竞争行为规范，明确各类主体及政府在诚信建设中的责任，有效地治理恶性竞争和不诚信行为，努力营造服务市场主体发展、维护公平竞争秩序的良好环境。为此，一是要加强诚信立法，不断推进社会诚信体系建设，优化信用环境。要支持企业加强法治建设，引导企业及企业家自觉地遵纪守法，提高诚信守法意识，共同构建有利于企业运营的营商环境。二是政府各职能部门要加强对市场运行情况的监管，大力倡导并督促企业及其他市场主体自由竞争和公平竞争，坚持不懈地打击制售假冒伪劣产品、坑蒙拐骗、低价倾销、偷税、骗税、骗汇等违法行为，对失信主体实行“黑名单”公示，加大对不正当竞争行为的处罚力度，从而使恶性竞争行为无处藏身。三是各级政府要带头守信用、讲诚信，提高政府的公信力，要切实改变公共服务中朝令夕改和招商引资中言而无信的行为。同时，要查处政府部门、垄断性行业妨害公平竞争的行为。四是在市场环境监管方面，对于恶性竞争事件，政府的作用不应仅局限于舆论导向上，而应该落实到法制手段上，采取坚决有效的措施维护市场秩序，助力企业高质量发展。

（五）为培育优秀企业家和铸造企业家精神营造良好的社会氛围

企业家是工业经济活动的重要主体，要培育优秀企业家和铸造企业家精神。一是建立保障机制，健全组织体系。认真落实中发〔2017〕25号文件精神，制订培育优秀企业家人才队伍规划，加强组织保障，创新培养方式，提升企业家人才队伍综合素质。二是搭建交流平台，促进共同发展。为加强企业家之间的联系，政府可通过组织文化沙龙、开展专题论坛、举办休闲聚会等丰富多彩的活动，为企业家提供交流沟通的平台，促使企业家之间的交流学习。三是加强政治关怀，营造社会氛围。通过优秀企业家的评比和选拔，树立一批企业家优秀典型。要扩大优秀民营企业家人大代表、政协委员的职数，扩大优秀民营企业突出人才纳入“五一劳动奖章”“五四青年”等评选奖励的范畴。同时，在新闻媒体开辟专栏，宣传企业家的创业故事和先进事迹，弘扬创新精神和优良品德，赢得社会的关注和认可，营造良好的社会氛围。四是加强对企业家的司法保护，慎用留置、拘留、逮捕、查封、扣押、冻结等强制措施。要激发和保护企业家精神，营造尊重企业家、尊重纳税人、尊重创新创业者的良好环境，鼓励更多社会主体投身创新创业。五是各级政府及相关部门要树立服务意识，各级党委政府应建立制度化、常态化的政企沟通机制，建立真诚互信、清白纯洁、良性互动的政商关系。要将走访服务企业上升为制度，为企业及其他社会主体提供优质高效务实的服务。可通过召开民营经济发展专题会、企业家意见征询会和经济社会情况通报会等形式，主动向企业和企业家通报经济社会形势，了解企业存在的困难和问题，寻求破解制约企业特别是中小民营企业发展的难题，打造企业健康发展新动力，推动河南工业在高质量发展上迈出新的步伐。

参考文献

张志超：《关于新形势下优化营商环境的思考》，《现代商业》2017 年第 12 期。

张海华：《构建“亲清”政商关系 营造龙江发展好环境》，《黑龙江日报》2018 年 7 月 3 日。

陶福胜：《关于我省建设法治化营商环境的几点建议》，《黑龙江日报》2018 年 7 月 3 日。

侯爱敏：《11 月全省工业生产增速回升》，《郑州日报》2018 年 12 月 18 日。

冯宗宪：《关于优化陕西省营商环境的思考和建议》，《西部大开发》2018 年第 5 期。

梁铭之、蔡耀君：《推进广西电子政务建设与优化营商环境协同作用研究》，《通讯世界》2018 年第 03 期。

B.7 以"四个一批"推动河南制造业创新发展研究

杨梦洁*

摘　要： 当前中国经济正处在迈向高质量发展的关键转变阶段，面对新一代科技革命和产业革命全面展开的历史机遇，创新作为经济新引擎成为发展第一动力。河南紧跟时代步伐，落实习近平总书记要求，适时提出"四个一批"，将培育发展一批创新引领型企业、人才、平台、机构作为推进科技创新工作、带动制造业创新发展的重要抓手。过去一年里，河南针对"四个一批"的工作取得了显著成效，高新技术制造业增加值远高于其他各类制造业，为河南制造业在企业、人才、平台、机构方面积累了大量的创新资源。但面对复杂严峻的外部经济环境、亟待优化的创新环境等问题，河南仍需从加快建立协同技术创新体系、深入推进科技创新体制机制改革、以高质量的开放促进创新发展等方面持续发力。

关键词： 四个一批　河南　制造业

十九大报告明确提出我国经济已由高速增长阶段转向高质量发展阶段，正处在转变发展方式、优化经济结构、转换增长动力的攻关期，要坚定实施

* 杨梦洁，河南省社会科学院工业经济研究所研究实习员。

创新驱动发展战略。习近平总书记调研河南在中铁工程装备集团有限公司考察时，做出“推动中国制造向中国创造转变、中国速度向中国质量转变、中国产品向中国品牌转变”的重要指示，强调了制造业创新发展的必要性。河南在深刻理解十九大精神以及习近平总书记调研河南重要讲话的基础上，2018年启动实施创新驱动发展提速增效工程，科技工作将培育引进“四个一批”作为中心任务。这是河南落实总书记要求，打好创新驱动发展牌，推动河南制造创新发展的具体行动。2018年6月，河南召开十届六次全会，将创新摆在发展全局的核心位置，明确提出要抓好创新载体，壮大创新主体，完善创新机制，建设人才强省。进一步突出了“四个一批”工作的重要性，这是新时期河南补齐发展短板，提升制造业创新发展能力的重要抓手。

一 创新引领型企业、人才、平台、机构内涵特征

“四个一批”行动计划要求发展一批创新引领型企业、培育一批创新引领型人才、建设一批创新引领型平台、引进一批创新引领型机构，这是河南推动科技创新，提升制造业创新水平的重大举措。

（一）创新引领型企业内涵特征

企业作为市场经济活动和创新成果应用的主体，其创新能力是衡量制造业创新水平最重要的指标。创新引领型企业既要求企业具备较强的创新能力，也要求企业在自身行业内具有一定的示范带动作用。从内涵上看，创新引领型企业主要指以技术、产品不断创新为发展驱动力、以自主知识产权或自主品牌获取市场竞争优势的企业。从特征来看，不仅包括较高的研发投入、较多的研发设计人员、大量的自主知识产权、高技术成果转化效率等，也包括拥有较完备的创新管理制度与鼓励创新的环境，相应的创新文化等。符合这些内涵特征的创新龙头企业和在领域内具有影响力的高新技术企业、科技型中小企业，同为发展重点。

（二）创新引领型人才内涵特征

创新引领型人才一般对新事物具有敏锐的洞察力，拥有独立的前瞻性思维，熟练掌握某类领域专业知识，同时将这种创新能力和思维加以运用，积极探索、勇于尝试。根据对内涵的理解，创新引领型人才的培育和规模壮大主要从两类人才入手。一是在各个领域被公认的、成绩卓著的专家学者，该类人才一般在基础研究、应用研究、技术开发或学科建设中有较为突出的创新表现，能够对相关领域或学科的创新发展起到重要推动作用。二是企业、集团的高层领导人，对于产业经济发展的带动作用比较显著。该类人才在创业团队、技术服务团队、企业管理团队中居于领军地位，属于高层次创业人才和高层次科技服务人才。

（三）创新引领型平台内涵特征

创新引领型平台是指能够广泛整合创新资源和载体，涉及人员、机构较多，创新实力强、创新成果突出的一类创新平台。其载体多种多样，包括各种形式的创新基地、创新中心、技术转移中心、企业孵化器等，按照类型可分为标准探索类、技术研发类、创新创业服务类平台。创新引领型平台通常具备这几种特征，一是协同开放性。往往包含政府、企业、科研机构等多重角色，创新成果内部共享，及时转化。二是准公共产品属性。特别是创业创新服务类平台，提供的各类服务具有一定的公共产品特征，不具备完全的竞争性或排他性。因而引领型平台的建设不应完全由市场机制决定。三是引领性。往往在所属行业领域、区域范围中处于支配地位，拥有一批具有影响力的企业或机构参与其中，能够集聚大量创新资源。

（四）创新引领型机构内涵特征

创新引领型机构与平台，存在相似和交叉的部分。创新引领型平台往往由政府牵头，以创新实力较强的企业或者创新机构为核心力量，组织一批创新资源更好地加以利用，形成良好的创新示范带头作用。创新引领型机构是支撑技术创新的重要力量，并且会聚了大量创新人才。其定义也比较宽泛，凡是拥有创新资源、创新能力强、创新水平高，能够源源不断进行技术创新的机构都可称为创新引领型机构。创新引领型科研机构应具有产学研一体化、运作机制市场化等鲜明的特征。具体有以下几点：管理机制新，部分机构摆脱了政府是投入主体，领导是基本观众的旧模式；科研机制新，科研项目通常采用逆向创新、交叉创新的创新方式，保障了创新的高效率、高产出；激励机制新，普遍采用了合同制、匿薪制、动态考核等管理制度。

二 河南创新引领型企业、人才、平台、机构现状

河南在十九大精神和习近平新时代中国特色社会主义思想指导下，深入实施创新驱动发展战略，积极推进“四个一批”工作，加快建设创新型河南，取得了显著的成果。2017 年全年河南全省研发投入同比增长 13.6%，高于全国平均增速 3 个百分点。规模以上高新技术产业增加值增速达 14.1%，高于全省规模以上工业增加值增速 6.1 个百分点。2018 年 1～10 月全省规模以上高新技术制造业增加值增速达到 12.4%，高于全省规模以上工业增加值增速 5.5 个百分点，增速遥遥领先于其他产业。

（一）河南创新引领型企业相关工作现状

2015 年以来，河南省根据《中共河南省委河南省人民政府关于深化科技体制改革推进创新驱动发展若干实施意见》要求，持续开展了科技型企业培育专项资金的申报工作。2017 年 6 月 28 日，《郑洛新国家自主创新示范区 2017 年度创新引领型企业专项行动计划》等明确了以创新引领型企业为主体，加快形成创新龙头企业引领、高新技术企业跟进、科技型中小企业支撑的创新型企业集群培育发展体系。2017 年河南省共认定高新技术企业 1115 家，2018 年共认定高新技术企业 1610 家，新增 495 家，比 2017 年增长 44.4%。2018 年 6 月，河南 7 家企业通过国家技术创新示范企业复核，包括天方药业有限公司、河南金丹乳酸科技股份有限公司、许继集团有限公

司等。目前全省创新龙头企业总数达到100家，高新技术企业总数有3300家，国家科技型中小企业入库4500家，居中西部首位。

（二）河南创新引领型人才评审相关工作现状

目前河南省培育创新引领型人才的途径主要有以下几点：“中原学者”评审，旨在培育河南省高端科技领军人才，造就一批院士后备人选；河南“百人计划”创新人才评审，旨在进一步推进人才强省战略，充分发挥海外高层次人才在中原崛起中的积极作用；河南省高层次科技人才引进工程评审，旨在引进急缺的具有国内先进水平或在国内得到广泛认可的高层次科技人才及创新型科技团队，此外还有河南省科技创新人才计划申报等。2018年12月25日，河南首批“中原学者科学家工作室”正式设立启动，这是河南探索培养院士级高端人才新模式的重要突破。2017年全省新增国家“万人计划”、科技部创新人才推进计划和“中原学者”共17人，新增创新型团队127个；新设立院士工作站41家，引进院士43位、科研团队307人。2018年10月，河南举办首届中国·河南招才引智创新发展大会，吸引了51位海外院士，89位两院院士，19位国内外知名大学校长。

（三）河南创新引领型平台相关工作现状

目前全省共有省级以上企业技术中心1136个，其中国家级84个；省级以上工程实验室（工程研究中心）616个，其中国家级46个；国家级工程技术研究中心10个，省级工程技术研究中心1287个；省级重点实验室184个。2018年2月3日，河南首家制造业创新中心——河南省智能农机创新中心在洛阳挂牌成立，也是目前国内该领域唯一经认定的创新中心，为河南省农业智能装备技术发展创新提供机遇。2018年10月，省工信厅拟确定河南森源重工有限公司创新平台等14个平台为2018年河南省制造业“双创”平台；郑州宇通集团有限公司——宇通制造业与互联网融合“双创”示范基地等5个基地为2018年河南省制造业与互联网融合“双创”基地。另与科技部联合启动“创新引领中原”活动，举办五届河南省创新创业大赛和两届中国创新创业大赛先进制造行业总决赛，共新建省级以上科技企业孵化器、大学科技园、众创空间、专业化众创空间、星创天地等各类创新创业载体393家，其中国家级116家，孵化企业1万家以上。

（四）河南创新引领型科研机构相关工作现状

近年来，河南省通过省部会商、院（校）地合作等多种形式，积极引进高端创新资源。与中科院等一批知名高校、科研机构建立了合作关系，建设郑州中科新兴产业技术研究院、清华大学天津高端装备研究院洛阳先进制造产业研发基地等一批高端研发机构。同时，河南省的一些高校、科研院所和企业也尝试新建独立法人的研究机构，为相关产业和中小企业提供技术服务，支持本地研究院所及新型研发机构建设。支持郑州信大先进技术研究院、洛阳中科信息产业研究院、新乡市电池研究院等为当地产业创新发展、破解关键技术瓶颈提供有力支撑。推进中国航天郑州军民融合产业研究院、洛阳华东理工大学研究院、中国（新乡）小麦产业研究院等一批高层次新型研发机构加速落地。这些新型研发机构采用创新的建设运行机制，对高水平科技人才更具吸引力，在中高端技术供给上起到了重要的作用。2017年省科技厅培育省级新型研发机构42家，围绕高端装备制造、新一代信息技术、功能性新材料等6大关键领域启动重大科技专项22项，突破产业关键核心技术60项，带动项目总投入11.37亿元。2018年7月，为突出创新驱动导向，树立典范以充分发挥带动效应，河南正式命名10家重大新型研发机构，分别是郑州信大先进技术研究院、郑州大学产业技术研究院有限公司、郑州新世纪材料基因组工程研究院有限公司等，范围覆盖卫星导航、人工智能、锂电、石墨烯材料等前沿领域，代表了河南制造技术创新的第一高度。

三　河南制造业创新发展面临的困境

“四个一批”工作快速推进，为河南制造业在创新主体、创新人才、创新平台、创新载体等方面积攒了许多创新力量，但目前河南制造业创新水平提升仍面临许多现实和自身问题。

（一）外部经济环境复杂严峻

自 2008 年金融危机之后，发达国家普遍开始反思经济发展与工业特别是制造业的关系，至全球新一代科技革命和产业革命兴起，制造业成为践行此次革命的核心领域，制造业整体创新水平的高低成为关系到一个国家或地区能否抓住时代机遇，带动经济高质量发展的关键。发达国家纷纷实施了多种形式的再工业化战略，在土地、财税、金融、人力资本、基建等方面采取一系列优惠政策，吸引制造业投资、建设、研发等环节向国内回流。发达国家在创新活动中拥有长期积累的技术优势，容易对中国造成阶段性领先的战略压制，同时限制了中国通过承接产业转移加速实现技术创新的路径。而与此同时，由于生产要素成本上升，以及受到中美贸易摩擦的影响，未来国际贸易形势不明朗，中国较之其他东南亚国家在吸引外资，承接产业转移方面的竞争优势不断下降，更加不利于创新资源流入。

（二）创新环境亟待优化

一方面，创新主体观念落后。河南传统工业布局较多，拥有大批传统中小型工业企业，企业主体的创新知识储备不足，缺乏创新转型意识，对于新一代科技革命和产业革命的发展形势认识不够充分，难以跟上时代发展步伐。同时对于企业主体来说，商业市场驱动的创新活动成本高且创新成果推进转化耗时较长，进程难以掌握，因而参与创新的意愿较低。另一方面，政府创新服务不到位，科技服务不足。根据科技厅的统计数据，河南科技服务业发展水平相对全国较为落后，在一定程度上影响了科技服务的便捷度和可及性。从一些衡量科技服务水平的指标来看，河南省每十万人仅有 0.89 人从事创新中介工作，位列全国第 29 名，创新创业公共服务平台、开放式创新网络平台密度也非常低，不足 1%。

（三）金融服务发展落后

制造业创新需要大量的资金支撑，产业链、创新链、资金链的融合程度直接影响创新进展。河南省三个链条融合明显不足，从数量上看，天使投资、股权投资基金等较之其他省份严重匮乏，全省已备案的私募基金加起来仅有147只，数量仅占全国的0.2%，其他各类政府引导性基金、风险补偿基金吸纳和撬动的社会资本十分有限，难以汇集到足够的资金以满足创新活动的需求或分散创新活动风险。针对微小企业推出的科技保、科技贷服务覆盖面十分有限，并且金融工作者和科技创新工作者的对接存在障碍，影响科技保、科技贷作用的发挥。从外部金融环境来看，河南整体金融发展程度不高，各个企业对金融资本市场了解不足，2018年河南IPO过会企业仅一家，相应的金融服务中介也不足，咨询、评估、技术检测等领域发展不充分。

（四）创新资源占有不足

创新人才不足。创新人才是开展创新活动的基础，也是创新的核心力量。河南缺乏能够引领产业创新发展的高层次领军型人才。两院院士只有27人，较之周围省份如陕西、湖北等，数量尚不足二分之一。具有创新精神的战略型人才和创新创业人才也存在资源错配问题。2017年全省研发人员数量61964人，位居全国第9位，但是企业中研发人员数量占比只有2.6%，万人R&D人员数为7.3，这一标准是全国平均水平的42.5%。创新投入不足。创新投入是创新活动产出的基本保障。但河南近年来科技创新投入的力度仍显不足，主要体现在投入机制和创新发展需求不适应，金融资本和社会资本不能有效流向创新活动领域等，规范化、多元化、长期化的投入机制尚未确立。国家研发人员的研发仪器与设备支出标准为年均每人6万元，而河南仅有3.71万元。

四　以“四个一批”推进河南制造业创新发展的对策建议

针对河南制造业创新发展中存在的问题和面临的阻碍，在推进“四个一批”工作中，我们要着重理解创新引领型企业、人才、机构、平台的关系。创新引领型人才是四者中最为核心的第一资源，拥有足够创新人才的企业、研究机构和平台才具备创新引领的可能。我们需要构建合理有效的创新驱动机制，使得创新人才能够在企业、机构中和平台上充分发挥创新价值，使其转化为推动河南制造业创新发展的强大力量。

（一）加快建立协同技术创新体系

加快制造业创新中心建设步伐，完善河南制造业创新链条。发挥现有制造业创新中心的作用，针对地区优势产业合理布局，加强顶层设计，统筹规划引导，充分整合创新资源，选择制造业基础雄厚、科技创新资源丰富的地市，培育一批影响力较大的区域制造业创新中心，在全省形成重点突出、层次合理的网络化格局，提高相关领域创新水平。对于由政府引导设立的创新平台、实验室等科技创新类基础设施，加大创新资源开放共享程度，使得更多企业能够获取相关信息，提高创新资源利用效率。围绕核心关键领域，探索企业、科研机构与高校紧密联系的产学研用协同创新体系，除发挥科研机构的技术支撑作用和高校的人才支撑作用之外，要在创新体系中突出企业的主体地位，特别是要将大中型国有企业在技术创新中的优势和中小型科技企业以需求推动的创新相匹配，鼓励联合攻关，解决基础研究与产业化之间存在的脱节问题。

（二）加速形成有利于创新的良好环境

紧抓产业技术创新联盟、产业技术创新研究院、军民融合协同创新研究院等各类创新平台建设，创建一批具有郑洛新特色的国家级创新创业平台和“双创”示范基地，推动创新资源更好地流动和集聚，提高资源利用效率，形成良好的集群创新效应。加快各类创新研发平台建设，构建河南制造创新发展的基础支撑。积极参与国家实验室、国家技术创新中心、国家工程研究中心等重大国家级研发创新载体的建设，争取分支机构落地河南。同时围绕装备、食品、新型材料、电子、汽车等重点领域加速布局省级高质量研发创新平台。充分发挥政府的服务职能，引导引入各类有利于创新的中介机构来河南发展，特别是各类能够为企业提供创新资源优化配置、成果转化、科技评估、创新战略决策咨询等专业化服务的科技中介机构，完善河南创新体系建设。

（三）强化军民融合领域技术创新

制造业创新发展的根基在于不断产生技术创新，特别是基础研究的技术创新。从全球范围来看，除国家推动产业发展的战略布局因素外，技术创新主要有两个驱动因素，即商业市场驱动和军工研发驱动。军工研发可以和商业市场形成推动技术创新的双轮关系。就河南的情况而言，要强化基础研究，实现前瞻性、引领性原创成果的重大突破，仅靠政府长期大量的资金投入难以为继，并且投入产出效率不能得到有效保证，而河南在各个领域拥有一大批科研实力雄厚的军工研究机构。中国航天科工集团、中国电子科技集团、27 所、713 所、725 所、5111 厂等，在工业互联网、电子信息、智能装备制造等产业上具备长期积累的高技术和高投入门槛。要立足优势领域，坚定推动军民融合，创建军民融合试验区，加快军用技术向民用市场的合理转移，充分发挥河南拥有的军工技术优势，将优势转化为大量的应用创新。

（四）深入推进创新体制机制改革

以郑洛新国家自主创新示范区、河南自由贸易区建设为契机，紧抓机遇，大胆创新，做好政策先试先行工作，重点瞄准创新驱动发展路径、产业转型升级，在企业服务、人才引入等方面探索鼓励创新的政策体系。打破行政干预过多、管得过宽过死的政策局面，激发企业参与创新活动的动力活力。坚定推动科研管理体制和收益分配机制改革。建立改造一批投资主体多元化，建设模式多样化、运行机制市场化、管理制度现代化、具有独立法人资格的科研机构院所。加大创新引领人才在科研机构院所中的话语权和决策权。改革现行的激励机制，保障科研人员在科技创新突破与科技成果转化中成为受益最大的群体，提高该群体福利待遇，广泛吸纳各层次创新人才，为创新引领型人才提供合适的创新团队。

（五）坚持以高质量的开放促创新

坚持以开放促发展，以开放促创新的开放式创新发展战略，坚持高质量的“引进来、走出去”，综合利用全球高端创新资源。加大高质量招商引资力度，以优化的创新环境和一揽子优惠政策，从创新水平较高的国内外地区吸引一大批创新引领型企业、人才、平台、研究机构来河南发展，支持鼓励各类研发机构和孵化器在河南设立机构。加大金融支撑力度，培育扶持省内有实力的科技型企业在国内外市场公开上市，以及在新三板挂牌上市，提升影响力广泛募集发展资金。由政府牵线搭桥，鼓励省内科技型企业和境内外商业机构进行需求对接，提高资金吸纳和利用效率。大力发展各类天使基金、创投基金，充分发挥政府产业引导基金的作用，吸引省内外多种形式的社会资本参与其中。

参考文献

刘战国、张齐、王命禹、张凯、胡明晖：《坚持创新驱动 推动河南经济高质量发展》，《河南日报》2018 年 4 月 4 日。

曹萍、尹江勇：《打造创新发展新引擎》，《河南日报》2018 年 11 月 4 日。

刘晓慧：《创新驱动河南省制造业高质量发展路径研究》，《当代经济》2018 年第 15 期。

B.8
河南工业新动能新模式培育思路与对策研究

冶伟平　孙永民　仝宝琛　张　凯　冯　阳*

摘　要： 近年来，河南工业转型升级步伐加快，新动能不断壮大，新模式持续涌现，新机制亮点纷呈，有力推动了产业结构升级和新旧动能转换。面对新一轮产业深度变革和新一代智能技术蓬勃发展，河南工业新旧动能转换机遇与挑战并存，必须理顺新动能、新机制和新模式三者之间的关系，积极培育新动能，应用新模式，建立新机制，以企业管理新机制促进商业和产业组织新模式发展，以行政管理新机制促进产业发展新动能壮大，以新动能和新模式的壮大发展倒逼新机制的革新提升。

关键词： 河南工业　新旧动能转换　新型制造模式

河南省 GDP 规模长期排在全国第 5 位，工业经济也稳居全国第 5 位、中西部第 1 位。进入经济新常态以来，工业经济积极转型，商业模式加快升级，行政机制加速转型，取得了一些成绩。但对比国内先进地区和国际先进水平，尚存在较大差距，需要认真分析，查找差距，剖析问题，主动作为，为中原崛起和河南振兴提供坚实支撑。

---

* 冶伟平，河南省工信厅运行监测协调局副主任科员；孙永民，河南省工信厅运行监测协调局局长；仝宝琛，河南省工信厅运行监测协调局副局长；张凯，河南省工信厅运行监测协调局科员；冯阳，河南省工信厅运行监测协调局科员。

一　河南工业新动能新模式发展现状

（一）新动能不断壮大

随着国际国内经济形势和市场环境的变化，基本上所有的企业都感到了转型升级的压力和紧迫性，一些大中型企业更是早早迈开了新旧动能转换的步伐。一是主导产业“当仁不让”，新动能亮点纷呈。许继集团在着力发展主业的同时，很早就把业务延伸到了风电新能源、充电桩等新兴领域。宇通客车通过持续创新，新能源客车实现大批量推广运营，通过对智能客车关键技术的集成应用，完成了世界上首例自动驾驶大客车的开发。新航集团航空机载设备多项产品填补国内空白，成功应用于“神舟”飞船、“天宫一号”及“嫦娥”环月探测等重大工程。二是传统产业改造提升成效显著，大批企业实现转型。中原乙烯、中原大化、龙丰纸业等一大批企业通过技术改造走出了连年亏损的困境，企业发展上了一个台阶，实现了华丽转身。中原特车、东方龙机械等石油装备制造业企业勇于自我突破，通过大力发展新能源汽车、通用设备制造等实现了转型升级。全省传统产业转型升级夯实有力，过剩产能有序化解。三是新兴产业“无中生有”、蓬勃发展。郑州市出现了为制造业企业智能化改造提供专业服务的大河智信科技股份公司，许昌市出现了首次提出电力三次装备概念并应用于实践的纪年科技公司。信大捷安产品完全基于我国自主密码算法、自主知识产权，承建了全国移动智能终端公共安全技术基础服务平台，自主研发的“移动警务通”已在28个省份的200余个城市成功应用。

（二）新模式持续涌现

近年来，互联网已经广泛应用于制造业领域，河南省互联网经济如雨后春笋般蓬勃发展，智能化生产线、智能化车间和智能工厂比比皆是，层出不穷。一是不同行业、地区、企业都在不同程度地推动制造业智能化改造提升工作。许昌市的森源电气、许继集团等电气装备成功上马了智能工厂，得到了工信部的高度认可；作为传统装备制造企业的远东传动轴也应用了智能化生产线，生产效率极大提升。郑州市的海马汽车作为汽车行业的代表在物流仓储阶段实现了全流程无人的智能化。焦作市的中原内配作为汽车零部件企业，实现了多条生产的全程智能化。森源电气着力推动由单一装备制造商向软硬件整体方案服务商转型，以打造世界一流的智能化、数字化工厂为目标，以“产品+芯片”的方式进行智能设备研发，以“销售+金融”创新商业模式，打造全国智能化移动警务室及车联网监控服务平台，纯电动移动警务室市场占有率70%以上。二是产业“上下游、内外链”大融合发展趋势明显。过去，行业内上、中、下游的集群集聚发展还得政府部门主导和召集才能勉强实现，时至今日，行业内、外的全产业链已经非常普遍，好多还是一个企业就能涵盖全部的上、中、下游，有的企业甚至已经进一步实现制造业服务化，做到了二产、三产融合发展。如钢铁行业淘汰低端落后产能，主动向优质特种钢铁、服务型钢铁转型。有色行业积极延伸产业链条，加快向精深加工环节拓展。纺织行业推动资源向优势企业集中，加速产业链上、下游整合。电铝联营的伊川集团，总投资20亿元、占地1500亩、以实现有色金属铝现货交割为目标的伊电综合物流产业园正在抓紧进行建设，目前正在建设物流公路港、金属交割库和铁路作业区。瑞贝卡公司在做好发制品主业的基础上，立足互联网技术，以服务好人的生活为基本目标，涉足房地产、自来水、公交车、酒店等多种行业，做到了由卖假发到卖生活方式、由卖产品到卖全套服务的多元化发展，规模不断壮大，利润屡创新高。

（三）新机制亮点纷呈

河南省各省辖市立足自身产业发展，积极创新体制机制，整合各方资源，取得良好成效。郑州市发挥省会中心城市高校和科研院所集中的资源优势，大力支持企业加快技术、产品、业态和模式创新，快速形成一定规模的新兴产业集群。其中，郑东新区国家级电子商务示范基地四年来入驻企业近百家，中钢网、黑蜘蛛电商公司等一批电商平台快速发展壮大，实现了无中生有、产业集聚。洛阳市积极顺应产业升级的要求，把机器人及智能装备产业作为洛阳老工业基地转型升级的突破口，坚持市场导向，强化规划引导，在机器人专用薄壁轴承、系统集成、自动化控制等领域取得了一定突破，培育了矿山救援机器人、消防机器人、巡检机器人、管道焊接机器人、智能成套矿山装备、智能农业机械等一批优势产品，形成了“一基地两园区”的产业布局和以中信重工、一拖集团、中航613所等龙头企业引领带动，轴研科技、沃德福机器人、德平科技等一批“隐形冠军”企业支撑提升的产业发展体系。新乡市加快建设国家自主创新示范区，打造创新型企业家队伍。积极向智能装备、智能制造新模式转型，已开发出工业机器人、智能包装印刷机、高端数控机床、智能起重机、无人机、智能输送机等一批拥有自主知识产权的智能装备产品，智能化水平保持国内行业领先。许昌市立足自身实际，积极寻求突破，早在五年前就着手整个工业的转型升级改造，关闭了区域内的煤矿、钢厂等污染大、耗能多的企业，对铸造企业陆续进行了清洁能源改造，秋冬季错峰生产期间所受影响较小，工业增速长期保持全省第1位。

二　河南省新动能新模式面临的形势与机遇

当前国际国内经济形势复杂严峻，正处于大发展大变革大调整的“窗口期”，河南工业在新旧动能转换过程中机遇与挑战并存，既存在政策和环境的利好，也存在要素瓶颈和基础薄弱的制约。

（一）新一代工业革命倒逼新动能发展壮大

近年来，世界主要制造业强国纷纷提出了“新一代工业革命”的战略，美国的“工业互联网”、德国的“工业4.0”、“英国工业2050”、“日本社会5.0”等比比皆是，我们国家则提出以智能制造为核心的“中国制造2025”，世界各国都将智能制造作为本国构建制造业竞争优势的关键举措。加快制造业智能化的发展进程，培育和发展新优势，是在新一轮国际产业竞争中主动出击，促进工业转型升级的重大战略抉择。发展智能制造是中国制造业转型升级的主要路径，工业机器人是智能制造的重要抓手，中国制造业必须抓住这一历史机遇。目前，我国工业机器人产业发展处于重要战略机遇期，从中央到地方都高度重视机器人产业，出台了一系列相关政策对机器人产业进行有效的引导与扶持。

（二）国际国内环境利于新动能快速壮大

国际方面，2018 年以来美国、欧盟等世界主要经济体复苏态势明显，“一带一路”沿线国家需求强劲，重点企业出口步伐加快。国内方面，国家促进投资增长的一系列重大项目建设持续推进，市场需求较为平稳。近年来，我国研发投入不断加大，2016 年达到 2363.02 亿美元，成为全球仅次于美国的第二大研发投入大国，研发投入强度逐渐跻身世界前列。国家大力推动金融服务实体经济，连续出台降税减费政策，加之党的十九大后一系列政策措施的重大利好，企业信心不断增强，工业增长的动力较为稳健。2017 年以来，省内产业转型发展攻坚战持续推进，各项政策积极实施，财政支持补贴全面落地，相关产业的转型发展三年行动计划陆续出台，为新兴产业的转型发展和传统产业的改造升级指明了方向和路径。

（三）新兴产业支持力度加大

国家层面有万亿元级的产业支持基金，河南省也在 2017 年上半年启动了 1000 亿元的新兴产业发展基金，由专业的基金公司进行运营管理。其他方面的产业基金也不少，纷纷瞄准了战略性新兴产业的发展。各地市也不甘落后，参照省里设立不同形式的新兴产业基金，加快布局、积极推进。各级、各地、各种形式的产业基金为新兴产业的发展提供了坚实的资金支撑，必然成为河南省战略性新兴产业发展的一大助力。与此同时，国家大力支持“大众创业、万众创新”，建立机制保障，创建平台推进，减税降费积极支持，这样的利好必然为新动能的壮大发展营造良好的环境，为创业创新主体注入强劲动力。

（四）供给侧结构性改革积极推进

习近平总书记在十九大报告中指出，深化供给侧结构性改革。建设现代化经济体系，必须把发展经济的着力点放在实体经济上，把提高供给体系质量作为主攻方向，显著增强我国经济质量优势。国家供给侧结构性改革工作实施以来，出台了很多配套的政策措施，多数都是“真金白银”，为新动能的培育壮大提供了坚实的资金和政策支撑；而“三去一降一补”的全面推进，极大改善了产品的供给能力、供给水平和供给质量，加速了传统产业产品的淘汰退出进程，对旧动能的减弱起了至关重要的作用。供给侧的改善，为整个产业结构的调整和转型升级提供了强大的新动能，也为工业企业转型发展、提质增效提供了良好的市场环境和政策环境。

三　河南省新动能新模式存在的问题与原因

（一）意识观念落后

河南是内陆大省，经济长期稳居全国前五、中西部第1，但在多个领域“大而不强”，观念理念较沿海地区落后、封闭，行政体制机制也较为僵化、低效，加之农业大省工业基础薄弱，造成产业结构不合理、发展方式偏粗、产业链条偏短。长期以来，在经济发展过程中，基层政府服务意识不够，办事效率较低，行政成本较高，行政干预过多，市场机制发挥有限，不利于资源的优化配置。近期的企业调研发现，部分工业项目在办理申报、用地、规划、施工等相关手续时的速度与企业需求、项目进展仍有差距，影响企业项目投产达产进度。部分职能部门在解决项目存在问题时办事效率不高，服务意识还有待提升。

（二）创新基础薄弱

当前，河南工业高质量发展对优化企业人才结构提出了较高要求，人才特别是高端人才缺乏，成了企业老板眼中的首要难题。河南的高校数量少、层次低，造成了本地企业长期以来必须付出更多的资金和保障福利成本引进外来人才的困窘局面。现在郑州等地的房价异常之高，外来人才不能实现安居，就不能有效乐业，很多在郑州等地上学的毕业生甚至回到了家乡小城市，人才流失相当严重。与此同时，河南作为能源原材料大省，结构性矛盾日益凸显，工业企业普遍存在重批量生产轻个性化定制、重制造轻服务的现象，发展服务业务不够成熟；对“互联网+”认识不足，利用物联网、大数据等新兴产业对传统产业进行改造，提升的认识不足，投入不够。我国企业研发投入强度在国际上处于低位，而河南规模以上制造业研发经费内部支出占主营业务收入比重仅为全国平均水平的一半，每亿元主营业务收入有效发明专利数仅为全国的1/3，制造业质量竞争力指数低于全国平均水平2个百分点。企业品牌意识普遍较弱，调查显示，仅有18%的企业具有知识产权意识；品牌投入占销售收入比重1%以下、1%～3%的企业占比分别为18%、16%，其余67%的企业无相关数据。

（三）要素制约严重

近两年来，工业生产者出厂价格和购进价格“剪刀差”持续存在，既挤压了下游企业利润空间，又因供应紧张影响了企业正常生产。特别是新兴产业一般都处于产业链的中下游，能源原材料成本的居高不下，极大增加了新兴产业的运营费用和难度，严重影响了新兴产业的发展信心和动力。融资问题依然突出，特别是产能过剩行业、中小企业更为集中，有的已经影响企业资金链安全。钢铁、有色金属等行业受信贷政策限制依然严重，即使对技术水平高、成长性好的冶金新材料等细分行业也依然不加区分地受到严格限制。新兴产业在起步阶段往往需要大量的资金，传统产业的智能化改造也需要较多的资金，而融资难、融资贵、直接融资渠道缺乏等瓶颈就成了创新和创业的拦路虎。市场资源的限制也成了河南本地新产业新动能发展壮大的瓶颈，拿风电新能源产业来说，省内重大项目投资一般由大型央企把控，央企招标往往是面向全国范围的，省内企业起步晚、规模小，很难进入招标程序，更谈不上中标。一些政策优惠措施的落地实施力度不够，一些行业的出口退税在实际操作中往往不能落实，一些高新技术企业的税收减免和优惠有些时候也得不到保障，这些因素都在不同程度上限制了全省新兴产业的发展壮大。

（四）企业成本较高

当前，河南全省工业企业生产成本相对较高，高于全国平均水平，且不断攀升，企业盈利空间不断被挤压，极大限制了新动能的发展壮大。一是用工成本仍然较高。河南省企业缴纳的综合社保费率占职工税前工资的27%～29%。对比浙江，由于浙江企业职工社保中企业缴纳费率远低于河南，进而导致其用工成本大幅下降。其中，企业缴纳的养老保险、失业保险、生育保险费率分别比河南省低5个、0.2个、0.14个百分点，企业缴纳的综合社保费率比河南省低2.84～4.84个百分点。二是能源原辅料成本不断上升。受供给侧结构性调整以及去产能等政策影响，钢铁、有色金属、化工、纺织、医药等领域不少工业用原辅材料价格呈上涨趋势，同时天然气价格上涨幅度较大，推高企业生产经营成本，压缩中下游企业利润空间。三是运输物流成本上升。受环保管控和超限治理限制，工业企业原材料和产成品难以正常出入，生产经营陷入被动，也在一定程度上抬高了企业的经营成本。此外，一些涉及物流的企业反映营改增后因实际抵扣不足，企业税负不降反升。营改增后，税率由3%调至11%，由于处于增值税抵扣第一链条上的广大个体运输户因征管难度大、无法开具增值税发票，企业真正能取得的可纳入增值税抵扣范围的票据极少，负担反而加重。

四　河南省创新驱动发展对策建议

河南正处于新旧动能转换的关键期，在国际国内严峻复杂的竞争环境下，必须理顺新动能、新机制和新模式三者之间的关系，积极培育新动能，应用新模式，建立新机制，以企业管理新机制促进商业和产业组织新模式发展，以行政管理新机制促进产业发展新动能壮大，以新动能和新模式的壮大发展倒逼新机制的革新提升。

（一）加快构建现代产业体系

一是改造颠覆传统产业体系。河南工业现有产业体系门类齐全，传统产业占主导地位，难以适应高质量发展需要，因此必须从传统产业体系向新型产业体系转变，创新构建新型产业体系，加快建设制造强省和网络强省。以全面培育新型企业和新型产业为主攻方向，以引进转化或自主创新先进技术为突破口，全方位扩大新技术项目投资布局，培育新型产业生态系统。全面实施传统产业体系新型化战略，着力用"互联网 + 数字 + 智能 +"改造提升传统企业形态，着力用新技术新模式新业态逐步改造更新传统产业系统，全面推进传统产业和传统企业的改造更生。二是建立高质量发展产业体系。必须坚持质量第一、效益优先，积极推进供给侧结构性改革，全力实施产业转型发展攻坚战，着力提高企业质量和效益，以"三大改造"为核心、"四大攻坚"为重点，建立以电子制造和新一代信息技术产业为先导、绿色食品和高端装备产业为支撑、新材料和新能源产业为重点的"创新驱动、协同发展、绿色集约、富有效率"的现代制造业体系。

（二）积极培育新动能

一是积极培育互联网产业经济。当前时代，工业互联网是实现工业产业商业化运营的支撑内核，是助力企业资源优化配置的关键引擎，是不可越过的智能支柱。要加快促进智能制造与工业互联网平台成长成熟，推动工业企业广泛接入平台，享受新制造工业知识沉淀带来的效率提升。要对传统企业进行信息化、互联网化、智能化的嫁接式改造升级，对传统企业和传统产业实施"互联网 +"产业新型化战略，推进产业生态互联网化系统工程，以此构建"互联网 +"产业生态链，逐步形成"互联网 +"的产业生态圈系统，有机构成一个完整的互联网产业经济形态。要紧盯 5G 发展，紧跟 5G

步伐，依托高校、科研院所和高科技巨头公司，建立“5G小镇”，发挥产业集群的辐射带动作用，实现全省信息技术产业的快速发展。同时加速工业化和信息化深度融合，以高度发展的信息产业促进工业的现代化。二是大力推动新经济创新发展。新经济不是想出来的，也不应是现实世界的需求引致，应该是基于基础研究的高度创新和现有条件下的新鲜创意。当前，中美贸易摩擦愈演愈烈。在中美贸易摩擦的倒逼下，我们应该直面压力，以此为契机，对内搞活机制，深化军民融合，强化产学研用，深耕基础研究，加速成果转化。同时加大研发投入，营造环境和平台，促进行业关键共性技术的解决，推动企业作为研究主体加强创新，构建坚实的自主创新体系，推动创新型国家建设。要积极发展以人工智能为核心的智慧产业，尽快制定指导性文件，在财政税收、资金、人才等要素上提供全方位的充分保障，加快推动人工智能及智慧产业发展，尽快服务于实体经济。大力支持智慧产业龙头企业带动新型企业集聚发展，充分发挥龙头企业的产业链辐射带动作用，增强龙头企业的磁场磁极效应，提高新型企业集聚的产业链配套链接度，培育新型产业的“龙形产业”。

（三）引导应用新模式

一是积极推动产业大融合发展。在国际国内经济形势更加复杂、中美贸易摩擦不断的大环境下，加快推动一产、二产、三产大融合，加速产业升级和产品转型，以供给侧的高质量发展引导国内消费升级。深化服务，营造适合大中小企业融通发展的环境，形成“大企业带动中小企业发展，中小企业为大企业注入活力”的热烈氛围，加快推动大中小企业融通发展。加快生产性服务业发展，引导生产型企业不断延伸产业链条，加速向服务方面转变，增加服务环节投入，形成生产和服务的高度融合。二是鼓励企业创新商业模式。在全球市场化程度不断深化的进程中，越来越多的企业“笨”死在了商业模式上，特别是实体企业深受其害。传统企业也要积极进行商业变革，要应用“互联网＋”的视角，解决“信息、时间与空间”三大商业矛盾，进行“产品、服务、技术与模式”变更，重塑价值链与生态圈。借鉴上海、杭州等地的经验，企业要综合研判“人流、物流、信息流、资金流、商流”等五流，根据自身实际和市场变化，创新商业模式。比如，人流+资金流的“服务众筹模式”，信息流+资金流的“互联网金融模式”，互联网+物流的“智能制造物联网模式”。

（四）建立健全新机制

一是加大创新支持力度。要构建更具活力的创新创业生态系统，创新人才激励保障政策措施，出台更具分量的“人才引进计划”，在实验室平台、个人荣誉、收入、税收、住房、配偶工作、子女教育等各个方面予以充分保障，彻底解决高端人才的“后顾之忧”，留住人才发挥其“先见之明”。要大力支持建设颠覆性先进技术自主创新和引进转化新型科研平台建设，要积极推动大数据、云计算、物联网、工业互联网产业的发展创新和在实践中的应用。要在各方面强化政策保障，要为引进的重大颠覆性先进技术和发明人或专利拥有者创建专门研究院（所），并在资金、税收、人才引进等资源要素和优惠政策上给予重点支持。在创新支持资金上，要改变一直以来“重行业轻企业”的取向，研发创新资金支持以企业为主，提高资金使用效率。二是引导企业积极创新。引导企业不断转变思想观念，积极发挥市场主体和创新主体的作用，高度重视人才引进、留用工作，为人才提供优越的平台和完备的保障，夯实创新基础，加速创新进程。引导企业树立平台模式和共享经济思维，面向未来、跨界思维，由过去的“龙头+产业链”向“平台+生态圈”转变，逐步形成以互联网为核心的“平台+生态圈”发展模式。部分传统工业企业可以探索接入工业互联网平台，为平台成熟提供数据，优先得到平台赋能的优势。要突出创新工作重点，加强企业创新指导，建立健全企业家联盟体制机制，分地区、依行业成立针对性强、专业化高的企业家团体，并定期进行考核评比。针对企业存在的突出问题和薄弱环节，通过强化基础管理，推进管理创新，全面提高企业管理水平和经营绩效。企业层面要提高工人的工资和社保待遇，加大对高端人才和熟练技工的维护力度，加大对创新和研发的投入力度。

参考文献

刘战国、张齐、王命禹、张凯、胡明晖：《坚持创新驱动　推动河南经济高质量发展》，《河南日报》2018 年 4 月 4 日。

曹萍、尹江勇：《打造创新发展新引擎》，《河南日报》2018 年 11 月 4 日。

刘晓慧：《创新驱动河南省制造业高质量发展路径研究》，《当代经济》2018 年第 15 期。

产 业 篇

Industry Article

B.9
河南新能源汽车产业发展研究

袁 博*

摘 要： 2018年前11个月河南新能源汽车产量达4.56万辆，其中新能源客车产量2.5万辆，位居全国第1，培育了宇通客车、海马汽车、森源电气、速达汽车等一批本土新能源汽车企业，其中宇通客车新能源客车产销量连续多年位居全国乃至全球第1。但同时，河南新能源汽车保有量与发达地区相比仍然偏低，而且以新能源客车为主，私家车占比较低，车型结构不合理，推广普及力度仍需加大。河南需要探索出更加适合自身的新能源汽车产业发展路线与对策，使新能源汽车产业更加快速发展，成为新能源汽车产业发达地区，从而带动整体经济的快速发展。

* 袁博，河南省社会科学院工业经济研究所助理研究员。

关键词： 河南　新能源汽车　产业发展

一　河南新能源汽车产业发展现状及特点分析

（一）河南新能源汽车产业发展综述

河南是中国新能源汽车产业发展较好的地区之一，是新能源汽车的重要生产和推广地区，2018 年 1～11 月全省生产各类新能源汽车近 4.56 万辆，同比增长 86%，其中新能源客车产量近 2.5 万辆，位居全国第 1，占全国新能源客车市场的 25% 左右。在新能源汽车推广方面，截至 2017 年底郑州新能源客车数量占公交车总量的比例达 97%，占比位居全国第 2 位（见图 1），成为新能源客车推广的先进城市。在此基础上，河南省政府和各级地方政府积极出台各类鼓励新能源汽车生产和推广的政策，进一步加快新能源汽车产业的发展，按照省工信厅的规划，2018～2020 年全省新能源汽车产量力争达到 20 万辆，成为新能源汽车产业发展先进地区。

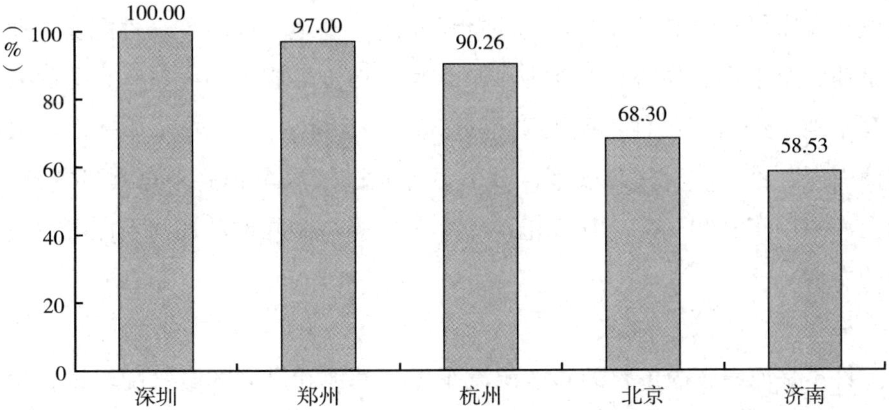

图 1　2017 年城市新能源公交车占比排名

资料来源：国家统计局。

河南省目前共有10家企业具有新能源汽车生产资质，分别是宇通客车、郑州日产、海马汽车、少林客车、宇通重工、森源重工、中集凌宇、新乡新能、中原特车、速达汽车，基本涵盖了乘用车、工程车、专用汽车等所有门类的汽车产品。此外，还有中航锂电、许继电气、森源电气、河南锂动等动力电池和相关配套设备企业。目前省内已经初步形成了完备的新能源汽车产业链，这些企业主要分布在郑州、许昌、洛阳、新乡、三门峡等地，这反映出河南新能源汽车各地区均衡发展且分工明确的现状。

郑州

2017年，郑州市新能源汽车产量达3.11万辆、同比增长17.1%，占河南全省新能源汽车销量的近80%，是河南省内最大的新能源汽车生产基地。其中宇通客车全年累计生产新能源客车25066辆，已成为全球最大的新能源客车生产基地，并在2018年初获批组建我国客车行业首个燃料电池与氢能专业研发平台——郑州市燃料电池与氢能工程技术研究中心。在推广方面，郑州是全国第一批新能源汽车推广应用城市，2017年郑州新能源汽车保有量达3.1万辆，位居全国第8，属于推广较好的地区，其中新能源公交车7813台，占公交车总量的97%，新能源公交车占比排名全国第2，处于领先地位。近年来，郑州市新能源汽车产业发展迅速，形成了以宇通客车、海马汽车、东风日产和郑州日产为主的整车生产基地。同时零部件配套产业发展迅速，全市拥有核心配套企业150余家，初步形成了围绕整车企业的专项配套基地，汽车零部件本地配套率近30%。除本土企业外，郑州市还大力招商引资，推出各种优惠政策，吸引省外先进的汽车企业来郑州投资建厂，如上汽乘用车郑州工厂、比克电池中牟工厂等，共同推动郑州新能源汽车产业的发展。

许昌

许昌是河南省内重要的新能源汽车生产基地和最大的电气配套设备生产基地，有森源集团、许继电气等新能源汽车整车及配套设备生产企业。其中，森源集团已形成集新能源发电、智能充电桩和新能源汽车三位一体的省内较全面的新能源产业链，其生产的电动公务车、移动警务室等新能源汽车在全国同类产品中市场占有率领先。而在电动汽车充换电设备和动力电池方面，许昌领先省内其他地区，具备较好的产业基础和竞争优势，其中，许继电动汽车充换电产业中心是国内首屈一指的产业基地，森源集团电动汽车智能充电桩在智能控制和电能质量治理一体化研究与应用方面达到国内领先水平。

洛阳

洛阳是河南省内的老工业基地，也是省内新能源汽车的重要生产基地和最大的动力电池生产基地，有中集凌宇、中航锂电等新能源汽车整车及零部件生产企业。中集凌宇公司早在2007年就开始关注新能源汽车，2009年10月生产出了国内第一辆插电式混合动力城市客车，经过近10年的发展，在国内新能源客车领域占据一定的市场份额，中航锂电主要生产锂电池，其中新能源汽车使用的动力电池产量为省内第1，中航锂电还拥有河南省大容量锂电池及模块工程技术研究中心，以电池为核心的关键零部件的研发与制造走在国内最前列。

新乡

新乡是豫北重要的工业基地，电池产业有近60年的发展历史，被誉为“中国电池工业之都”。近年来新乡依托电池产业的优势，大力发展新能源汽车产业，拥有新乡新能、河南锂动等新能源汽车整车及零部件生产企业，是国家新能源汽车推广应用示范城市，是河南省电动汽车首倡城市、河南省首批电动汽车示范运营试点城市。新乡市内已累计投放500辆纯电动出租车，是目前省内新能源出租车推广应用最好的地区。

除上述地区外，焦作、三门峡等地的新能源汽车产业也发展迅速，形成了自身的发展特色，这些地区共同促成了河南新能源汽车产业快速发展、欣欣向荣的良好态势。

（二）河南新能源汽车产业的发展特点

河南的新能源汽车产业发展现状呈现出了诸多自身独有的特点。

1. 新能源商用车发展态势较好，国内市场占有率高

在河南新能源汽车总体产量中，新能源商用车产量占比较高，产业发展

水平处于领先地位，其中新能源客车产量达到2.5万辆，约占全国新能源客车产量的1/4，以绝对优势位居全国第1。宇通客车更是多年占据新能源客车产销量第1的位置，并出口海外多个国家，占据当地市场。除新能源客车外，郑州日产、森源电气等企业生产的新能源皮卡、观光车等商用车在国内同类产品市场中占据重要地位。

2. 混合动力、纯电动、氢燃料电池等多种车型全面发展

河南目前生产的新能源汽车涵盖了混合动力汽车、纯电动汽车、氢燃料电池汽车等市面可见的所有新能源车型。纯电动汽车主要以乘用车为主，包括轿车、SUV、MPV，以海马汽车、郑州日产、上汽乘用车为主要生产企业。混合动力汽车主要以油电混动的客车为主，宇通客车为主要生产企业。而氢燃料电池汽车具有完全无污染、充气速度快等显著优势，成为近年来新兴发展起来的新能源车型，也得到了省内汽车企业的关注。其中宇通客车成为省内唯一生产氢燃料电池汽车的企业，同时拥有省内唯一氢燃料电池汽车的加氢站，并在2018年初获批组建我国客车行业首个燃料电池与氢能专业研发平台——郑州市燃料电池与氢能工程技术研究中心，今后将在氢燃料电池的技术层面处于全国领先地位。但目前氢燃料电池汽车应用成本较高，产销量不高，推广效果一般，未来还需进一步发展。

3. 以郑州为主，全省各地均衡发展

河南目前以郑州地区为新能源汽车的主要生产基地，带动全省其他地区共同发展。其中郑州作为省会城市，拥有经济、区位、技术、市场等多方面的发展优势，宇通客车、郑州日产、海马汽车等本土汽车企业以及上汽乘用车等省外先进汽车制造企业均将生产基地设在这里。2017年郑州新能源汽车产量达到3.11万辆，占到河南全省新能源汽车总产量的近八成。

除郑州外，省内其他地区在新能源汽车产业方面同样实现了快速发展。动力电池是新能源汽车的核心部件，洛阳中航锂电是目前省内最大的动力电池生产企业，同时也是国内主要的动力电池生产商，为众多新能源汽车企业提供动力电池，此外，许昌森源电气、三门峡速达、开封开瑞等新能源整车企业生产的MPV、两用警车等新能源商用车填补了省内新能源汽车在这两

方面的空白，使河南新能源汽车车型种类更加齐全，整体来看，以郑州为中心，全省新能源汽车产业全面发展的格局已初步形成。

二　河南新能源汽车产业发展存在的问题分析

由于新能源汽车产业是新兴产业，河南在快速发展的同时也出现了许多以往未曾遇到的新问题。

（一）整体产销量占比低，推广普及率低

2018 年前 11 个月中国新能源汽车产量为 105.4 万辆，同比增长 63.6%，河南同期的新能源汽车产量为 4.56 万辆，同比增长 86%，虽然增速高于全国水平，但占全国新能源汽车总产量的比重为 4.3%，与 2017 年持平，比重仍然偏低。2018 年中国国内生产总值（GDP）为 900309 亿元，河南地区生产总值（GDP）为 48055.86 亿元，占全国的 5.3%，新能源汽车产量占全国的比例低于 GDP 占全国的比例，说明河南新能源汽车产业与整体经济发展不同步，滞后于其他产业的发展，需要进一步提高。

普及率方面，2017 年省会郑州市新能源汽车保有量达 3.1 万辆，排在全国城市新能源汽车保有量的第 8 位（见图 2），较为靠前，是国内新能源汽车推广较好的城市之一。2018 年 11 月，郑州市新能源公交车占公交车总数的比例为 97%，计划于 2018 年底达到 100%。2017 年郑州机动车保有量达到 382.7 万辆，由于充电设施不完善，推广力度低等原因，新能源汽车占机动车总保有量的比例仅为 0.81%，与全国新能源汽车在机动车总量中 2.7% 的占比相比差距较大，而除郑州市以外的其他地市新能源汽车保有量与郑州也存在较大差距。此外由于财政收入、扶持政策等方面的限制，在商用车领域，特别是关乎民生的公共交通、保洁环卫、垃圾运输等领域的新能源车型的推广进展缓慢，最终造成了全省在新能源汽车推广应用方面的滞后。

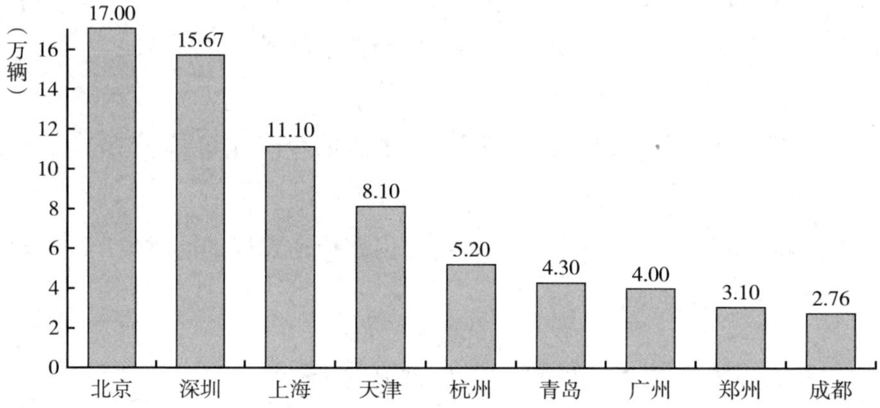

图 2　城市新能源汽车保有量排名

资料来源：国家统计局。

（二）内部结构失衡，商用车占比过高，新能源乘用车占比低

河南在新能源商用车的生产和普及方面具有明显的优势，但这也说明作为新能源主力车型的乘用车产业的发展相对落后。2018 年中国新能源客车销量达 91642 辆，占同期新能源汽车总销量的 7.3%，新能源客车市场占新能源汽车市场总体比例较低，规模较小。而河南 2018 年新能源客车产量近 2.5 万辆，以绝对优势位居全国第 1，约占全国新能源客车产量的 1/4，占同期全省新能源汽车产量的比例却高达 54.8%，为国内各省最高，并且远高于其他地区。而与此同时，河南新能源乘用车产量仅为 2 万辆，占全国新能源乘用车的比例仅为 2.9%，河南新能源乘用车从产量、占本地区新能源汽车总产量比例、占全国新能源汽车总产量比例这三个指标都要远低于新能源客车，这一现象突出反映了河南新能源汽车产业过分依赖商用车的结构性失衡现状。

（三）新能源汽车政策力度小，地方保护主义明显，限制竞争发展

河南省政府和各地方政府在推进新能源汽车产业发展和推广应用方面积极地给予了扶持资金和政策，对新能源汽车产业的发展起到了极大的推动作

用，但其地方补贴资金主要集中在商用车领域，在乘用车方面的补贴力度还需加大。其中一些政策具有明显的地方保护主义倾向，如郑州市2016年底出台的机动车限行政策，将混合动力汽车归入限行车辆，由于郑州本土企业生产的新能源乘用车主要以纯电动汽车为主，混合动力汽车产量偏少，此举具有明显的地方保护主义倾向，引起巨大争议后又进行了更正；洛阳、漯河地区的新能源汽车补贴政策对本地生产的新能源汽车给予更多的补贴，虽然短期会对本土新能源汽车产业发展有所帮助，但从长远来看，不利于公平竞争，会降低新能源汽车产品的整体竞争力。

此外，低速电动车市场管理混乱、部分汽车企业骗补等问题突出，而国家新能源汽车补贴逐年退坡、放开合资企业进行新能源汽车的生产销售以及实行积分制等政策方面的调整对河南新能源汽车的发展也会产生相应的影响。

三　河南新能源汽车产业发展路径研究

河南新能源汽车产业在过去数年间已经取得了巨大的进步和骄人的成绩，这与河南省各级政府和各新能源汽车生产企业的共同努力密不可分，河南根据自身特点，探索出了最适合本土新能源汽车产业的发展路径。

（一）以新能源客车、锂电池产业为优势重点发展新能源商用车

河南在新能源商用车方面的发展具有明显优势，无论是产业规模还是技术水平都走在了全国前列，这是河南省一直坚持大力发展新能源商用车路线的成果。政府相关部门在生产和推广方面出台了一系列鼓励政策，2018年6月5日，河南省财政厅发布公开征求《关于调整河南省新能源汽车推广应用及充电基础设施奖补政策的通知》有关意见的通知，其中对车长大于8米的纯电动、插电式混合动力客车按照国家新能源汽车补助标准的30%给予推广应用补助，对新能源专用车、货车按照国家补助标准的30%给予推广应用补助，这些政策的实施又进一步促进新能源商用车的生产和推广。

在此背景下，省内传统汽车企业纷纷转型生产新能源商用车。其中宇通

客车作为多年在全球客车市场的领军企业，率先研发和生产新能源客车，经过多年发展，2018年生产各类新能源客车24621辆，位居全球新能源客车产量第1。除宇通外，郑州日产、森源电气等企业生产的新能源皮卡、纯电动观光车等新能源商用车在国内同类产品中的市场占有率较高。

除整车生产外，作为新能源汽车核心部件的动力电池产业也得到快速发展，其中洛阳中航锂电、新乡天力锂能等一批锂电池企业生产的动力电池在国内动力电池市场中占据一席之地，2013年国内主要动力电池生产商比克新能源在郑州市中牟建厂，2015年投产，至此河南正式形成了以郑州、洛阳、新乡为主要生产基地的动力电池生产格局。

（二）以氢燃料电池汽车为重点发展新型新能源汽车

氢燃料电池在使用过程中的副产品只有水和热，所以，对环境是真正的零污染，此外，氢燃料电池续航里程较长，补给燃料时间较短，一般充满氢仅需3~5分钟，相较于插电式电池的充电时间大幅度缩短，可以节省更多时间，这些优势使氢燃料电池非常适合长距离长时间行驶的新能源汽车使用。

目前全球主要汽车生产企业都在积极研发氢燃料电池汽车，河南省在氢燃料电池汽车方面处于全国领先地位。宇通客车在国内率先研发和生产，目前已经成功推出了三代氢燃料电池客车，同时在2018年初获批组建我国客车行业首个燃料电池与氢能专业研发平台——郑州市燃料电池与氢能工程技术研究中心。加氢站建设方面，全国目前共有14座加氢站，河南拥有其中一座，为宇通氢燃料电池客车提供专用加氢服务。

（三）新能源汽车政策鼓励新能源汽车的生产、普及

河南各级政府在生产、销售、推广、通行等各个方面给予新能源汽车一系列优惠、便捷的政策。河南省政府在2018年5月出台了新能源汽车推广应用的补贴政策，在此之前，郑州、洛阳、漯河等地已经相继出台了新能源汽车的相关补贴政策，对乘用车和商用车给予了不同程度的补贴。在通行方面，河南目前18个地市均出台了地方机动车限行政策，其中无一例外地将

新能源汽车排除在限行车辆之外，保证了新能源汽车可以全天候无阻碍地行驶在道路上，这是对新能源汽车在节能减排、保护环境方面的肯定，客观上也提升了消费者购买新能源汽车的积极性，促进了新能源汽车的销量。

除对本地新能源汽车企业给予鼓励政策外，近年来河南省各级政府还大力招商引资，推出各种优惠政策，吸引省外先进的汽车企业来河南投资建厂推动新能源汽车产业的发展。如郑州海马汽车，其前身为海南海马汽车，2007 年通过河南省政府引资政策，海马汽车进入河南地区，建立郑州中牟生产基地，经过在河南地区近 10 年的快速发展，2016 年 3 月海马汽车总部搬迁至郑州经济技术开发区，正式成为河南本土企业，在此之后，海马汽车开始进入新能源汽车领域，推出纯电动汽车，在本土市场占据相当份额，成为河南新能源汽车的重要力量。此外，上汽乘用车郑州工厂、开瑞汽车开封工厂、比克电池中牟工厂等省外企业在河南的新能源汽车投资项目运行顺利，日后势必成为河南新能源汽车不可或缺的新生力量。

四　河南新能源汽车产业发展的对策与建议

河南省在新能源汽车产业方面，根据自身发展现状，制定出适合自身的新能源汽车产业发展路径，呈现出了明显的地方特色，产业得到了快速发展，在全国新能源汽车整体产业当中是不可或缺的重要力量。但同时在发展的过程中也存在不少问题，在技术研发和推广应用方面也存在一些阻碍，需要政府、企业、消费者三方共同应对，促进新能源汽车产业更好地可持续发展。

（一）政府层面

政府作为新能源汽车产业政策的制定者，在其发展过程中起到了至关重要的扶持和引导作用，在政策的制定方面应更加合理、科学、有效。如在减少新能源汽车资金补贴的同时增加对新能源汽车技术方面的引导性政策，使新能源汽车企业逐渐摆脱对补贴的依赖，提高内部研发水平，真正掌握新能源汽车的核心技术，最终靠自身实力占领市场，节约政府财政支出。此外，河南省各级政府还可以根据各地的实际情况建立专业的新能源汽车产业园区，使相关企业组团发展，形成强大的集聚效应，把新能源汽车产业真正做大做强。

（二）企业层面

作为新能源汽车产业的研发者和生产者，相关企业是产业发展的重要组成部分，是产业发展的根本和基石，其作用不可替代。目前河南新能源汽车企业众多，涵盖了乘用车和商用车的所有车型，产品种类齐全，但真正有研发实力和核心技术的企业不多，产业势必会经历重新洗牌，在这个过程中，企业只有不断地提高自身硬实力，才能最终站稳脚跟并脱颖而出。同时，企业应正确把握目前的新能源汽车发展形势和相关的产业政策，促进自身快速发展。

（三）消费者层面

作为新能源汽车的终端使用者，同时也是产品的检验者，消费者的购买意愿和行为直接影响了整个新能源汽车市场乃至产业的发展。目前河南新能源汽车普及率较低，政府相关部门应加强宣传和引导，鼓励消费者购买产品，而消费者自身也应多了解产品信息，转变汽车消费和使用观念，逐渐接受新能源汽车这一新兴事物，最终购买产品。

同时，电力、房地产、物业等相关配套企业也应在新能源汽车使用方面为消费者提供更多便利，使消费者可以真正安全、便捷地使用产品。

参考文献

王世进：《新能源汽车推广商业模式研究》，《经济体制改革》2013 年第 3 期，第 101 ~ 104 页。

龚露阳：《新能源汽车在交通运输行业推广应用策略研究》，《综合运输》2017 年第 2 期，第 35 ~ 42 页。

《中汽协发布：2017 年新能源汽车产销数据》，搜狐网，2018 年 1 月 12 日，http：//www. sohu. com/a/216162171_ 526255。

《公安部：17 年底新能源汽车保有量达 153 万辆》，中国汽车工业协会网，2018 年 1 月 16 日，http：//www. caam. org. cn/hangye/20180116/1005214711. html。

《17 省市新能源汽车保有量数据揭秘》，2017 年 12 月 25 日，https：//baijiahao. baidu. com/s？ id = 1587734222135306361&wfr = spider&for = pc。

《北京多措推广新能源汽车已累计推广 17 万辆纯电动汽车》，北青网，2017 年 12 月 27 日，http：//news. ynet. com/2017/12/27/805675t70. html。

《4 个月上牌 20000 台 2018 年深圳新能源物流车有多少能跑起来?》，2018 年 1 月 13 日，https：//baijiahao. baidu. com/s？ id = 1589481915722495051&wfr = spider&for = pc。

《津城新能源车迎来井喷式增长》，天津政务网，2018 年 1 月 24 日，http：//www. tj. gov. cn/xw/bum/201801/t20180124_ 3620177. html。

《广州 2018 年全面实现公交电动化，2020 年新能源汽车年产能达 30 万辆》，第一电动网，2017 年 1 月 12 日，https：//www. d1ev. com/news/zhengce/57238。

《几个数据告诉你，郑州新能源汽车发展如何》，与非网，2018 年 2 月 8 日，http：//www. eefocus. com/automobile - electronics/403118。

《杭州的新能源车产业未来要怎么发展？行业大咖这样说……》，杭州网，2017 年 10 月 30 日，http：//hznews. hangzhou. com. cn/jingji/content/2017 - 10/30/content_ 6700967. htm。

《今天起，青岛 4. 3 万新能源汽车有了新“身份证”》，搜狐网，2017 年 11 月 20 日，http：//www. sohu. com/a/205581215_ 669388。

《点赞！深圳成全球首个公交全电动化大城市》，第一电动网，2017 年 12 月 28 日，https：//www. d1ev. com/news/shichang/60344。

《河南郑州：新能源公交占比 97%》，中国储能网，2018 年 2 月 28 日，http：//www. escn. com. cn/news/show - 502058. html。

《济南“绿色公交”已占半数以上，获交通运输部长点赞》，凤凰网，2017 年 8 月 26 日，http：//news. ifeng. com/a/20170826/51765661_ 0. shtml。

《新能源客车 2017 年累计产量 10. 5 万台 宇通排名第一》，中国企业新闻网，2018 年 5 月 17 日，http：//ny. chinacenn. com/nyzx/20180517/114913. html。

《我国加氢站建设情况》，维科号，2018 年 6 月 8 日，https：//mp. ofweek. com/nev/a245673329136。

《河南出台新能源汽车地补政策，省市级补贴不超中央 50%》，第一电动网，2018 年 6 月 8 日，https：//www. d1ev. com/news/zhengce/69899。

B.10
河南生物医药产业发展态势分析与展望

李婧瑗*

摘　要： 2018年，河南生物医药产业在“十三五”规划的整体把握下，通过税收手段，开展“一致性”评价等举措，工业增加值增速达14.6%，高于战略性新兴产业整体增速2.4个百分点。但是，在发展过程中也存在产品竞争力较弱、企业资金压力较大、原料药成本提高等问题。随着经济社会的发展和人民对健康要求的提高，生物医药产业迎来了新的发展机遇，同时也面对新的挑战。为建设“健康河南”，推动河南生物医药产业高质量发展，要坚持技术创新和产品创新、引导建立专项基金、夯实人才基础。

关键词： 生物医药　新兴产业　产品创新　技术创新

生物医药产业由生物技术产业与医药产业共同组成。根据国家统计局发布的《战略性新兴产业分类（2018）》，生物医药产业是生物产业的一个部分，具体包括生物药品制品制造、化学药品与原料药制造、现代中药与民族药制造、生物医药关键装备与原辅料制造、生物医药相关服务。生物医药产业是保障人民健康的重要民生产业，也是关系国民经济发展的新兴支柱产业。

---

* 李婧瑗，河南省社会科学院工业经济研究所助理研究员。

一　河南生物医药产业发展态势分析

生物医药产业是河南四大战略性新兴产业之一，2018 年全年工业增加值增速高于战略性新兴产业整体增速 2.4 个百分点。随着郑州临空生物医药园第一批企业的入驻，河南生物医药产业集群化、高端化发展特色突出。

（一）基本情况介绍

目前，河南规模以上生物医药企业（以取得新版药品生产许可证为标准）761 家，具体包括：原料药和化学药品制剂企业 196 家、化学药品制剂企业 146 家、中药饮片企业 120 家、中成药企业 101 家、原料药企业 72 家、特殊药品企业 63 家、医用气体企业 36 家、辅料企业 24 家、空心胶囊企业 3 家。其中，在主板上市的有五家企业，分别为太龙药业、辅仁药业、羚锐制药、安图生物、华兰生物，其总市值约 740 亿元；在新三板上市的有西施兰药业、利欣制药、全宇制药、灵佑药业等。

河南生物医药产品可分为 20 大类，涉及 200 多种产品，是全国重要的抗生素原料制品和血液制品大省。截至 2018 年 3 月，按批准文号为准计算，河南已经上市 9477 种药品，数量约占全国的 5.71%，其中，绝大部分药品为普通片剂、胶囊剂、注射剂、大输液等。

（二）主要经济指标

2018 年 1～12 月，生物医药产业工业增加值增速为 14.6%，比前三季度增长 7.7 个百分点，高于全年战略性新兴产业 12.2% 的增速。分行业来看，医药制造业发展与 2017 年相比稍有下滑。

例如，2018 年，医药制造业规模以上工业增加值增速呈现逐渐下降的态势，1～12 月整体增速为 5.4%（见图 1），比 2017 年下跌 11 个百分点。2018 年下半年，医药制造业规模以上工业增加值占比也呈下降趋势，最终全年占比上升为 2.6%（见图 2），但与 2017 年相比下降 0.5 个百分点。

2018 年全年，医药制造业固定资产投资增速基本为负增长（见图 3），2018 年1～11 月增速为 -11.3%，比 2017 年全年继续下跌 9.5 个百分点。

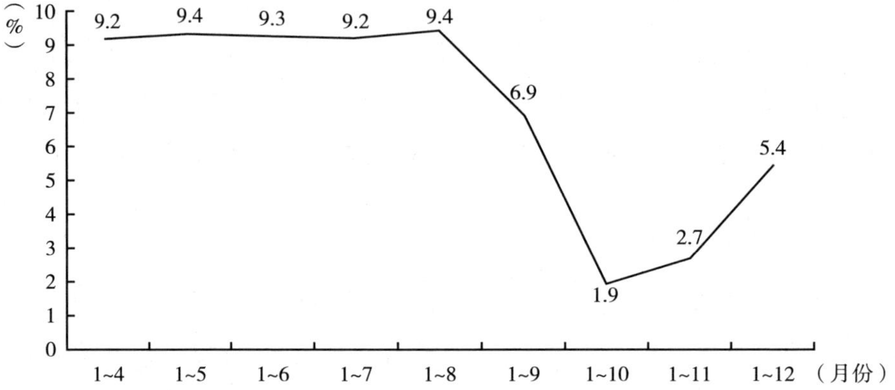

图 1　2018 年 4 月以来河南医药制造业规模以上工业增加值增速

资料来源：河南省统计局。

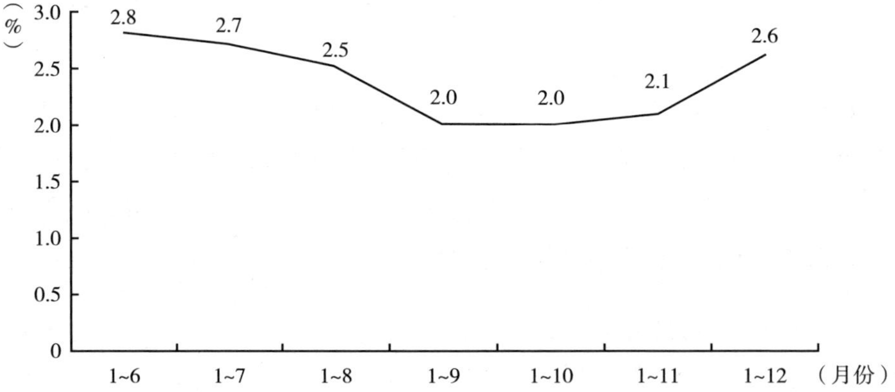

图 2　2018 年下半年河南医药制造业规模以上工业增加值占比

资料来源：河南省统计局。

（三）生物医药产业园初具规模

第一，郑州临空生物医药园。郑州临空生物医药园是河南省规模最大的生命科学与生物医药研发生产创新创业基地。目前，园区已招募储备项

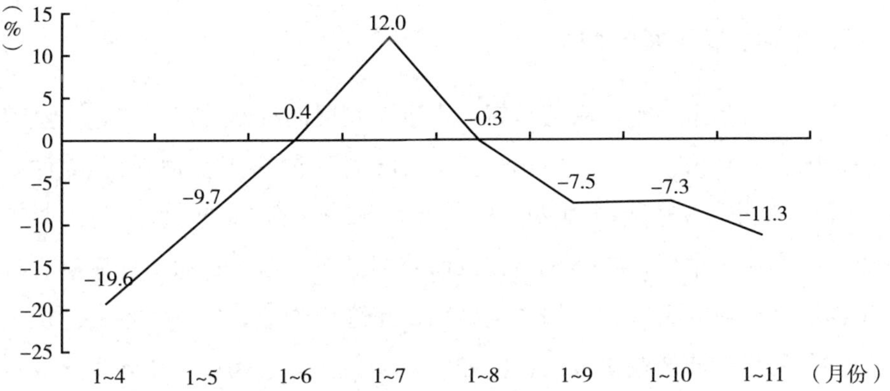

图 3　2018 年河南医药制造业固定资产投资增速

资料来源：河南省统计局。

目 56 个，其中已经完成签约的项目 3 个，已经通过专家评审会的项目 29 个。2018 年 10 月，河南省商务厅与比利时瓦隆大区投资促进署签署了《郑州临空生物医药园项目落地战略合作协议》。2018 年 12 月，21 家首批入园企业与园区正式签约，包括郑州鸿运华宁生物医药工程有限公司、北京嘉宝仁和医疗科技有限公司等行业领先企业。第二，中牟官渡生物医药产业园。官渡生物医药产业园以生物医药产业为园区发展重点。近年来，辅仁药业、远策生物、豫港制药等一批行业知名企业相继入驻、投产，园区生物医药产业集群初步形成。2018 年 4 月，园区与河南太龙药业股份有限公司签署框架协议。第三，汤阴县医药产业园。目前，汤阴县医药产业园已经入驻的企业包括东泰生物制药、九州药业、大洲药业、福鑫威尔药业等，形成了涵盖化学及原料药、中药、药用辅料、药用包材、医药流通、功能性食品、保健品等类别齐全、环节齐备、关联紧密、分工合理的产业集群。第四，禹州华夏药都健康小镇。目前，小镇与河南中医药大学签订了“校地合作”框架协议，与中科院姚建铨院士合作成立禹铨大数据院士工作站，与中国工程院和国际欧亚科学院程京院士合作生产生物芯片，与中国科学院上海药物所首席科学家果德安教授成立鉴甄华夏第三方检测机构。

（四）地市发展典型

第一，新乡市。生物医药是新乡市重点发展的战略性新兴产业。全市累计获批国产药品 303 件，其中化学药品 116 件，治疗用生物制品 62 件，中药 67 件。全市共有药品企业 393 家。经过规整，新乡市生物医药产业正在形成三大产业集聚区，具体包括：以血液制品、疫苗、重组蛋白质等为特色的生物制品产业集聚区，例如华兰生物、华隆生物等；以核苷系列、抗生素等为特色的化学药产业集聚区，例如双鹭生物、华星药业、拓新生化等；以金银花、皂角、北柴胡等道地中药材种植加工为特色的中药产业集聚区，例如百泉制药、佐今明药业、新谊药业等。第二，郑州市。生物医药产业是郑州市主导产业之一，主要涵盖化药、中药、生物药、兽用药品等领域，正在形成以航空港实验区、新郑市、高新区“一基地两园区”集聚发展的空间格局。目前，全市生物医药企业 400 多家，其中资产总额超亿元的生物医药企业 31 家，超 5 亿元的 11 家。安图生物、润弘制药、遂成药业主营业务收入增速保持在 30% 以上，太龙药业的双黄连口服液、双金连合剂全国驰名。

二　河南生物医药产业发展的举措

近年来，在政策导向和激励的作用下，河南生物医药产业整体发展态势良好。在“十三五”规划的整体把握下，河南生物医药产业通过税收手段，开展“一致性”评价等举措，竞争力进一步提升。

（一）合理规划

《河南省“十三五”战略性新兴产业发展规划》提出要重点加快生物医药领域的发展。第一，着力发展化学创新药。以临床用药需求为导向，在肿瘤、心脑血管疾病、糖尿病等领域，鼓励开发具有靶向性、高选择性、新作用机理的化学创新药，重点推动对国外专利到期药品的仿制，开展仿制药“一致性”评价。鼓励新型制剂和新型辅料的研发和产业化，推广化学原料药绿色制备、清洁生产技术。第二，提升中药现代化水平。扩大道地中药材规范化种植规模，推广特色豫药良种选育繁育，推动特色中药材规范化种植。运用信息技术推广超临界萃取、大孔树脂吸附和高速离心等新技术、新工艺。积极发展中药与天然药物新产品，推进名优大品种中成药二次开发与临床新用。开展中药配方颗粒研发，做强六味地黄丸、小儿清热宁颗粒、小柴胡口服液、通络祛痛膏等中成药。支持建设中医药产业链。第三，积极发展生物创新药。推动基因工程药等创新前沿关键技术研发，开发创制新型抗体、蛋白及多肽等生物制品和制剂，重点支持疫苗产品规模化发展，培育发展新型疫苗，支持重组人白蛋白、基因重组凝血因子等产品产业化。加快生物制药药品生产质量管理规范生产基地建设。

（二）税收手段

第一，根据国务院办公厅印发的《关于改革完善仿制药供应保障及使用政策的意见》，结合实际，落实其中关于仿制药的税收优惠政策。具体包括：一是仿制药企业为开发新技术、新产品、新工艺产生的研发费用，符合条件的按照有关规定在企业所得税税前加计扣除。二是仿制药企业经认定为高新技术企业的，减按15%的税率征收企业所得税。第二，根据国家税务总局和省税务局稽查局的工作部署，针对全省医药行业挂靠走票、虚开增值税发票等逃避税收和相关费用的行为进行集中整治。通过对医药行业涉税违法行为的查处，维护了行业发展的市场空间，也为生物医药行业改革提供了基本保障。

（三）开展“一致性”评价

按照国家食品药品监督管理总局的要求，全省医药工业与仿制药“一致性”评价工作全面进入实战阶段。化学仿制药“一致性”评价工作是推进河南生物医药产业供给侧结构性改革的重大举措，生物医药产业的集中度将进一步提高。提高仿制药质量，在临床上实现与原研药相互替代，有利于淘汰落后产能，提高企业竞争力。省工信厅、省食品药品监督管理局、省医药行业协会等单位组织有评价工作的企业进行培训、座谈、学习交流，避免走弯路。

三　河南生物医药产业发展存在的问题

河南生物医药产业并不是河南明显的优势产业，在发展过程中也存在一些问题，包括产品竞争力较弱、企业资金压力较大、原料药成本提高等。

（一）产品竞争力较弱

河南人口基数大，是药品消费大省。但是，河南医药产品销量不高，除仲景宛西、太龙等企业品牌外，河南药品在本省医院终端和零售终端的占有率较低，在全国市场的占有率仅为1.6%左右。此外，河南生物医药制剂技术落后，高科技含量的制剂技术没有明显突破，例如，缓释、控释制剂，靶向给药、微囊、微丸等。新药开发投入严重不足，多数企业研发投入占比不到1%。

（二）资金压力较大

当前，在去杠杆的背景下，生物医药企业贷款难度增加。同时，在医药行业实行“一致性”评价、“两票制”营销模式后，企业资金压力更大。例如，在“一致性”评价过程中，每一个药品品种需要花费几百万元，并且项目周期至少需要15个月。再例如，“两票制”将改变现有的医药生产流通格局，底价开票变成高开票，佣金制或CSO成为一种选择，生物医药企业销售费用将明显提高。

（三）原料药成本提高

河南原料药生产在全国具有一定优势，但受原材料上涨、环保性限产停产等因素影响，从2016年下半年开始，越来越多的原料药品种出现了价格上涨和反弹。一些社会资本开始进入原料药市场，并且具有机会性投资的倾向。此外，由于市场竞争规律，市场对缺少原料药供应机会的制剂企业进行打压，将涨价传导给下游制剂企业。例如，天方药业由此一年增加成本8000多万元。

四 河南生物医药产业发展趋势

随着经济社会的发展和人民对健康要求的提高，生物医药产业迎来了新的发展机遇，同时也面对新的挑战，例如，生物技术的快速发展、老龄化人口的扩张、对医药行业标准的严格要求和药品降价的影响。

（一）较大的市场需求

河南拥有庞大的人口基数，随着老龄化趋势的发展、人们可支配收入的提高、健康意识的增强，生物医药产业将保持持续增长的态势。例如，根据国家卫计委的调查，我国老年人群体的医疗费用支出是年轻人的三倍，尤其高血压、糖尿病等慢性病的治疗大多依赖于药物。

（二）严格的行业规则

药品的生产、销售、使用直接关系到人们的生命健康，随着MAH试点、医改深化、“36条”、仿制药“一致性”评价等政策的出台，国家对生物医药流通环节的管控越来越严。目前，我国实施药品生产和运营的许可体制，生物医药公司要取得《药品生产许可证》和GMP，才能生产和运营。同时，从事原材料出口的医药公司需获得质量规范的认证和出口国的药品监督部门刊发的注册认证。如何快速提升生物医药企业的创新能力，并基于规模效应提升研发、生产、流通服务能力，同时降低边际成本，是生物医药企业将要面临的新挑战。

（三）药品降价的影响

根据医保控费的要求，亿元终端药品价格下调成为2018年医疗改革的重点之一。而药品降价会造成生物医药企业的利润降低，甚至亏损。从2018年4月起，河南省属医院对用量大药品实行11个省份（湖南、广西、天津、山东、甘肃、辽宁、江苏、山西、黑龙江、江西、青海）的联动价格，选最低价格执行。据统计，目前已经有2425种药品确认限价，平均降价幅度达29.3%，导致河南省全年生产流通环节利润空间压缩35.36亿元。此外，由于医院回款周期长，药品滞销时配送商还需承担退货报废损失。所以，相当数量的药品将会选择退出医院终端。

五　加快河南生物医药产业发展的对策建议

河南生物医药产业要实现高质量发展，就要坚持技术创新和产品创新、引导建立专项基金、夯实人才基础。

（一）坚持技术创新和产品创新

河南要以创新推动生物医药产业的进步发展。重点研制仿制药和经典名方的中成新药。建议制订《河南省生物医药仿制药发展专项计划》，以仿制药“一致性”评价为切入点，选择骨干企业和知名品种实施重点突破，抢占市场先机。加快生物医药公共技术创新平台建设。促进关键领域技术创新，提升产业发展创新能力。加强原研药、首仿药、中药、新型制剂等领域的创新能力建设，运用数据库、计算机筛选、互联网等信息技术，依托高校以及科研机构，协调各方资源，整合地方、行业、企业技术力量，以新体制、新机制打造共性技术研发中心等组成的关键共性技术创新体系。

（二）引导建立专项基金

围绕生物医药产业的重点子行业，设立河南生物医药产业专项基金，构建生物医药产业专项资金申报企业库，形成财政对生物产业的经常性投入增长机制。带动社会资金投入生物医药科技创新、成果转化和企业孵化。创新和健全各类科技型中小企业融资、投资、信贷、担保服务体系，形成创业投资基金和天使投资人群集聚活跃、科技金融支撑有力、企业投入动力得到充分激发的创新投融资体系。进一步加大对生物医药企业的信贷支持力度，努力解决企业尤其是中小企业的融资难问题，确定一批重点支持的园区、企业、基地，采取股权投资、债券融资、上市融资以及资产管理等多种方式，提供资金支持。

（三）夯实人才基础

根据市场需求调整专业结构和人才类型结构，依托高等院校、科研院所设立医药科技产业人才培训基地，重点培养原始性创新人才、工程化开发人才、高级经营管理者、高级技术工人等各类高技能人才，扩大生物医药类硕士和博士的招生规模，培育医药产业创新团队。采取团队引进、核心人才引进等方式，吸引和支持出国留学人员、海外华人华侨创办医药企业、从事教学和研究。鼓励科研机构、高等院校及科技人员采取多种形式转化医药产业高新技术成果。收入分配向关键岗位和优秀人才倾斜，完善技术参股和入股等产权激励机制。完善住房、医疗、配偶就业、子女就学和国际航线、社区会所等服务措施。

参考文献

陈一鸣、廖芝、贺正楚：《生物医药产业基地公共创新服务平台的构建》，《长沙理工大学学报》（社会科学版）2015 年第 2 期。

倪萍、双凡：《基于云南省生物医药与大健康产业的专利分析与布局建议》，《科技和产业》2018 年第 6 期。

邱曦薇：《我国战略性新兴产业高端化实现路径及对策分析——以生物医药产业为案例》，《中国物价》2015 年第 10 期。

谭冲、王笑、李琨：《辽宁省生物医药产业发展现状与对策研究》，《微生物学杂志》2018 年第 3 期。

唐米纳：《刍议我国生物医药产业发展面临的困境及对策》，《经济师》2018 年第 12 期。

王宇飞、李靖靖：《生物医药产业园区发展对策研究——以郑州航空港经济综合实验区为例》，《中州大学学报》2018 年第 3 期。

徐飞、冯国忠：《我国生物医药企业技术创新现状分析》，《现代商贸工业》2017 年第 10 期。

张思文、金倩倩、朱民田：《我国生物医药产业发展困境及对策解析》，《人力资源管理》2017 年第 6 期。

张艳丽、李军辉：《生物医药产业产学研协同创新绩效研究——基于河南省新乡市的实证研究》，《河南牧业经济学院学报》2018 年第 1 期。

赵建吉：《大力发展新兴产业 打造高质量发展新动能》，《河南日报》2018 年 9 月 5 日。

赵越：《生物医药产业创新能力提升对策研究》，《科技经济导刊》2017 年第 11 期。

B.11

河南省智能装备制造业发展现状及其对策

杨志波*

摘　要： 智能制造装备产业是河南省现代产业体系的重要组成部分，是河南省工业供给侧改革的重要抓手和高质量发展的基础。大力发展智能装备制造业，对于促进河南工业转型升级，提升河南制造业整体水平，推动河南由制造大省迈向制造强省，具有重要的现实意义。本课题研究发现河南省在数控机床、机器人、增材制造、传感器及其他基础零部件和智能专用装备等智能装备制造核心产业，普遍存在自主创新能力薄弱和高端人才要素支撑不力等问题。今后河南省应加快装备制造业智能化、信息化改造，加大财政金融的支持力度，创造良好的智能制造环境，加大智能装备制造业人才培养力度，优化产业发展布局。

关键词： 智能装备制造　高质量发展　工业转型升级

一　河南智能制造装备产业发展现状

本节将智能装备制造产业细分为数控机床、机器人、增材制造、传感器及其他零部件、智能专用装备等五个细分产业进行论述。

* 杨志波，河南省社会科学院工业经济研究所助理研究员。

（一）河南智能制造装备产业发展现状

1. 数控机床

数控机床产业是衡量一个国家工业化发展的重要指标，作为工业母机，高端数控机床是国家的重要战略资源。伙伴产业研究院（PAISI）发布的《2017～2018年中国智能制造产业发展研究报告》数据显示，2017年我国数控机床销量高达67万台，同比增长13.4%，市场产值规模高达2120亿元。在国防、航空、汽车和高铁等产业需求量大幅增长的情况下，未来几年高端数控机床将继续呈现快速发展趋势（见图1）。近年来，河南数控机床产业发展迅猛，形成了一批在国内外具有较大影响力的知名园区和企业，如台湾友嘉集团在航空港区兴建的精密机械产业园，未来将打造世界级的数控机床制造基地。

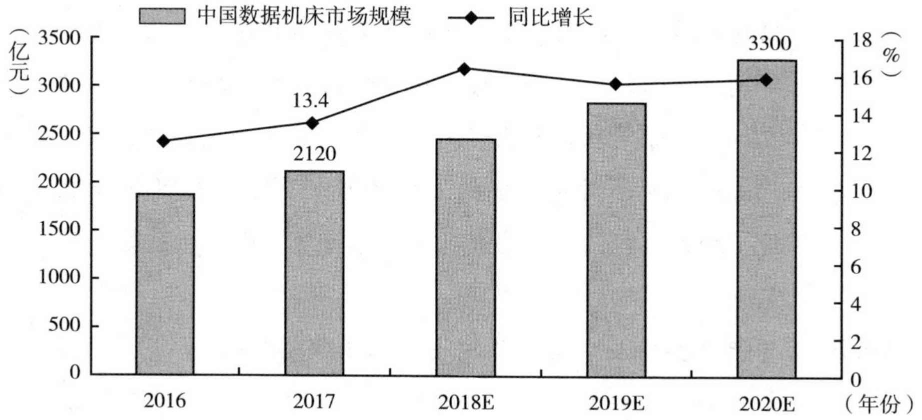

图1 2016～2020年中国数控机床市场规模及预测

资料来源：《2017～2018年中国智能制造产业发展研究报告》。

注：E表示预测数据。

此外，许昌中锋是河南省最大的数控加工中心加工基地，公司可满足不同型号的精密配件及汽车配件的加工需求，安阳鑫盛是中国机床工具行业“精心创品牌十佳企业”，具有50多年的机床研发制造历史。新乡日升是我国领先的集研制、开发、加工和销售为一体的轴承数控装备供应商。河南数控机床产业的发展不仅能为中部地区制造业转型升级提供有力的支撑，还有望与我国的其他数控机床产业形成呼应，助推我国制造业发展。

2. 机器人

机器人被称为“制造业皇冠顶端的明珠”，是一个国家创新能力和竞争力的重要体现，已经成为抢占新一轮产业革命制高点的重要切入点。2013年以来，我国机器人产业规模不断快速扩大，2013～2018年平均增长率高达29.7%（见图2）。近年来，河南机器人产业发展迅速，从河南省工信厅2018年11月在洛阳举办的“机器人及智能制造技术与产业化应用”高级研修班获悉，河南省工业机器人企业已经突破100家，在喷涂、焊接、检测等方面处于国内领先地位。

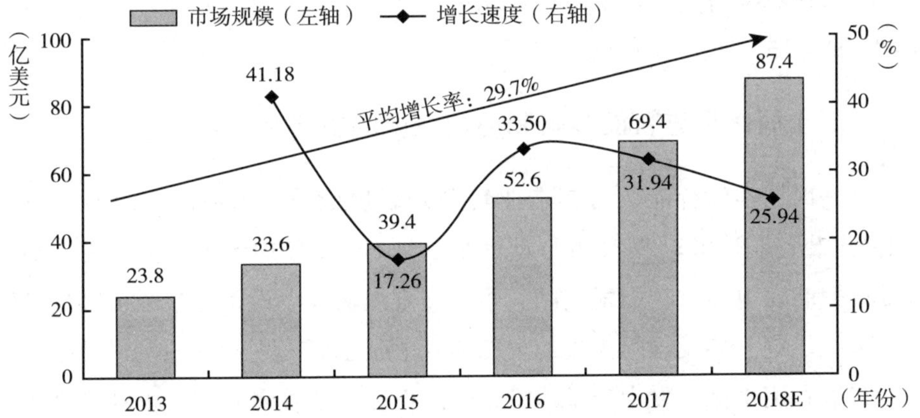

图2　2013～2018年中国机器人产业市场规模情况

资料来源：前瞻研究院相关研究报告。

注：E表示预测数据。

3. 增材制造

与北京、上海、陕西等地相比，河南增材制造产业发展相对较晚，亮点不多，目前河南省共有增材制造企业100多家，但大都规模较小，如河南速维电子科技有限公司、河南筑诚电子科技有限公司等。河南省增材制造企业目前主要集中在新乡和洛阳等地，如新乡的3D打印产业园、洛阳的河南省增材制造产业发展研究院等。

4. 传感器及其他基础零部件

目前，河南省已形成以气体传感器、轨道监控、电力（网）传感器等为特色的物联网产业链，涌现出汉威电子、信大捷安、紫光物联、新天科技、新开普、金惠计算机、视博电子等一批在全国较有影响的企业。研发体系已初步形成，相关产品具备批量生产能力，部分领域的系统集成技术、信息安全技术甚至处于国内领先地位。

5. 智能专用装备

河南省具备良好的装备制造基础，在智能变电站、智能配电网、柔性交直流输变电设备、农用机械、冶金矿山及石油成套装备研发、轨道交通装备等领域具有比较明显的竞争优势。如国机重工（洛阳）有限公司研发的遥控无人驾驶垃圾压实机配备卫星导航定位系统，可预先规划路径，还能多重制动和防倾翻，属行业首创。

（二）河南推进智能装备制造业发展的主要举措

一是谋划实施智能装备制造业转型升级顶层设计。河南省政府印发了《河南省装备制造业转型升级行动计划（2017～2020年）》，明确提出要加快推进智能变电站、智能配电网、柔性交直流输变电设备等核心关键技术研发和标准研制，建设国际先进的智能输变电装备研发生产基地。建设国际先进的智能农用机械研发生产基地，组建跨行业产业技术联盟，推动形成面向农业生产的整体解决方案。二是加大装备制造业智能化、高端化支持力度。实施机器人“十百千”示范应用倍增工程。在10个重复劳动特征明显、劳动强度大、有一定危险性的重点行业，10个装备制造特色产业园区的200余家重点企业示范应用了2820台机器人产品。三是积极推进智能装备制造产业的开放式创新。组织召开河南省智能装备与机器人产业产销对接专题会议，邀请郑州大学、郑州机械研究所等机构的教授专家开展讲座；组织省内重点机器人企业进行了产品展示，突出展示河南省机器人产业的发展进步成果；收集产销对接项目40余个、金额2亿余元，有效促进了河南省智能装备与机器人产业的发展。四是继续加大对智能装备企业的支持力度。目前，河南省工信厅公布了河南省首批智能装备企业培育名单和计划，按照计划，河南省将在郑州、洛阳、许昌、新乡等地发展一批特色智能装备集群。

二　河南智能装备制造产业发展中存在的问题

整体来看，目前河南省发展智能装备制造产业存在产业链发展不健全、产业支撑要素匮乏和品牌影响力不强等显著问题。

产业链发展不健全。当前，河南智能装备制造产业缺乏大而强的核心零部件产业体系，整机协同创新步伐缓慢，集中度低，产业链配套不完善，现代制造服务业发展滞后，机械基础件、基础制造工艺及基础材料等相关产业基础薄弱，相关产业协同发展机制有待完善，产业链整体竞争力不强。研发能力有待提升。受限于规模、资金和技术手段等因素，河南省智能装备制造企业研究开发能力比较薄弱，针对重大项目的自主研发能力不强，一些智能高新技术装备还依赖于进口。

产业支撑要素匮乏。数控机床、机器人、增材制造、传感器等产业科技技术含量高、知识密集度强，急需具有装备制造经济管理能力和专业技术的复合型人才。但是河南省在自动化、电子信息技术、物联网等领域人才比较匮乏，呈现出典型的一般技工多、高级技工少、复合型技术少这样“一多两少”的典型特征，同时还存在智能制造专业人才培训服务体系不完善的现象。在资金方面，虽然河南省智能装备制造产业的研发投资呈现出逐年增加的态势，但是与上海、广东等发达地区相比，还有不小的距离。资金投入的不足直接导致关键核心零部件的发展滞后，高端产业支撑要素的不足严重制约了河南省智能装备制造产业的发展。

品牌影响力不强。尽管河南省智能装备制造业已经涌现出中信重工、森源电气、宇通重工、许继电气等一大批在行业内极具影响力的大型企业，但是从整体上看，河南省智能装备制造业整体规模较小、品牌影响力不够，与国外著名品牌的产品相比，其可靠性、安全性等性能方面都存在不小的差距。中小民营企业占据了河南省智能装备制造产业的较大一部分，“小、散、弱”现象比较突出，在全国市场具有较大影响、具有系统总集成和总承包性质的龙头企业较为缺乏，大多数中小民营企业都是贴牌生产加工，赚取微薄的加工费用，没有形成自己的品牌优势。

三　河南发展智能装备制造业的路径

充分利用河南省所拥有的较为广阔的机器人下游市场，结合两化融合、智慧工厂等推广项目的实施，拉动相关企业短期的快速发展，形成一定的规模优势，并鼓励和引导企业通过并购、合资、合作等形式实现相关企业向产业链上下游延伸。同时，对于在细分领域具备较强技术优势的企业重点鼓励其在品牌建设和产融结合方面有所突破。主要依托河南欧帕发展搬运、码垛、物流机器人，依托科慧科技发展焊接机器人，依托河南金谷发展包装机器人，依托金惠科技发展特种巡检机器人，依托郑州713所发展水下特种机器人等，提高品牌的市场认可度和知名度，并合理借用资本杠杆实现研发、生产、市场的快速良性循环，从而达到品牌溢价与企业规模的双重正反馈。建设郑州机器人产业园，鼓励高校与机器人生产、应用企业合作建立机器人职业教育培训中心，满足企业日益增长的对机器人产业技能人才的需求。

以河南省目前在气体传感器、轨道监控、电力（网）传感器等物联网产业领域中具备的优势为基础：一方面，着重引导和鼓励区域内优势企业向物联网各个层面进军，重点依托大河智信发展工业物联网平台，依托汉威电子发展物联网传感器及城市管线环境物联网，依托辉煌科技发展轨道交通监控系统，依托卡特彼勒和郑煤机发展电液控制系统；另一方面，力争引进一批行业龙头企业，促进RFID设备、物联网芯片、定位器、激光扫描器等重要部件生产能力的提升，通过龙头企业的塑造，实现产业内生和扩张发展的双擎动力，形成一定的行业集中度。

依托通航产业集聚区建设，围绕各类无人机及相关主控芯片、陀螺仪等核心零部件的研发与生产，梳理一批具有前瞻性的关键核心项目，实施重点技术攻关，实现重大突破。同时，根据河南智能制造技术现状及未来发展方向，立足于制造业，鼓励本地企业将业务向无人机产业链延伸，依托翱翔航空等企业，重点选择农林、安防、电力等领域作为主要发展方向，推进固定翼无人机、多旋翼无人机等主流类型实现产业化。依靠上街区和航空港区作为通航综合示范区的发展机会，推进两区从服务区向制造业重点发展区转型。

四 推动河南智能装备制造产业发展的对策建议

（一）加快装备制造业智能化、信息化改造

积极应用数字技术、传感技术改造传统工艺技术和生产装备，增加传统产品的功能和性能，提高技术附加值。集中抓好重点行业数字化、智能化车间示范应用。针对汽车、电工电器、铸造、锻造等行业市场需求量大、劳动强度高、工作环境差、安全保障条件亟待改善等问题，选择钣金、焊接、锻压、机加工等有代表性的行业和产品，推广应用数控技术、传感器技术和工业机器人，加快建设数字化车间和智能化车间。一是以数字化、智能化技术改造提升输变电装备等4条优势产业链和节能环保成套装备等4条特色产业链，提升相关产业核心竞争力；二是全面落实国家首台（套）政策，鼓励研发重大智能制造成套装备和核心智能测控装置与部件，以首台（套）装备示范应用为载体，调整优化产业产品结构，打造河南装备产业升级版。

（二）加大财政金融的支持力度，创造良好的智能制造环境

应充分利用现有的专项资金加大对智能装备制造产业的支持力度，搭建“政、企、金”合作平台，创新产融对接新模式，对企业智能化改造、智能装备研发等活动给予倾向性支持，加大对智能装备制造企业的税收、土地、环保支持，对一些发展前景好、技术优势比较突出的产品和企业给予重点关注。鼓励科研院所、高校、大型国有企业、中小民营企业、金融机构等开展

产学研合作，创建国家级智能装备制造研究基地和创新平台与载体，针对关键共性技术进行联合攻关，突破影响智能装备制造产业发展的障碍，推进智能制造关键装备与核心软件技术的自主研发。

（三）加大智能装备制造业人才培养力度，优化产业发展布局

实施智能装备制造人才工程，推进人力资源开发，建立多层次的人力资源开发体系。一是重点引进领军型产业领军人才。从省外和国外知名大学、科研机构和企业引进智能装备制造领域的知名专家，引领河南智能装备制造产业发展。二是依托科研院所培育智能装备制造专业型技术人才，培育和造就一批专业技术精、管理能力强的复合型人才作为智能装备制造产业的骨干力量。三是依托龙头企业、职业院所大力发展职业教育和技能培训，为智能装备制造业的发展提供基础人才支撑。优化智能制造装备业发展布局，引导和培育智能装备制造产业集群。形成一批龙头企业引领、配套企业协作、分工合理、优势突出的“龙型产业”。

参考文献

王影、冷单：《我国智能制造装备产业的现存问题及发展思路》，《经济纵横》2015年第1期，第72～76页。

张文利、周友良：《我国智能制造装备产业发展的调控策略》，《经济纵横》2016年第12期，第87～90页。

李海海、苗龙：《以军民融合推动我国智能制造装备产业发展研究》，《经济纵横》2016年第10期，第70～74页。

王媛媛、张华荣：《全球智能制造业发展现状及中国对策》，《东南学术》2016年第6期，第116～123页。

王媛媛、宗伟：《第三次工业革命背景下推进我国智能制造业发展问题研究》，《亚太经济》2016年第5期，第120～126页。

孟凡生、赵刚：《传统制造向智能制造发展影响因素研究》，《科技进步与对策》2018年第1期。

尹响、杨继瑞：《我国高端装备制造产业国际化的路径与对策分析》，《经济学家》

2016 年第 4 期，第 103～104 页。

夏后学、谭清美、王斌：《装备制造业高端化的新型产业创新平台研究——智能生产与服务网络视角》，《科研管理》2017 年第 12 期，第 1～10 页。

李晶、井崇任：《促进高端装备制造业发展的财政税收政策研究》，《财经问题研究》2013 年第 4 期，第 68～76 页。

孙柏林：《未来智能装备制造业发展趋势述评》，《自动化仪表》2013 年第 1 期，第 1～5 页。

B.12

河南生产性服务业促进制造业高质量发展态势与展望

侯红昌 *

摘 要： 新时代，经济发展要以新发展理念为引领，以供给侧结构性改革为主线，推动制造业高质量发展同样需要生产性服务业的高质量发展。2018 年，面对复杂的国际和国内环境，河南生产性服务业发展态势稳中向好，增速保持在合理区间，结构性占比稳中趋优，生产性服务业固定资产投资稳步增长，有力地促进了制造业的高质量发展和转型。但与全国平均水平相比，河南的生产性服务业还有一定的提升空间和潜力。为此，应进一步推动生产性服务业和制造业高质量发展的协同机制建设，进一步扩大生产性服务业促进制造业高质量发展的有效供给，进一步培育完善有利于生产性服务业发展的现代市场体系。

关键词： 生产性服务业　制造业高质量发展　现代市场体系

2018 年，面对严峻的国际形势和复杂的国内环境，河南省委省政府以习近平新时代中国特色社会主义思想为指导，全面落实党的十九大精神和习近平总书记视察指导河南时的重要讲话精神，深入推动艰巨繁重的改革发展

---

* 侯红昌，河南省社会科学院农村发展研究所副研究员。

任务，坚持稳中求进的工作总基调，以供给侧结构性改革为主线，以新发展理念为引领，以高质量发展为根本方向，深入开展三大攻坚战，统筹推进“四个着力”，持续打好“四张牌”，全省经济社会发展保持了“稳、进、好”态势，总体运行符合预期，结构调整深入推进，质量效益稳步提升，改革开放持续深化，发展动能加快转换。全省经济高质量发展取得新成绩，生产性服务业的高质量发展及其在促进全省制造业高质量发展方面取得新进展。

一 河南生产性服务业整体发展态势分析

生产性服务业的发展与制造业高质量发展紧密相关。生产性服务业的业态融合性、产业关联性、知识密集性、创新活跃性等能有力地推进制造业的高质量发展和转型升级。十八大以来，河南生产性服务业基本保持了稳中趋好的发展态势，2018 年前三季度，生产性服务业的这种发展态势继续保持。

（一）生产性服务业增速保持在合理区间

统计数据显示，随着供给侧结构性改革的深入推进和产业结构的转型升级，2018 年河南全省 GDP 预计为 4.8 万亿元，比 2017 年增长 7.5% 左右。其中全社会固定资产投资增速保持在 8% 左右，全社会消费品零售总额增速保持在 10.2% 左右，出口总额增长 13.6% 左右。预计服务业全年增加值可达 2.1 万亿元，占 GDP 的比重将达到 44%，比上年提高 1.3 个百分点。在生产性服务业发展方面，全年围绕工业技术改造升级方面的投资增长约 21.5%，增速基本保持在高位。

图 1 为十八大以来，河南生产性服务业的增加值①。可以看出，河南的 GDP、工业增加值、生产性服务业增加值都增速平稳，保持在合理区间。进一步的测算显示，十八大以来，河南服务业增加值增速保持在 10%，工业

① 因统计口径调整，信息传输、软件和信息技术服务业，租赁和商务服务业，科学研究和技术服务业被归入其他服务业门类，此处按照该三大生产性服务业门类在 2017 年所占比重 18.77%，反推出其在 2018 年前三季度相应增加值的估算数。

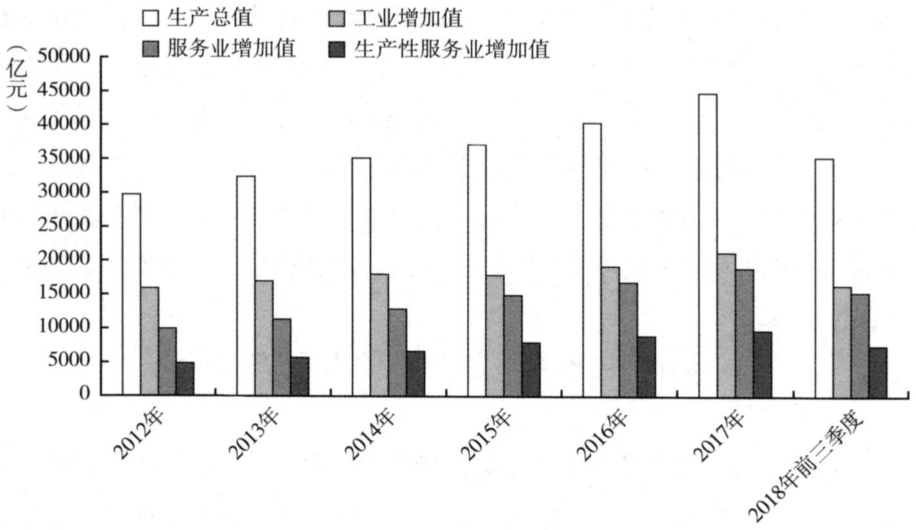

图1　十八大以来河南生产性服务增加值

资料来源：历年《河南统计年鉴》及2018年《河南统计月报》测算。

增加值增速保持在8.3%，GDP增长率稳定在8.5%的合理区间。其中服务业对经济增长的贡献率保持在50%，工业增加对经济增长的贡献率保持在40%以上。生产性服务业方面，2018年前三季度，批发和零售业的贡献率为4.7%，交通运输、仓储和邮政业的贡献率为3.7%，金融业的贡献率为3.5%，都基本保持在正常的范围、合理的区间。

（二）生产性服务业结构性占比稳中趋优

十八大以来，河南生产性服务业的发展不仅增速平稳，而且结构趋优。表现就是，生产性服务业产值占GDP的比重在合理区间一直保持稳步上升的态势，如图2所示。与此同时，工业增加值和生产性服务业增加值的比值，也处在结构性趋优的态势之中，如图3显示了生产性服务业在促进河南制造业高质量发展方面取得的稳定性进展。就生产性服务业内部结构而言，这种稳中趋优的态势表现就更为明显，如图4所示，金融业在生产性服务业的比重升高，并趋于优化；批发和零售业在生产性服务业中所占比重逐步降低，显示传统生产性服务业正逐步让位于现代生产性服务业，交通运输、仓储和邮政业等生产性服务业作为河南的优势产业在生产性服务业中所占的比重一直稳定在21%～25%的合理区间。

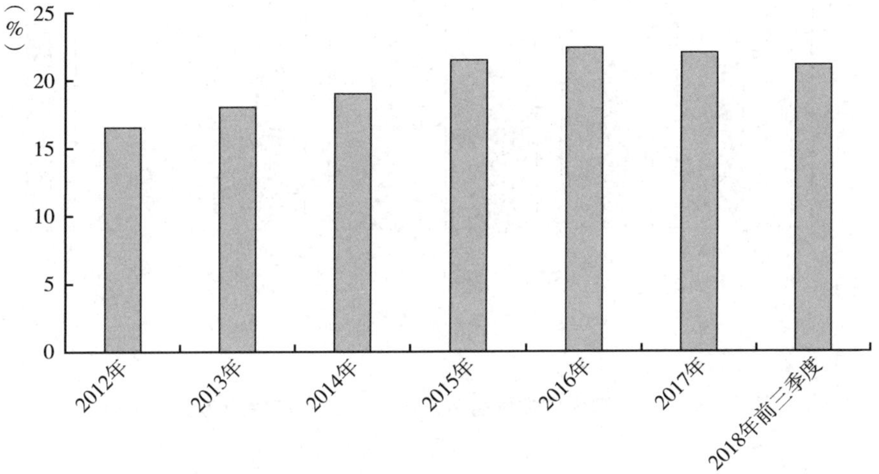

图2　十八大以来生产性服务业增加值占生产总值的比重

资料来源：历年《河南统计年鉴》及2018年《河南统计月报》测算。

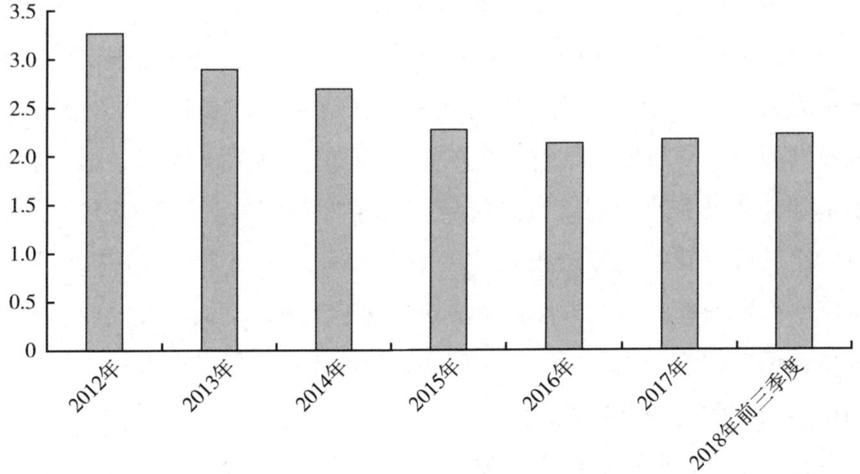

图3　十八大以来工业增加值与生产性服务业增加值之比值

资料来源：历年《河南统计年鉴》及2018年《河南统计月报》测算。

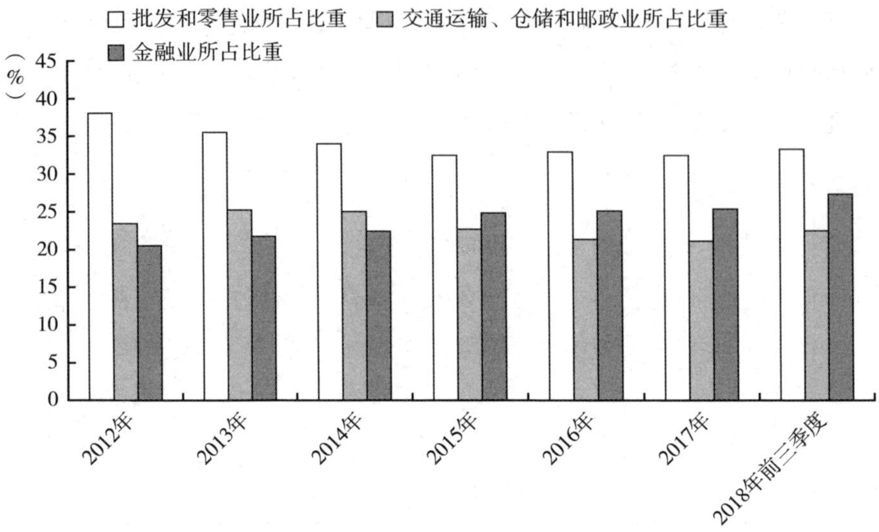

图4　十八大以来生产性服务业三大门类占生产性服务业的比重

资料来源：历年《河南统计年鉴》及2018年《河南统计月报》测算。

（三）生产性服务业固定资产投资稳步推进

在固定资产投资方面，河南2018年前三季度工业固定资产的投资增速为4.6%，比2017年全年的增速高出1.1个百分点，占全社会固定资产投资的比重为29.5%。前三季度，除批发和零售业生产性服务业各门类固定资产的投资增速全都超过工业固定资产投资的增速，如图5所示，增速最高的是租赁和商务服务业的固定资产投资，增速为51.7%，科学研究和技术服务业紧跟其后，其固定资产投资前三季度增速为51.5%。在生产性服务业固定资产投资增速的同比方面，金融业与交通运输、仓储和邮政业基本与上年的增速保持一致，显示出这两个门类在河南生产性服务业发展中的重要作用和稳步推进的向好态势。

图6是生产性服务业各个门类在全社会固定资产投资中所占的比重，其中交通运输、仓储和邮政业以6.4%的较高占比，领先于生产性服务业的其他门类，显示出该门类在河南生产性服务业产业格局中的重要地位。整体而

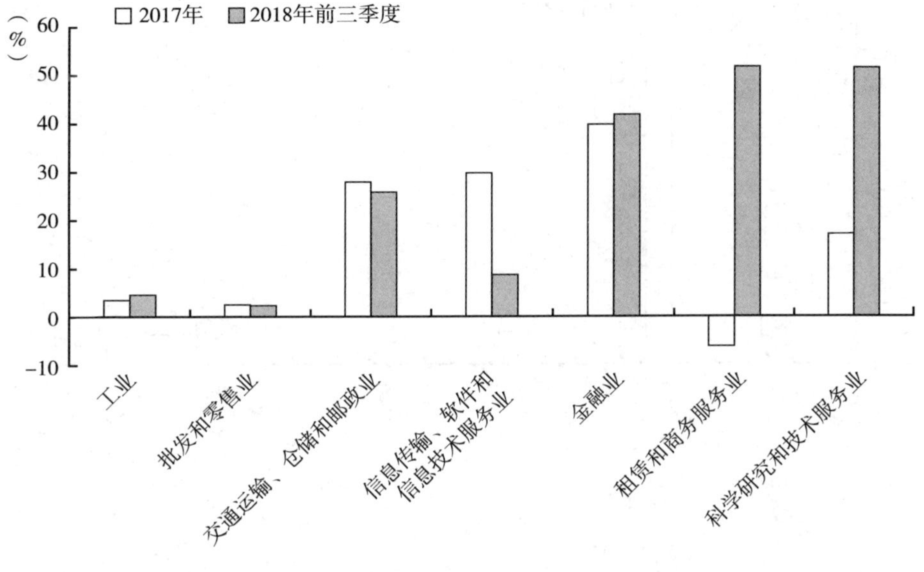

图 5　2017 年 ~ 2018 年前三季度生产性服务业各门类固定资产投资增速

资料来源：历年《河南统计年鉴》及 2018 年《河南统计月报》测算。

言，前三季度河南生产性服务业固定资产投资占全社会固定资产投资的比重为 11%，较高的固定资产投资增速和较大的固定资产投资比例，为河南生产性服务业促进制造业高质量发展提供了源源不断的动力支持。

二　河南生产性服务业促进制造业高质量发展存在的问题

河南生产性服务业虽然发展态势良好，并在促进全省制造业高质量发展方面取得了很大进展，但是从横向来看，与全国平均水平相比，还有不小差距；从内部结构来看，仍然有较大的优化空间。

（一）生产性服务业规模还有进一步扩大空间

横向比较来看，河南生产性服务业的首要问题存在于总量方面，一是规模偏小，二是比重偏低，尤其是与全国平均水平相比较而言。2017 年河南

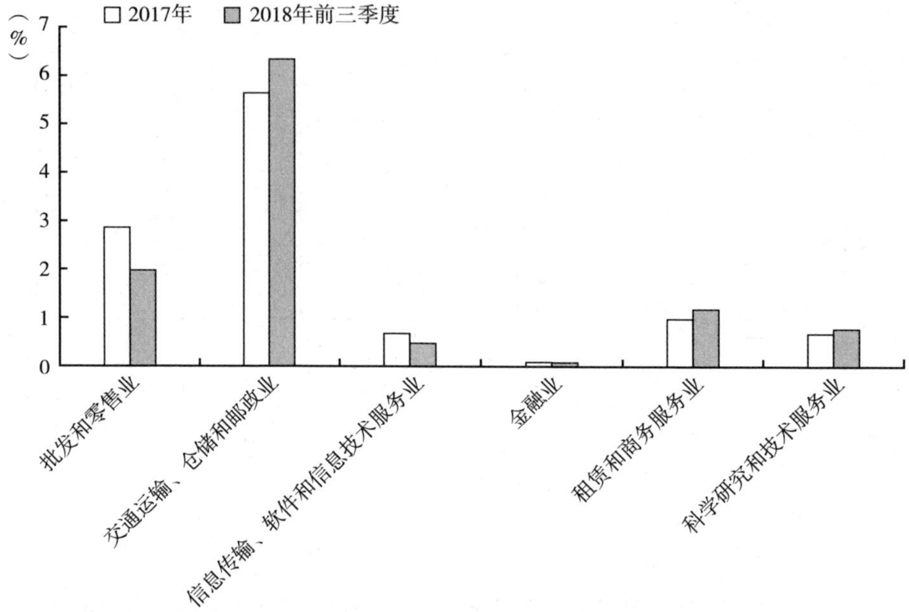

图6　2017年~2018年前三季度生产性服务业各门类固定资产投资所占比重

资料来源：历年《河南统计年鉴》及2018年《河南统计月报》测算。

GDP为4.5万亿元，占全国的比重为5.4%，居全国第5位，增速7.8%，在全国处于第11位。第二产业方面，其增加值为2.1万亿元，占全国的比重为6.4%，同样排在全国第5位，增速为7.3%，在全国位列第9。服务业方面，河南2017年的增加值为1.9万亿元，占全国的比重为4.5%，排在第7的位置，增速为9.2%，排在第14名。可以看出，相对于河南的经济总量和发展速度，以及工业制造业的发展规模和速度，服务业在总量排名和增速排名上都不匹配，还有进一步的扩大和提升空间。生产性服务业作为服务业的重要组成部分，受服务业的整体发展规模、发生速度、所占比重等因素的制约，同样还有很大的提升和扩大空间。

从三大产业之间的比重来看，2017年河南省的三大产业之比为9.6∶47.7∶42.7，而同期全国的三大产业之比7.9∶40.5∶51.6，可以看到，河南服务业的比重与全国平均水平还有8.9个百分点的差距。2018年前三季度，这种差距依然存在，河南服务业的比重为44%，低于全国平均水平9.1个百分点。就生产性服务业而言，数据显示，2017年全国生产性服务业占GDP的比重接近30%，而河南生产性服务业仅占全省GDP的22%。

（二）生产性服务业结构还有进一步优化潜力

河南生产性服务业在促进制造业高质量发展方面的问题不仅存在于整体发展规模和所占比重上，从生产性服务业的内部结构来看，依然存有进一步的优化潜力和发展空间。河南生产性服务业内部结构的失衡，主要来自两个方面，一是产业层面上的内部结构失衡，二是地理空间层面上的结构性失衡。就产业层面而言，河南生产性服务业内部结构存在的问题主要是，以交通运输、仓储和邮政业等为代表的现代生产性服务业发展速度较缓与以批发和零售业等为代表的传统生产性服务业发展速度较快之间的不均衡。一方面传统生产性服务业所占比重较大，并且持续保持高速发展态势；另一方面现代生产性服务业的比重一直保持现状，虽然偶有进一步提升的迹象，但很快又趋于稳态，尤其是科学研究和技术服务业的占比过低，且发展速度时高时低，不够稳定。2018年前三季度科学研究和技术服务业的固定资产投资增速为51%，竟比2017年全年的投资增速高出近35个百分点。

就生产性服务业的地理空间结构而言，河南的GDP和工业增加值，以及服务业增加值，无论是总量，还是增速都以省会郑州市一家独大。2018年前三季度，郑州市GDP占河南省的比重为20.7%，远高于处在第2位的洛阳市9.5%的比重。服务业增加值方面，郑州市占全省比重为25.6%，同样高于处在第2位的洛阳市10.5%的占比。这就带来河南生产性服务业在地理空间上仅集聚于省会郑州一个城市的现象，再加上在固定资产投资上的持续倾斜，进一步加剧这一集聚和虹吸现象。其结果就是，河南其他地市的生产性服务业发展较为薄弱，难以为其制造业企业的高质量发展与转型提供有力的支撑。

（三）生产性服务业与制造业的协同机制亟待优化

一般而言，当生产性服务业与制造业企业处在较好的协同发展机制当中的时候，二者就会产生协同、共生的效果，带来正向的经济性外溢效应，表现就是生产性服务业能够满足制造业企业转型升级所需的供应链和产品链上各个环节的需求，并推动彼此共同发展壮大，向价值链顶端攀升。但现实是河南的生产性服务业主要集聚于仓储物流等低附加值的领域，在设计、研发和市场开发等高端生产性服务业领域的供给较少。河南工业目前正在深入实施“以智能化改造、绿色化改造、企业技术改造”为抓手的“三大改造”，推动工业制造业提质增效，对以“互联网+”为代表的信息技术类生产性服务业有较大需求，但河南省这方面的生产性服务业供给却相当有限。在实施“三品”专项行动中，如增品种方面，需要深度挖掘用户需求，在产品开发、外观设计、产品包装、市场营销等方面加强创新，丰富和细化产品种类等，这是产品环节的生产性服务业需求。但河南生产性服务企业还是没有在这一方面有充足的供给，无法助推制造业企业快速按照市场需求增加和改变产品品种。其他类似的产品制造工艺环节和技术储备开发环节也同样存在供需错位、协同有限的现象。结果就是河南生产性服务业在整体上与制造业企业没有达成良好的协同共生发展机制，这是河南生产性服务业面临的迫切问题。

三　河南生产性服务业促进制造业高质量发展面临形势展望

2019年是新中国成立70周年，是打好转型发展攻坚战、完成“十三五”规划目标任务、决胜全面建成小康社会、实现第一个百年奋斗目标的关键之年。工业制造是实体经济的发展主体，是创造财富和科技创新的主要领域。河南作为工业经济总量中西部第1位、全国第5位的工业大省，将继续坚持以习近平新时代中国特色社会主义思想为指导，全面贯彻落实党的十九大和十九届二中、三中全会精神及中央经济工作会议精神，按照省委十届八次全会决策部署，坚持以制造业供给侧结构性改革为主线，紧紧把握高质量发展根本要求，突出智能制造的引领和新兴产业的培育，努力实现全省工业经济的提质增效，阔步迈上制造业强省建设的新征程，加快推进现代生产性服务业和先进制造业深度融合，为巩固稳中有进发展态势夯实基础。展望2019 年，河南生产性服务业在促进制造业高质量发展方面将会在以下几个方面取得新的进展。

一是以智能化改造为方向的生产性服务业将取得新突破。通过近 100 个“机器换人”示范项目和 300 条智能化示范生产线的建设，河南将率先在全省建立起 100 个智能车间与 50 个智能工厂，有力地推动生产性服务业在智能化方面促进河南制造业高质量发展的深入进展。特别是随着技术改造的提速升级，生产性服务业会在全省 5500 家规模以上的工业企业产生极大的协同、共生和外溢效应。

二是以转型升级为重点的生产性服务业将取得新进展。随着河南工业发展更加聚焦于装备制造、新型材料、电子信息等重点产业的发展，以加快产业结构的转型升级。围绕在其周围的相关生产性服务业必将获得新的发展空间，特别是围绕世界级智能终端产业集群的相关电子信息服务类生产性服务业的发展，必将取得突破性进展。通过构建“1 + 4 + N”的完备产业体系，生产性服务业在其中将发挥重要的协同作用。

三是以质量提升为标杆的生产性服务业将取得新进步。产品品质控制，质量提升，属于生产性服务业在产品链环节很重要的一个方面。2019 年，随着河南“三品”专项行动的实施和展开，全省的工业产品质量和品牌将会得到极大提升。特别是“质量标杆”地市行专项行动的推行，将在为生产性服务业助力河南制造业在全国获取单项冠军的培育方面发挥重要支撑作用。

四　河南生产性服务业促进制造业高质量发展提升举措建议

当前，我国经济发展进入新时代，由高速增长阶段转向高质量发展阶段。对河南而言，通过实施智能制造引领、重点技术攻坚、传统产业提质、新兴产业培养等专项行动，将有力地推进现代生产性服务业与制造业企业的深度融合发展。

（一）进一步优化生产性服务业促进制造业高质量发展的协同机制

生产性服务业与制造业的互动融合发展是产业演进的客观规律，必须大力推动生产性服务业和制造业企业的深度融合发展，构建两业协同发展机制。一是大力开展智能制造。要实施关键岗位的“机器换人”专项行动，在全省的重点行业产业和关键性岗位全面实施“机器换人”专项行动。要实施生产线智能化改造专项行动，以生产设施设备的互联互通为重点，大力推行生产车间流水线作业的数字化链接。要实施智能工厂建设专项行动，以厂内纵向链接，厂外彼此间横向链接用户端的集成为重点，推动生产系统的智能化与市场营销的协同化融合发展。二是实施重点技术攻坚。要突出电子信息、装备制造、汽车及零部件、生物医药等重点制造行业，通过集聚高端技术和人才，完善创新激励机制，提升研发设计能力。鼓励有条件的生产制造企业通过剥离内部研发设计机构来推进与高等院校和科研院所的合作。扩大生产性服务业的产品供给，推动生产性服务企业和制造业企业的一体化融合发展。三是构建富有活力的协同创新体系。推动制造业骨干企业与省内外的高等学校、科研院所和上下游企业等建立以利益为纽带、网络化协同合作的产业技术创新联盟。鼓励研发设计类生产性服务企业综合运用物联网、大数据等互联网新技术方式，建立协作共享机制和平台，实现彼此间的深度协同融合共生发展。

（二）进一步扩大生产性服务业促进制造业高质量发展的有效供给

1. 进一步加快高技术服务业的发展

生产性服务业的重要主体就是科学研究和技术服务业，因此应进一步推动河南科技创新步伐，加快高技术服务业的发展。一是依托河南先进制造业推动发展高技术服务业。在郑州市重点发展智能终端、盾构装备、超硬材料、新能源汽车、非开挖技术、智能仪表与控制系统、可见光通信、信息安全、物联网、北斗导航与遥感等高新技术服务业；在洛阳市重点发展工业机器人、智能成套装备、高端金属材料、新型绿色耐火材料等高新技术服务业；在新乡市重点发展新能源动力电池及材料、生物制药、生化制品等高技术服务业。二是积极构建对外开放合作的高技术服务业体系。推动郑洛新国家自主创新示范区与省外知名高等学校、科研院所以及著名企业开展高技术服务业的战略战术合作。支持设立或共建新型技术研发机构和技术转移机构，推动科技服务和制造业的协同创新及转化应用。加强国际间的高新技术服务合作，吸引国际知名科研机构和高级生产性服务企业来河南组建国际联合研究中心（实验室）。鼓励具有技术优势的高技术服务企业通过技术并购扩大发展。三是进一步推动科技创新的体制机制改革。加大“放管服”改革力度，加快推动实施负面清单制度，放宽和取消部分科技创新的审批事项。建立以郑、洛、新三市高新区为核心的高技术服务业主体架构引领机制，形成全省高技术服务业一体化发展新格局。

2. 进一步提升金融服务业的资本支撑

作为生产性服务业重要组成部分的金融业一直是河南的发展短板，因此，应大力整合现有要素资源，创新企业融资模式，补齐金融业发展短板。一是进一步加快郑州区域性金融服务平台建设。借助建设郑州国家中心城市的东风，充分发挥中央驻豫金融监管和管理机构的作用，加快在郑州建成区域性金融中心的步伐。培育和发展一批技术含量高、产业链条长、带动能力强的农产品加工企业进入郑州商品交易所的期货品种，推动郑州商品交易所发展壮大。加快中原股权交易市场建设，将其纳入法制化轨道，建成高效、规范、健康、可持续发展的区域性股权交易中心。二是进一步帮扶企业融资困难。发挥河南资产管理公司等省属投融资公司功能，围绕全省产业发展战略布局，强化“资本 + 产业”模式运作，大力“引资、引企、引产、引智”，按照政府引导、市场运作、依法合规、一企一策原则，加大对经营困难的制造业企业进行纾困帮扶，使其围绕主业，做优做强。发挥债委会作用，帮扶资金困难的制造企业度过当前的债务危机，探索实施重点企业的市场化债转股试点。三是建设完善大数据金融服务开放平台。按照政府主导、开放共享、统筹推进的原则，建立互联互通的大数据共享机制，为金融机构的信贷服务提供一站式数据支撑。推动企业贷款申请、审核、风控全部线上运行，提高金融机构尽职调查效率和质量，从源头降低企业融资费用负担，破解银企信息不对称难题。

3. 进一步扩大物流服务业的平台支撑

一是打造现代国际物流中心。依托郑州—卢森堡“空中丝绸之路”、中欧班列（郑州）和现代综合交通运输体系打造与国际接轨、多式运输无缝衔接的现代国际物流体系。不断拓展物流服务的通道网络，完善基础设施建设，聚集物流业龙头企业，推进郑州建成区域性的物流中心。不断拓展延伸物流服务的多样功能，提升供应链管理水平，促使现代物流业与河南先进制造业的协同融合发展。二是进一步优化冷链物流空间布局。建设以郑州为中心的国际冷链物流中心，不断提升新郑国际机场、郑州国际陆港进口肉类、水果、冰鲜水产品等的口岸进出功能。推进冷链物流服务设施的标准化和多功能化建设，推动构建能够通达全国主要城市的一体化冷链物流服务网络，建设物流龙头企业的全国性分拨中心。在郑州周围城市建设区域性冷链物流服务基地，形成跨区域、广辐射的集散中心。三是进一步优化快递物流配送服务，建设全国性快递物流集散交换中心。适应快递业积聚集群和绿色低碳的发展新趋势，建成一批专业快递物流园（区），使其成为区域性快件中转分拨中心。推动城市快递处理中心（配送中心）的合理布局和建设，重视城乡快递营业网点和末端快递基础服务设施的配套建设，提高物流配送服务效率。四是进一步推动电商物流转型发展。构建通达全球、辐射全国的电商物流集散分拨网络，建成全国性电商物流集散交换中心。推动电商企业与物流仓储企业通过参股合资等形式，建设“电商 + 仓储 + 物流”的新型产业园（区）。完善全省农村电商配送服务体系，鼓励农产品电商物流模式的创新发展，推进农村电商精准扶贫。

（三）进一步完善生产性服务业促进制造业高质量发展的市场体系

一是进一步完善市场体系，优化生产性服务业发展环境。持续打好优化发展和营商环境的“组合拳”，营造便利高效的政务、开放公平的市场氛围和环境。加强各相关部门间的沟通与协作，打通生产性服务业高质量发展政策落实的“最后一公里”。落实促进生产性服务业发展的各类支持政策，打破各种“弹簧门”“玻璃门”“旋转门”。加大负面清单工作力度，建设统一开放、竞争有序的现代市场体系。二是进一步降低生产性服务业准入门槛，放松行业政策，大力吸引各种生产要素进入生产性服务领域。对现存一些针对生产性服务业的前置审批和资质认定等政策，进一步进行整理规范，特别在对待社会资本进入国有企业所处生产性服务领域方面，政策上要一视同仁，不搞差别对待。三是进一步制定支持生产性服务业发展的包括税收等方面的优惠政策。不打折扣落实中央更大规模减税降费政策，推进生产性服务业的结构性减税政策和制造业的普惠性减税政策紧密结合，对初创的小微科技型生产性服务企业试行普惠性减税收。全面实施收费项目清单制，规范收费项目，加大力度降低生产性服务企业社保费率。对一些紧缺的生产服务业高层次人才，在住房和社保等方面给予一定补助。

参考文献

国务院：《关于加快发展生产性服务业促进产业结构调整升级的指导意见》，2014。

陈润儿：《河南省政府工作报告》，《中国日报》2019 年 1 月 23 日。

林兆木：《关于我国经济高质量发展的几点认识》，《人民日报》2018 年 1 月 17 日。

河南省政府：《关于推动生产性服务业加快发展的实施意见》，2015。

李伟：《中国经济迈向高质量发展新时代》，《中国发展观察》2018 年第 Z1 期，第 7 ~ 10 页。

陈述明：《河南工业综合施策促转型》，《中国工业报》2018 年 12 月 26 日。

B.13
南阳市中医药产业集群式发展策略

李立鹏　崔松涛　沈　琪　吴若晨*

摘　要：　近年来，南阳市利用丰富的中医文化资源和丰富的中药材资源，不断延伸产业链，丰富中医药产业内容，从生产、加工、销售以及大健康产业等方面入手，全面推进中医药产业集群式发展，在全省中医药领域异军突起。

关键词：　南阳　产业链　集群式发展

一　引言

中医药产业是我国的传统产业，是医药产业的重要分支，是国民经济的重要组成部分。随着中国居民生活水平的提高，人们的健康意识逐步增强，回归自然等健康理念越来越受欢迎，中医药传统诊疗手段也越来越受到人们青睐。与之对应，中医药产业蓬勃发展，许多中药材重要产区和集散地都在积极探索适合自己的发展道路。近年来，河南省南阳市利用丰富的中医文化资源和丰富的中药材资源，不断延伸产业链，丰富中医药产业内容，从生产、加工、销售以及大健康产业等方面入手，全面推进中医药产业集群式发展，在全省中医药领域异军突起。本文简述南阳市近年中医药产业集群式发展脉络，以资借鉴。

* 李立鹏，河南一生道医疗科技有限公司销售总监；崔松涛，南阳市中医药发展局办公室主任；沈琪，河南一生道医疗科技有限公司总经理；吴若晨，《药周刊》主编，河南省医学科学普及学会药学专业委员会副主任委员。

“中医药产业”和“产业集群”是本文的两个基本概念。中医药产业的概念可以划分为大、中、小三个层次。“大产业”一般指以中医药为资源的一切有形产品与五行知识的开发和经营；“中产业”主要是指以中药为原料的一切有形产品的开发和经营；“小产业”则仅指对中药药品的开发和经营。[①] 产业集群理论是20世纪90年代由美国哈佛商学院迈克尔·波特教授在《国家竞争优势》中首先提出的，其含义是：在一个特定区域的一个特别领域，集聚着一组相互关联的公司、供应商、关联产业和专门化的制度和协会，通过这种区域集聚形成有效的市场竞争，构建出专业化生产要素优化集聚洼地，使企业共享区域公共设施、市场环境和外部经济，降低信息交流和物流成本，形成区域集聚效应、规模效应、外部效应和区域竞争力。

二 2018年全国中医药市场概况

（一）政策利好，市场产需扩大

2016年2月，国务院印发《中医药发展战略规划纲要（2016～2030年）》；2016年10月，《“健康中国2030”规划纲要》出台；2016年12月，《中医药“一带一路”发展规划（2016～2020年）》问世；2017年7月，《中医药法》正式实施；2018年，中医管理政策进一步放宽，开设中医诊所更加简单等。一系列中医药相关利好政策密集出台，国家对于中医药产业的扶持力度空前。

随着国家层面对中医扶持力度的加大，中医医疗服务能力稳步提升，服务范围越来越广阔。在国家政策引导等多种因素促进下，越来越多的资本进入此行业，中医药大健康产业投资成为投资热点，覆盖城乡网络的中医馆、中医诊所等民营医疗机构出现井喷之势，一批承载中医药健康旅游和养老的中医药健康城、特色小镇在各地兴起，中医药产业市场需求与产

① 熊新忠：《中医药产业集群式技术创新研究》，博士学位论文，武汉理工大学，2011。

值渐增。

“十二五”时期，我国的中药工业总产值以20%的速度递增。2017年，我国中医药大健康产业的市场规模已经达到17500亿元，中医药工业总产值达到8442亿元，约占整个医药产业工业总产值的1/3（见图1、图2）。我国中医药产业进入了新的发展期，成为国民经济新的增长点。

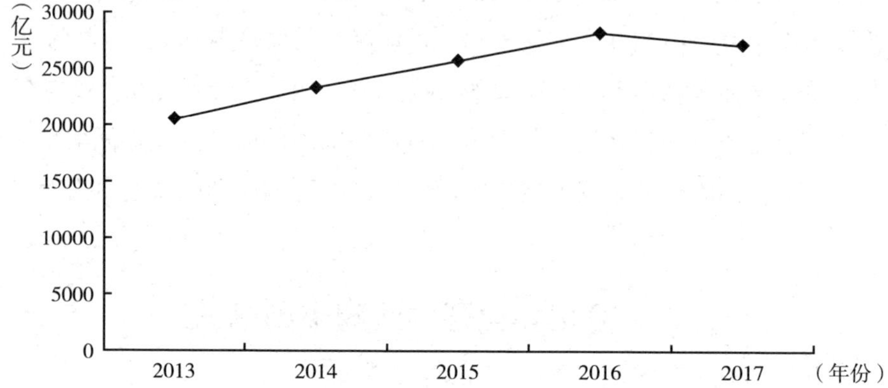

图1　2013～2017年医药制造业规模以上工业企业主营业务收入

资料来源：国家统计局。

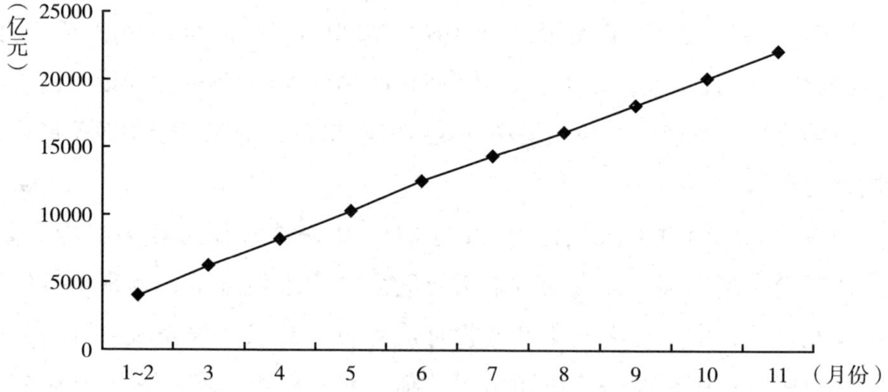

图2　2018年医药制造业主营业务收入累计值

资料来源：国家统计局。

（二）需求或向传统饮片倾斜

需要注意的是，尽管全国医药市场持续走高，但中成药市场却出现量效齐降的局面。2018 年 1 ~ 11 月，全国中成药产量为 273.3 万吨，同比下降 6.1%（见图 3）。同期中药材及中式成药出口量也同比下降 16.3%，为 116548 吨。

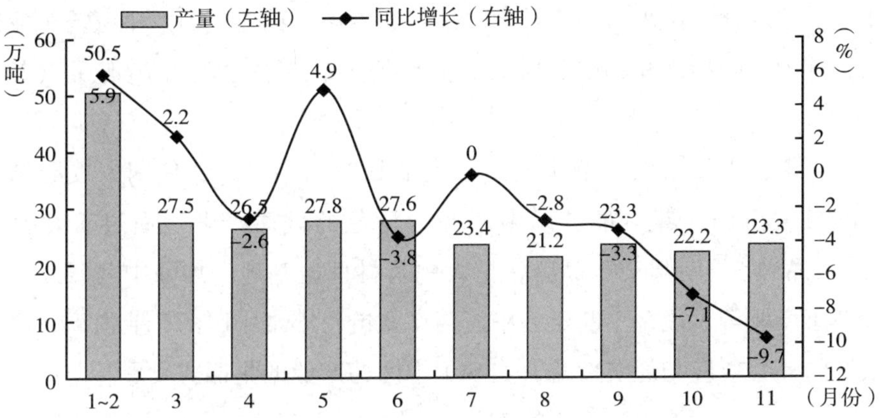

图 3　2018 年 1 ~ 11 月全国中成药产量及增长情况

资料来源：中商研究院。

分析人士认为，2018 年中成药状态“疲软”，主要与新药锐减、医保控费、销售合规、频频被曝光质量问题等压力有关。近几年，新药审批从严，研发风险高企，监管层面也不断打压现代剂型，尤其中药注射剂，因销售回扣高、安全性存疑等问题成为重点打压对象。新剂型被打压，而传统中药饮片成为消费增长的重点，尤其是经方涉及的数十个中药饮片品种，未来一段时期内可能会一路紧俏。当然，前提是中医药种植、加工企业能够严把质量关，生产出经得起检验的、让百姓放心的产品。

三　南阳市近年中医药产业发展概况

南阳地处豫西南豫鄂陕三省交界，伏牛山腹地。这里是“医圣”张仲景故里，有八百里伏牛山脉的“天然药库”，具有深厚的中医药文化底蕴和丰富的药材资源，中医药产业发展环境得天独厚。

南阳市是全国中药材主产区之一，是著名的辛夷之乡、山茱萸之乡、艾草之乡。截至2017年，南阳市有中药材品种2436种，其中药用植物2027种；中药材种植品种79个，道地中药材50余种，种植面积160万多亩。丰富的自然资源培育壮大了一大批中医药产业化龙头企业，如宛西制药、福森药业等。据统计，南阳市具有种植、加工、生产、销售能力的中医药企业近千家，其中大中型规模的中药加工企业近40家，年销售收入76亿元（2016年）。

近年来，南阳市以“健康南阳”发展战略为指导，抓住国家发展健康产业的政策机遇，着力推进以中医药为特色的健康产业。通过着力打造“仲景”品牌、“南阳艾”品牌，扩大中药材种植基地，加强中药研发，发展大健康产业等手段，不断延伸中医药产业链，丰富中医药产业内涵，产生了较好的社会效应与经济效益，实现了中医药产业的集群式发展。

表1　南阳市2017年主要工业产品产量及增长速度

产品名称	单位	产量	比上年增长(%)
天然原油	万吨	156.60	-7.4
天然气	万立方米	8010	19.3
小麦粉	万吨	189.63	-7.0
食用植物油	万吨	36.65	11.3
畜肉制品	万吨	5.50	24.1
软饮料	万吨	77.90	-9.1
卷烟	亿支	123.48	-0.7
纱	万吨	89.49	-6.5
机制纸及纸版	万吨	38.51	9.1
碳酸钠(纯碱)	万吨	166.03	1.8
化肥(折纯)	万吨	9.77	-61.7
中成药	万吨	7.33	15.7
水泥熟料	万吨	657.72	1.3
水泥	万吨	1255.56	-2.6
人造金刚石	亿克拉	48.09	-18.5

续表

产品名称	单位	产量	比上年增长(%)
生铁	万吨	195.90	25.8
铁合金	万吨	6.76	-23.3
滚动轴承	万套	1462	22.3
石油钻井设备	台(套)	4226	7.1
汽车配件	万件	57863	-1.3
发电机组(设备)	万千瓦	44.31	1.8
发电量	亿千瓦时	120.42	5.7

资料来源：河南省统计局。

四　南阳经验——问渠那得清如许，为有源头活水来

（一）强基础——建设产业基地，加强规范种植

中医药产业是和农业、工业相对应的一个概念，指以中医药资源的占有、研究开发、生产和使用（消费）为主体的经济，是集农业、工业、商业为主体，高科技、生态相结合的可持续发展的经济模式。从产业构成看，中医药产业应包括中药农业、中药工业、中药商业和中药的研究与开发。在中医药产业的发展中，中药工业是主体，中药商业是纽带，中药的研究开发是关键，而这一切的基础则是中药农业。

1. 为了强化中医农业这一产业基础，种植加工出“让老中医放心、让老百姓放心、让老祖宗放心”的合格中药材，南阳市的做法是，在政府引导下，通过种植专业合作社等组织形式，以产业基地或“公司+基地+农户”等方式，规范中药材种植加工，以仲景宛西制药股份有限公司（以下简称“宛西制药”）为例稍加介绍。

南阳市是山茱萸主要产区，产量占全国的60%左右。早在1998年，宛西制药就先后投资3000多万元在西峡当地的5个乡镇建立了20万亩的山茱萸生产基地，与农民签订了30年的收购合同，并无偿提供种子和技术，让

20 万粮农变药农。目前，宛西制药在全市有这样的药材基地 23 个，仅西峡县山茱萸种植总面积就达 22 万亩，覆盖 13 个乡镇。

为了让中医药资源更好地造福于民，南阳市大力培育龙头组织和种植专业合作社，除宛西制药山茱萸种植基地外，方城县裕丹参基地、唐河栀子基地等也分别与华丰药业有限公司、广州白云山制药厂、北京中商集团公司等省内外客商签订合作协议，辛夷、金银花、夏枯草等中药材种植基地亦颇具规模。截至 2018 年初，在册的南阳市中药材种植专业合作社达 583 家。如今，南阳市山茱萸、辛夷、夏枯草、艾草等 12 个品种的规模化种植在 5 万亩以上，中药材种植年产值 50 亿元。

南阳市艾草资源丰富，近年来当地利用资源优势，重点打造艾产业，“南阳艾”品牌初具影响力。目前，全市艾草注册企业有 1529 家，种植艾草 24 万余亩，电商达 3000 余家，遍布全国各地，年销售额达 80 亿元（2018 年）。南阳已成为全国最大的艾制品加工基地和艾叶集散地，开发出 20 余类上百个品种，获得近百项发明、实用新型专利，全国市场占有量近 70%；研发的传统艾条系列产品远销日本、韩国、东南亚、欧洲等几十个国家和地区。社旗仲景国医艾草园、卧龙蒲山艾草园、宛城瓦店艾草园建设也稳步推进。

2. 为了规范药材种植，保证药材质量，南阳市通过创建“中药材种植示范基地”等手段强化科学管理，提升药材品质。2018 年 2 月，南阳市中医药事业发展工作委员会办公室下发“宛中医药办〔2018〕1 号”文件，对南阳张仲景中药材发展有限责任公司山茱萸种植基地、河南华丰中药材有限责任公司裕丹参种植基地、淅川县福森中药材种植开发有限公司金银花种植基地、河南联源生物科技有限公司石斛种植基地、南阳国医仲景艾草产业园有限公司艾草种植基地、河南联源生物科技有限公司白及种植基地等 6 个“中药材种植示范基地”和 2 个“中药材种植示范培育基地”（桐柏宇中中药材专业合作社夏枯草种植基地、桐柏江记油脂有限公司桔梗种植基地）进行命名表彰。创建活动很好地树立了中药材种植企业的品牌意识，为促进中药材种植的规模化、规范化、科学化发展，提高中药材质量，起到了很好的示范、引领、带动作用。目前，南阳市具有 GMP 资质的中药制药企业有 9 家。

（二）壮“筋骨”——着重人才培养，增强科研创新

“无论临床、教育或产业，如果没有一个很好的科学技术研究来支撑，其发展都要受到极大的制约”，“要在充分继承和发扬中医药优势的基础上，依靠科学技术研究发展中医药”。① 中医药人才培养和科学研究开发是产业发展的关键，是“筋骨”，“筋骨”壮了产业才能强大。

1. 南阳市拥有南阳理工学院（张仲景国医国药学院）、南阳医学高等专科学校等中医药教育科研机构十余所，除做好基础人才储备，南阳市一是实施“531”高层次中医药人才培育工程（“十三五”期间，引进、培育 50 名区域性领军人才，培养 300 名临床及产业高层次人才，挖掘 100 名特色人才）；二是创办仲景书院，培养“仲景传人”，由北京市中医管理局、河南省中医管理局、南阳市政府共同主办，采取导师分级制、学员分段制、优生为师制、静修崇典制、学用融合制五项核心制度，培养国家层次的仲景经方领军人才，打造一批名医大家和在国内外具有重要影响力的学术带头人；三是举办“西学中”培训班，在全市掀起“西学中”的热潮。

2. 为了加强科研，南阳市制定专项措施，鼓励和支持中医药科研工作。此外，该市还通过联合中华中医药学会、河南省中医研究院等单位，深入挖掘仲景学说、研究仲景理论，对《伤寒论》涉及的 200 多味药物的性状、功能等进行深入研究，承担了《张仲景经典医学研究》《张仲景药用本草研究》等科研项目，收集了 1923～2013 年 90 年间国外有关张仲景的研究文献 3000 多篇，出版了《国医论坛》《张仲景研究》等中医药专业杂志。

2018 年 3 月，南阳市政府与河南中医药大学、宛西制药、太龙药业等单位合作，日前在河南中医药大学成立张仲景传承创新中心。该中心下设仲

① 曹洪欣：《科学研究在中医药发展中的作用》，《中华中医药》2005 年第 3 期。

景医药研究院、仲景学院、仲景养生发展中心、仲景制药厂、仲景医院、仲景医药杂志、仲景博物院等，是一个以张仲景文化为核心的传承创新体系。中心通过校地合作、校企合作，自筹资金，在全球范围招聘仲景研究及临床名流大家，形成仲景研究及品牌合力，将成为会聚国内外仲景研究大家、名家，传承仲景学术、弘扬仲景文化的高地。

3. 在科研经费投入上，南阳市 R&D 活动参与度和经费投入近年来均保持平稳增长。2017 年，南阳市 R&D 经费投入总量为 32.11 亿元，比上年增加 3.44 亿元，增长 12.0%。医药制造业以及化学原料和化学制品制造业的研发投入经费普遍较高。

表 2　南阳市各区县科研经费投入情况

	R&D 经费内部支出合计			研发投入强度(研发投入/主营业务收入)		
	2017 年（万元）	2016 年（万元）	增幅（%）	2017 年（%）	2016 年（%）	增幅（百分点）
南阳市	274544.5	247520.9	10.9	0.91	0.63	0.28
宛城区	15004.1	16197.9	-7.4	1.17	1.01	0.16
卧龙区	13063.8	12781.3	2.2	1.02	0.81	0.21
南召县	19518.6	4854.4	302.1	0.99	0.22	0.77
方城县	6376.3	5822.3	9.5	0.21	0.19	0.02
西峡县	71981.0	91802.5	-21.6	2.34	1.93	0.41
镇平县	32827.5	19170.8	71.2	1.06	0.46	0.60
内乡县	19674.3	13715.8	43.4	0.88	0.46	0.42
淅川县	13237.0	14160.2	-6.5	0.64	0.41	0.23
社旗县	8646.1	7090.1	21.9	0.36	0.27	0.09
唐河县	25032.8	12581.3	99.0	0.74	0.33	0.41
新野县	17577.2	13119.1	34.0	0.49	0.26	0.23
桐柏县	8361.3	9216.5	-9.3	0.78	0.50	0.28
高新区	11091.2	12104.6	-8.4	1.98	1.51	0.47
城乡一体化区	0	160.6	-100.0		0.54	
官庄工区	12124.0	14743.5	-17.8	1.50	1.84	-0.34
鸭河工区	29.3			0.01		

资料来源：南阳市统计局。

一分耕耘，一分收获。近年来，南阳市共获得国家、省、市科技进步奖80余项，研制出仲景参术健胃丸等仲景方药制剂39个，出版专著40余部。宛西制药更是在业内创造了多个“全国第一”：第一个成功把微波干燥技术应用于浓缩丸剂型的生产，第一个采用水丸机制法进行完整制粒，第一个实现了浓缩丸剂型的连线生产，第一个完成了浓缩丸全线包装的自动化，成为全国最大的中药浓缩丸生产基地。

（三）做“大”事——聚焦“大健康”，延长产业链

中医药农业、中药工业是中医药产业链的基础和主体，而中医药商业则是中医药产业链的纽带。如果说中医药农业和工业是决定中医药产业发展的厚度，则中医药商业的发展直接关系到中医药产业发展的广度。在中医药商业方面，南阳市把主要精力集中在做“大”事，即重点围绕“大健康”做文章。

1. 政府引领，市场活力充分激发

“建设医药产业集群，首要任务就是要从以政府主导转向以市场主导”，“政府不但要完善社会化服务体系，提供创业服务机构、人才教育培训体系、科技人才支持体系等，建设有利于医药产业集群发展的外部环境。而且要制定诱导医药企业集群发展的配套政策”。[①]

为了推进中医药产业发展，充分激活市场潜力，南阳市先后出台了《张仲景医药创新工程规划纲要》《关于加快中医药事业振兴发展的意见》等文件，大力发展中医药产业。“健康中国”国家战略确立后，南阳市更是以此为契机，高位启动“仲景健康城”重大专项。

“张仲景健康城”是近年来南阳市九大重大专项之一，项目拟用3～5年的时间，以“一核、三园、多支点”的空间布局，重点发展中医养生、中医药文化品牌、中医康复和养老、中医药健康旅游、体育健身服务、健康管理等大健康产业。该专项初期已经筛选确认了62个产业项目，9个公共

① 熊新忠：《中医药产业集群式技术创新研究》，博士学位论文，武汉理工大学，2011。

项目，预计总投资210亿元以上。该项目的启动，将极大提高仲景文化的品牌影响力，有力地推动把南阳建设成中医药健康旅游目的地和养生养老城，也必将有效带动大健康产业和周边产业的发展。

2.企业转型，大健康带来大机遇

最近几年，许多医药企业不满足于传统的医药生产，纷纷进军医疗服务、健康产品等大健康领域。南阳市医药企业也不例外，以福森药业（福森实业集团）和宛西制药等为代表的企业，纷纷在大健康领域“跑马圈地”，商业触角不断延伸。

2013年，福森药业开始筹建大健康产业有限公司。2015年，该公司以制药的标准生产的“福森源”牌草本凉茶上市，当年就取得5000万元销售额的可喜成绩。除传统的制药、中药材种植等产业，凉茶、功能饮料、果汁饮料等绿色产业项目相继上马。此外，该公司正加大产品研发力度，加快向保健品领域转型，重点开发植物功能性保健食品饮料、特医食品项目。如今，福森正以福森药业迁址扩建项目为支撑，大力发展“大健康”产业，正在布局的“淅川县医药工业健康文化产业园”将集医药工业旅游、健康养老、医疗保健、文化体育、休闲游乐、商业服务诸多功能于一体，可满足“医、养、吃、住、行、游、购、娱”等全方位服务需求。

与福森药业相比，宛西制药的布局则更早一些。2004年至今，宛西制药以郑州为中心，先后在全国开设近千家大药房、300多家国医馆，主要经营中西成药、道地中药饮片、保健器械等近万个品种，成为中原地区医药零售第一品牌；2008年，中国第一瓶香菇酱在宛西制药问世；2015年底，由宛西制药投资重建的南阳市张仲景医院开业运行；黑龙江漠河、河南伏牛山、海南三亚等地养生院建设也在紧张布局……如今，宛西制药已经成为种植基地遍布三省六地，工业生产中药饮品500多种，拥有近千家药房、300多家医馆，以仲景农业、仲景工业、仲景商业、仲景食品、仲景医疗、仲景养生等为“四梁八柱”、多元化发展的综合性产业集团正在形成。

“一专多能，遍地开花”成为如今南阳市中医药企业发展的主要特征。经营领域的拓宽，尤其是在大健康领域的拓宽，让企业经营更多元化，加长加“粗”了产业链条，让企业经营在市场上更具竞争力，也带动了当地中医药产业的发展和勃发。

五 总结

综观南阳市中医药产业发展脉络，集群式发展是外部因素和内部因素共同作用的结果。丰富的自然资源为南阳市中医药产业发展带来了先天便利的条件；国家对中医药的扶持让中医药市场需求扩大；传统中药种植产业以及一批在全国有一定影响力的龙头企业为产业的发展提供了一定的工业基础；当地政府在产业扶持的过程中明确的角色定位，盘活了大健康产业经济；企业灵活性强，自主创新意识较高。

不难发现，在这些因素中，政府在产业扶持中扮演的角色和企业的创新意识是关键。

要促进产业发展，首先要准确定位政府角色，“政府应该从直接投资角色转向间接扶持角色，着力从完善政策环境、投融资环境”等处入手①，避免“亲身上阵”。以中药种植为例，南阳市鼓励成立种植专业合作社，鼓励企业走“公司 + 基地 + 农户”模式，让药农和企业自己当主角，充分尊重了市场，保持了市场活力。

龙头企业的灵活性和创新意识也是其中的决定性因素之一。龙头企业的积极创新、多元化发展，增强企业竞争力，带动了资源的多样化应用，丰富了产品结构，扩大了原材料需求，其“蝴蝶效应”非同一般。可以说，企业创新是搅动市场的主角，是延长产业链和促进产业发展的最原始动力。

南阳市中医药产业集群式发展为其他地区提供了可借鉴的范本，但受先天因素和社会条件制约依然存在许多劣势。

其一，文化影响力不足。放眼全国市场，仲景文化影响力依然有限，仲景文化品牌有待挖掘。其二，城市地位边缘化，政策和资源配置不足。其

① 熊新忠：《中医药产业集群式技术创新研究》，博士学位论文，武汉理大学，2011。

三，工农业基础薄弱，资源主要集中在中药材种植等产业链下游，高附加值产品种类较少。其四，龙头企业实力偏弱，数量偏少。南阳市龙头企业从全国范围来看，资源占有和效益产出依然不足，实力全国排名靠后，带动地区产业发展能力有限。

因此，我们提出相应对策。其一，打好仲景牌，不断扩大品牌文化影响力。其二，扩大人才培养和人才引进，加强基础研发，生产高附加值产品。其三，发挥自然资源优势，加紧健康旅游、健康养老等大健康产业布局。其四，加大扶持力度，完善相关政策，规范市场秩序，拓宽市场投融资渠道。

参考文献

熊新忠：《中医药产业集群式技术创新研究》，博士学位论文，武汉理工大学，2011。

曹洪欣：《科学研究在中医药发展中的作用》，《中华中医药》2005 年第 3 期。

舒燕：《我国医药产业集群现状及发展对策分析》，《中国卫生产业》2007 年第 1 期。

佚名：《河南南阳市中药产业发展情况汇报》，新华网，2014。

区 域 篇

Regional Article

B.14 2018～2019年商丘市工业经济运行态势分析与展望

刘明亮 张红星 程殿卫*

摘 要： 2018年以来，商丘市深入推进供给侧结构性改革，加强工业运行协调，狠抓企业服务，加快新旧动能转换，工业经济呈现出总体平稳、稳中有进的运行态势，增速位居全省首位，产业结构持续优化，智能制造加速渗透。商丘市突出"三大改造"、"一带三展"、产业招商、企业服务等创新举措，有力支撑了工业平稳运行，预计2019年，全市规模以上工业增加值同比增长8%左右。

* 刘明亮，商丘市政协副主席、市工商联主席、市工业和信息化局局长；张红星，商丘市工业和信息化局党组书记、副局长；程殿卫，商丘市工业和信息化局运行监测协调办公室主任。

关键词： 商丘　工业运行　产业招商　企业服务

2018 年以来，面对复杂多变的国内外经济环境，商丘市认真贯彻落实党中央、国务院和省委省政府工作部署，紧扣高质量发展这一根本要求，着力稳增长、调结构、增效益，深入推进供给侧结构性改革，以项目引进和建设为抓手，突出工业转型升级，加强运行协调，狠抓企业服务，加快新旧动能转换，工业经济呈现出总体平稳、稳中有进的运行态势。

一　2018年商丘市工业经济运行态势及特点分析

（一）工业生产提速增长

2018 年，商丘市规模以上工业生产在年初平稳开局后，一直保持增加值 8% 左右的运行态势，9 月短暂下滑后，年底增速明显提升。1 ~ 12 月，全市规模以上工业增加值同比增长 8.7%（含永城市），高于年度目标 0.5 个百分点，高于全国水平 2.5 个百分点，高于全省水平 1.5 个百分点，增速居省辖市首位，为 10 年来的最高位次。

（二）效益水平波动回升

2018 年上半年，商丘市规模以上工业企业保持了较高的效益水平。自 7 月起，收入和利润增速双双下滑，经着力开展产销、银企、用工、产学研"四项对接"等措施，年底企业效益水平出现明显回升。1 ~ 12 月，全市企业主营业务收入同比增长 14%，居全省第 4 位；利润增长 14.9%，居全省第 12 位。

（三）产业结构进一步优化

商丘市坚持以发展优势产业为主导推进产业结构优化升级，初步培育建成食品、纺织服装制鞋、装备制造3个千亿元级产业集群，中国制冷产业基地、制鞋产业基地、超硬材料基地等9个百亿元级产业集群，基本形成布局合理、特色鲜明的发展格局。2018年，全市食品加工、装备制造、电子信息、新材料等六大高成长性制造业增加值同比增长9.3%，高新技术产业增加值同比增长11.7%，呈现结构优化、动能转换的良好局面。

食品产业中涌现出科迪等一批知名品牌，初步形成了以面粉加工、酒类制造、乳品加工、果蔬加工、速冻食品、食用菌加工等为主导的门类较为齐全的食品工业体系。商丘正在成为全省最大的乳制品生产基地，全国重要的速冻食品、面制品生产基地。

装备制造产业中重点培育发展了制冷设备、电动车、环保设备、五金工量具等行业。制冷设备行业的冰箱、冷柜年产能达2000万台，约占全国的10%。冷藏保温车年产能2万辆，国内占有率达40%以上，连续多年稳居全国第1位。电动车行业的电动三轮车年产量达350万辆。环保设备行业具有年产大型环保设备1万台（套）的生产能力。五金工量具行业的钢卷尺年产量达15亿只，产销总量占到全国的85%，出口额占到全国的65%。

纺织服装制鞋产业拥有纺纱400万锭、织布18万吨、服装（针织童装）6亿件、制鞋1.2亿双的生产能力，形成了集纺织、印染、服装、床上用品为一体的产业链。在中国市场十大运动鞋品牌中，阿迪达斯、耐克、安踏、特步、李宁、361°等六大品牌先后落户睢县建厂，该县被中国轻工业联合会、中国皮革协会授予“中国制鞋产业基地”称号。

另外，柘城县超硬材料产业集群已形成了年产金刚石15亿克拉、金刚石微粉60亿克拉、金刚石制品7大系列1000多万件（套）的规模，金刚石微粉产量占全国的70%以上，占出口量的50%以上，制品占国内市场总额的30%以上，成为全国品种最全的金刚石及制品生产基地。宁陵县农资化工产业集群现有复合肥骨干企业15家，复合肥年产能达850万吨，拥有省级智能工厂1家，智能车间1家，省级高新技术企业3家，是河南省最大的新型复合肥生产基地。

（四）支撑能力持续增强

商丘市以产业集聚区为重要载体，围绕“百千”亿元级产业集群和重点产业转型发展，加快实施了一批重大产业项目。全市工业投资由上半年的负增长转正后持续回升，2018 年 1～12 月增长 15.4%，跃居全省第 3 位，较 1～10 月提高 2.9 个百分点。特别是紧抓“四个五”重点工业项目［每县（市、区）重点推进 5 个在建、5 个扩产能、5 个在谈项目和 5 个上市挂牌培育企业］，力促一批重大产业项目建成投产，达产见效。至 2018 年底，50 个重点在建项目中，24 个项目实现投产，26 个项目试生产；50 个扩产能项目中，42 个项目实现达产。

（五）智能制造成效明显

商丘市以制造业数字化、网络化、智能化为主线，推进传统产业智能化改造、新兴智能制造产业培育同步发展，全面支持提升企业研发、生产、管理和服务的智能化水平，智能制造示范效应初步显现。2018 年，新增 4 家省级智能工厂或智能车间企业，在全省智能制造观摩点评活动中，商丘获得黄淮四市第 1 名的成绩，嘉鸿鞋业和阿诗丹顿 2 个企业的项目被评为全省优秀智能化改造项目。

（六）绿色低碳发展水平提高

按照环境污染防治攻坚部署，商丘市突出重点、分类治理，围绕工业环境污染治理重点领域，最大限度降低工业大气污染对环境空气质量造成的影响，为完成全市空气质量改善目标提供了有力支撑。科学实施工业企业差异化错峰生产，防止了“一刀切”。启动 2018 年度“能效之星”产品评价，配合开展省级节水型企业建设，推动了工业绿色低碳循环发展。中牛集团有限公司被评为省级绿色工厂。

二 商丘市推动工业创新发展的举措

（一）突出“三大改造”，推进产业转型升级

商丘市委市政府把智能改造、技术改造和绿色改造“三大改造”作为推动工业转型升级、提质增效和高质量发展的重要抓手，突出智能制造在“三大改造”中的引领作用，按照示范引领、点面结合、系统推进的工作路径，积极打造智能车间、智能工厂、智能企业、智能生态链等较为完善的智能制造体系。市政府先后出台了《商丘市智能制造和互联网发展三年行动计划（2018～2020年）》《支持智能制造和工业互联网发展若干政策》《2018年转型发展攻坚“三大改造”实施方案》等文件。设立了总规模4亿元的“三大改造”专项资金，其中市级专项资金规模1亿元，各县（区）不低于3000万元。市政府建立了季度智能化改造观摩制度，对县（区）智能改造项目数字化、网络化、智能化程度和改造数量、质量、实现效益情况等进行评分排序。市工信局组织深圳赢合科技等智能化改造系统解决方案专家团队为企业量身订制个性化改造方案，分县（区）举办智能制造宣传培训会。这些政策和措施有力推动了全市智能制造和工业互联网融合发展，企业生产的数字化、智能化水平得到明显提升，智能制造示范效应初步显现。2018年以来，全市新增4家省级智能工厂或智能车间企业，新增两化融合管理体系贯标企业22家、对标企业77家。同时，商丘市着力推进信息化基础设施建设，推动“互联网+先进制造业”快速发展。2016年7月，商丘市被工信部、国家发改委联合评为“宽带中国示范城市”。根据宽带发展联盟、中国信息通信研究院2018年发布的“宽带中国”示范城市创建成果和优秀城市名单，商丘市基础设施和宽带普及水平在中部地区城市中分别居第6位和第10位。

（二）突出“一带三展”，推进产销高效对接

阿里巴巴（商丘）产业带是由商丘市政府与阿里巴巴集团、河南联通、

商丘邮政合作共建的网络销售平台，也是继郑州之后全省第二个与阿里巴巴集团合作共建产业带项目的地级市，在全国开辟了电信企业运营电商的先河。四方的合作充分发挥了阿里巴巴电子商务资源、中国联通的技术和服务资源、商丘市的优质产业资源和邮政的快递物流资源优势，达到了资源的优势互补和多方整合，线上线下融合成效显著。截至2018年底，阿里巴巴（商丘）产业带入驻企业已突破2450家，涵盖20多个工业品类9000余种产品，累计交易额40亿元，综合排名居全国产业带第10位。同时，商丘市以产业带为平台，在省内率先打造了线上线下同步的“O2O”展会模式，连续成功举办了6届电动车展览会、5届食品博览会和3届针织童装展销会等大型特色产品展销活动，为参展企业搭建了一个永不落幕的展会，极大地提升了参展企业的知名度和品牌影响力，签订了一批丰硕的订单。通过举办专题展会，商丘市作为“电动三轮车全国三大基地之一”“针织童装全国四大基地之一”的地位进一步巩固，睢阳区被中国纺织工业联合会、中国针织工业协会授予“中国针织服装名城”称号，商丘市与中国食品工业协会的合作关系进一步深化。

（三）突出产业招商，推进产业链整合提升

商丘市坚持以产业链整合提升为重点，着力开展延链补链、关联配套、核心技术、知名品牌等精准招商，先后多次参加省政府组织的“郑州产业转移系列对接活动”以及京津豫、豫沪、豫粤、豫闽区域对接活动，坚持每年在沿海发达地区举行专题推介会，先后吸引中国恒天、北汽福田、天津力神、足力健、华晶金刚石等一批知名品牌企业落户商丘，推进了全市优势产业规模从小到大的转变、新兴产业从无到有的发展。2018年，商丘市实际利用外资增长5.7%，居全省第1位。落地投资规模3亿元以上项目74个，其中，3亿元至5亿元项目20个，5亿元至10亿元项目37个，10亿元以上项目17个。大项目扛鼎发展大底盘，投资36亿元的神火双零铝箔、投资20亿元的海尔集团日日顺等一批重大项目落地，中联玻璃、澳柯玛冷藏车、特步鞋材等80个投资10亿元以上项目建成投产。新业态激发新动能，

富锦电子、晶拓钻石、得利丰肥业等一批战略性新兴产业、先进制造业、科技服务业等领域龙头型、基地型项目“全面开花”。市政府主要领导挂帅积极邀请对接，2018 年 9 月 13 日，商丘市政府、北汽福田汽车、天津力神电池三方签订战略合作协议，福田汽车将投资 15.8 亿元在商丘先进装备制造产业园建设年产 4 万辆新能源商用车生产项目，天津力神配套建设动力电池生产企业，共同把商丘打造成全国新能源汽车高新技术生产示范基地。项目投产后将实现年产值 60 亿元，带动相关产业增加产值 200 亿元，将给商丘市建设先进制造业强市，实现经济高质量跨越发展注入新的活力。

（四）突出企业服务，推进营商环境优化

一是进一步优化政策环境。商丘市出台了《优化营商环境三年行动方案（2018 ~2020 年）》，聚焦企业开办、施工许可、要素供给、不动产登记等 14 个核心指标，压缩办理时限，提升服务效能。推出优质服务“套餐”。梳理规范投资可能涉及的 121 个审批事项，其中取消 19 项、下放 12 项、整合 36 项为 8 项。同时，推行审批新模式，强力推进“一网通办”前提下的“最多跑一次”改革。为确保重点项目早落地、早见效，商丘市创新工作方法，构建“马上办抓落实”和“9 +1”推进工作机制，实行联审联批周例会制度，并建立健全岗位责任清单、承诺内容清单、完成时限清单“三个清单”制度，有力保障了一大批工业项目顺利实施。

二是建立完善机制。市委市政府出台了《服务企业五项工作制度》，即市级领导和部门联系服务企业制度、市级领导与企业家座谈会制度、部门会商制度、企业首席服务员制度、企业（商会）直通车制度，进一步拓展了服务载体，丰富了服务形式，构建了企业与政府之间的无障碍快捷联系沟通新机制，也是推动服务企业工作经常化、规范化的制度创新。经过一年多的探索实践，商丘市服务企业五项工作制度已经成为企业反映诉求的绿色通道、党委政府开门纳谏的有效途径、部门服务企业的有效载体，赢得广大企业的一致好评。

三是进一步完善中小企业服务体系。商丘市在全省率先建立了市级中小企业服务中心，该中心紧紧围绕企业发展需求，引入各类专业化服务机构 24

家，累计为1.6万家次企业办理各类服务事项5.2万件，被评为“国家中小企业公共服务示范平台”，已成为全市中小企业认可的“一家四中心”，即电商之家、融资上市服务中心、创新创业指导中心、技术交流中心、政策解读中心。

（五）突出信息带动，加快发展工业互联网

一是强化政策支持。市委市政府出台了《关于贯彻落实〈国家信息化发展战略纲要〉的实施意见》《商丘市智能制造和工业互联网发展三年行动计划（2018～2020年）》《商丘市进一步扩大和升级信息消费持续释放内需潜力实施方案（2018～2020年）》等多个政策文件。

二是加快信息化基础设施建设。积极推进宽带、融合、安全、泛在的下一代信息基础设施建设，光纤宽带网和第四代移动通信（4G）网络全面覆盖城乡，宽带接入能力大幅提升。截至目前，全市城域网出口带宽3760G，光缆总长度达71.8万皮长公里，光缆覆盖面积1.07万平方公里。移动电话基站20346个，其中3G/4G基站17167个，固定宽带接入能力达到100M以上。

三是积极实施“企业上云”专项行动。制订了《商丘市“企业上云”行动计划（2018～2020年）》《商丘市信息化专项资金补贴实施细则》。通过财税支持、政府购买服务等方式引导企业将基础设施、业务系统、设备产品向云端迁移，降低信息化建设成本和门槛，提高信息化应用水平。

四是加快推进“云服务平台”建设。商丘移动建设的大数据云计算中心已完成一期工程建设，可提供1.36万亿次/秒的运算能力，现阶段存储能力128TB，可扩容至1920TB。以商丘移动大数据计算中心为依托，正在建设面向制造企业工业云服务平台，重点发展智慧冷链管理云平台、电动车智能服务云平台。

三　商丘市工业发展当前存在的问题及原因分析

（一）融资贷款难

商丘市金融市场发育不完善，企业普遍缺乏资本运作能力，融资过度依

赖银行贷款。随着银行业金融机构对企业贷款的审批更加严格，特别对纺织等部分传统行业授信更加谨慎，企业贷款门槛提高、成本增加，制造业信贷自 2017 年以来持续减少。同时，制造业贷款不良率居高不下，约占不良贷款的 90%。

（二）转型升级难

一是科技含量低。企业鉴于自身发展特点，选择的多为技术门槛和管理门槛相对较低的领域，行业起步水平较低，原始积累不足，低水平重复投资较为普遍，投资盲目性较大、追求目标短期化，发展缺乏长期战略和长远眼光，导致这些企业具有核心竞争力的特色产品少、高附加值产品少、精深加工产品少、特色产业规模不大。二是经营方式落后。大多数企业以业主个人产权为基础，以家族式管理为经营管理模式，其产权制度具有明显的家族化特征，缺乏相互联合、合作做大做强的促进机制。部分拥有质好品优产品的企业缺乏品牌意识，导致好的产品影响力不大、知名度不高、产品销路不畅，省级以上的名牌名品较少。三是龙头企业少。多数企业规模较小，规模大、效益好、具有引领作用的龙头骨干企业较少，产业内部还没有形成较为完整的产业链，产业的关联度较低，综合竞争力不强。

（三）高端人才缺乏

由于历史原因和发展基础薄弱，加之高铁开通后产生的人才“虹吸效应”，商丘市高层次、复合型的技术带头人和技能型人才严重不足，造成企业自主创新能力不强，拥有自主知识产权的企业不多。特别是对技术要求较高的战略性新兴产业来说，技术装备和技术水平与全国全省相比不高，技术瓶颈更为明显，缺少一批“专精特新”和“瞪羚”企业。以超硬材料产业为例，商丘市的企业普遍存在超细颗粒金刚石的分散提纯和处理技术瓶颈，产品种类单一，技术含量不高，附加值和价格偏低，核心竞争力不强，很大程度上制约了企业的健康快速发展。

（四）生产经营成本提高

一是用工、物流等成本提高。据调查，企业社保费用统一由税务部门征收后，部分企业缴纳费用明显提高，加上工人工资的自然增长，用工成本普遍增加15%左右。另外，随着油价上涨和物流业运输车辆标准化的实行，企业物流成本普遍提高10%左右。二是企业用能成本增加。因环境污染防治工作需要，商丘市加快推进“电代煤、气代煤”工作，多数企业用能主要是天然气和电，食品、医药等行业实行以气代煤，在供暖季节，天然气供应紧张且价格偏高，企业生产成本明显增加。

（五）产业瓶颈制约突出

纺织服装制鞋产业方面，印染短板明显，目前印染产能远低于30万吨的生产需求；服装方面代工贴牌生产较多，至今没有形成在全国叫得响的大品牌，虽然市场占有率较高但利润微薄，产业保持快速健康发展的后劲不足。装备制造产业方面，自主创新能力薄弱，企业自主创新动力不足，关键技术依赖引进，具有自主知识产权产品少，产、学、研、用结合不紧密，产业共性应用技术研发缺位，科技成果转化率低。

四 2019年商丘市工业发展预测

（一）面临环境分析

从国内看，当前工业发展的外部环境发生明显变化，经济运行稳中有缓，但仍保持在合理区间，总体平稳、稳中有进、长期向好的基本面仍在延续。预期未来，工业企业订货景气仍处于近年来相对较高水平，市场需求总体平稳，企业家信心仍较为乐观，这些都为工业平稳增长奠定良好基础。特别是2018年12月13日召开的中央政治局会议，提出了“五个坚持”“六个稳”的举措，为2019年做好经济工作指明了方向。与此同时，也需要清醒地认识到，国内发展不平衡不充分问题和各种周期性、结构性、体制性因素交织叠加，加大了工业经济运行工作的难度。

从商丘市看，2018 年工业运行呈现“前稳后低”的态势，前 8 个月运行总体平稳，稳中有进，主要指标继续保持在合理区间，但后期不确定性因素增多。

不利因素主要体现在，自 9 月起，随着中美经贸摩擦升级，市场预期不稳、信心不强等宏观经济形势的快速变化，部分企业经营困难较多，长期积累的风险隐患有所暴露，工业生产及工业效益均出现一定程度下滑，经济下行压力加大。9 月规模以上工业增速回落至 5.3%，创 2008 年以来单月增速新低。虽然 10 月后工业增加值增速有回升，但企稳回升的基础不牢，下行压力依然不容忽视。受神火铝业产能转出电解铝槽停产等影响，全市工业用电量难以实现明显增长，一定程度上对工业增速的核算产生不利影响。同时，企业面临融资难、融资贵，招工难、留人难，用能成本增加等困难，经营负担偏高，转型任务艰巨，新老问题交织叠加，制约因素增多。

2019 年商丘工业发展也有许多有利因素。2018 年以来，商丘市高新技术产业生产保持较快增长，工业投资增速由上半年的负增长转为正增长，民营经济活力不断增强，不利因素逐步减少，呈现出一些“积极信号”。围绕“百千”亿元级产业集群和重点产业转型发展，加快实施了“四个五”等重大产业项目，一批重点项目相继落地并建成见效，为实现制造业高质量发展奠定了坚实的基础。同时，商丘市坚持新发展理念，围绕高质量发展“一方案十专案”的要求，始终把稳增长作为突出任务，狠抓政策落实和营商环境优化，将有效支持实体经济发展。

（二）2019年度工业发展预测

综合分析商丘市工业经济发展形势，初步预计，2019 年规模以上工业增加值同比增长 8% 左右。市级层面食品、纺织服装制鞋、装备制造“三大”千亿元级优势产业集群的实力和地位将进一步巩固和提升；县域百亿元级主导产业集群发展特色更加明显，生物医药、新材料、电子信息等产业规模进一步壮大，新能源汽车、新型功能材料等新兴产业发展取得明显突破。

五 推动工业创新发展的对策建议

2019年，商丘市应继续深入学习贯彻党的十九大精神和习近平新时代中国特色社会主义思想，贯彻落实省委省政府工作部署，坚持稳中求进工作总基调，坚持新发展理念，坚持以供给侧结构性改革为主线，紧扣高质量发展根本要求，突出工业转型升级，大力实施“三大改造”，加强运行协调，深化企业服务，加快新旧动能转换，努力实现工业经济高质量发展，为决胜全面建成小康社会、让中原更加出彩做出积极贡献。

（一）解放思想，深刻理解、准确把握制造业高质量发展的内涵要义和着力点

中央经济工作会议把推动制造业高质量发展列为2019年重点工作首位，对于推动经济高质量发展具有关键性意义。高质量发展的核心要义是保持有质量效益的适度增长，根基和主体是实体经济。制造业是实体经济最核心的部分，是技术创新的主战场，是供给侧结构性改革的重要领域。当前，商丘市各级领导干部还不同程度存在对实体经济，特别是制造业高质量发展重要性的认识不足、思维僵化、措施不实、工作滞后等问题。2019年，商丘市应深入践行新发展理念，教育引导干部职工转变发展思路、深化市情认识，从不合时宜理念、传统思维定式、条条框框限制、狭隘地域局限、看摊守业求稳中解放出来，把工作的着力点聚焦到如何破解工业经济总量小、发展速度不够快、发展质量不够高、内生动力不够强等突出矛盾和问题上来，进一步营造解放思想、锐意进取、深化改革、破解矛盾的浓厚氛围，强化责任担当，强化改革创新意识，积极适应快速变化的新常态、新形势，真抓实干，久久为功，推动实现制造业高质量发展。重点

把握“四个结合”，即坚持市场导向与政府支持相结合，发挥比较优势与创造竞争优势相结合，开放招商引进与本土企业改造提升相结合，重点突破与整体提升相结合。

（二）持续推进“三大改造”，加快传统产业优化升级

一是深入实施大规模技术改造。在全市引导和推动企业以市场为导向，实施更大范围、更高层次的大规模技术改造，促进企业新材料开发应用、装备升级、工艺提升。2019年，至少推动320家规模以上工业企业实施技术改造，完成技术改造投资不低于220亿元。

二是深度推进智能化改造。坚持智能制造季度观摩制度，加快推进关键设备、生产线车间、工厂智能改造。在纺织、食品、制冷等行业，每个行业培育智能制造示范企业5家以上。分行业组织学习考察，深化诊断服务，加大系统解决方案供应商对接力度。2019年，每个县（区）培育市级智能工厂、智能车间4家以上，全市推进600家以上工业企业对标。

三是加速实施绿色化改造。坚持绿色发展理念，抓好工业领域环境污染防治，稳步推进企业优胜劣汰，加快处置“僵尸企业”，以环保倒逼传统产业加快转型发展。建立绿色生产的政策导向，以标准为引领，加速实施绿色化改造，大力推广应用先进的技术、装备和工艺，力争2019年建成2家省级绿色示范工厂。

（三）着力引进实施高质量项目，培育工业发展新动能

围绕“百千”亿元级优势产业集群发展目标，调整优化“四个五”重点工业项目库，加快实施重大工业项目，培育形成一批骨干龙头企业和特色产业基地。一是加快推进项目建设。2019年，拟实施的50个在建重点项目，总投资440.7亿元，年度计划投资275.3亿元，其中，新开项目27个，续建项目23个。拟实施的50个扩产能重点项目，年度计划投资82.7亿元。二是进一步扩大对外开放合作。扩大制造业开放合作，需要逐渐转变政策导向的吸引外资模式，更多依靠优化和改善投资环境，推进高质量的引进。

2019年，应紧盯国家、省重点投资领域，结合产业实际，进一步加大招商引资工作力度，按照制造业高端化、智能化、绿色化、融合化、服务化的标准，争取再引进一批龙头型、基地型、延链补链型重特大工业项目。重点对接50个在谈项目，计划总投资278亿元，其中，沁园净化器生产项目投资30亿元，红木家具产业园项目投资20亿元。

（四）发展数字经济，推动先进制造业与现代服务业深度融合

一是推进信息基础设施演进升级。拓展“宽带中国”示范市建设成果，协调推动各驻商电信企业加快下一代信息网络设施建设，逐步建成覆盖城乡、满足数据和多媒体通信需要的宽带接入网络。持续优化4G网络，加快推进5G商用进程和业务应用创新。2019年，重点推动各电信运营公司5G商用试点部署，为5G商用做好充足准备。

二是加快推进工业互联网平台建设。立足产业基础，实施工业云及工业大数据创新应用试点，建设一批行业工业云平台和大数据平台。重点打造食品追溯、制冷家电、电动车、新型电池等特色化、专业化云服务平台，构建全产业链、全价值链信息交互与智能协作的产业生态体系。2019年，全市要推动400家以上企业上云，加快数字化转型。

三是实施服务型制造推进工程。支持环保专用设备制造、电动车、制冷、动力电池等产业的骨干企业，发展基于互联网的故障预警、远程维护、质量诊断、远程过程优化等在线增值服务，拓展产业价值链，促进产品优化升级，实现由制造向“制造+服务”的转型升级。

四是推动先进制造业和现代服务业深度融合。进一步落实市政府与阿里巴巴集团、京东集团、小米公司等互联网龙头企业签订的战略合作协议，加强沟通对接，重点在品牌建设、物流仓储、云计算、大数据、跨境电商、互联网金融等领域深化合作。

（五）推进企业服务体系建设，激发市场主体活力

一是推动“非公政策”落实。按照省委省政府出台的《关于促进非

公有制经济健康发展的若干意见》《关于营造企业家健康成长环境弘扬优秀企业家精神更好发挥企业家作用的实施意见》工作要求，进一步统筹整合现有政策资源，组织开展“非公政策进千企”“千名干部帮千企”“营商环境整治”三项活动，创造条件振兴实体经济，确保各级各部门各项惠企政策措施落实、落地、落细，让民营企业享受到政策释放的红利和实惠。

二是持续推进服务企业五项制度。充分发挥领导联系服务企业、企业家座谈会、部门会商、首席服务员、直通车五项工作制度的作用，创新服务形式，强化跟踪落实，确保企业发展中的困难和问题得到及时解决，帮助企业出实招、办实事、解难题、增信心。

三是深入开展“四项对接”。深化产销、银企、用工、产学研“四项对接”，帮助企业缓解发展难题。巩固扩大阿里巴巴（商丘）产业带建设成效，力争累计实现销售收入 50 亿元。筹备举办第七届电动车展览会、第六届食品博览会，打造行业知名专题展会。针对工业企业融资难、融资贵问题，继续开展银企对接专项行动。加强与浙江大学、南昌大学等知名大学、科研院所在企业智能化制造、绿色食品研发等领域的合作，不断拓展合作领域。

四是建立完善企业服务平台体系。开通运行中小企业线上服务平台，构建市、县两级一体化在线服务体系，组织开展产销、银企、用工、技术等日常化对接，为广大中小企业提供线上线下相结合的高效服务。

（六）抓绿色低碳安全，转变经济发展方式

一是坚持绿色发展理念。全面认真贯彻落实中央、省、市环境污染防治攻坚战的决策部署，加快建立绿色生产的政策导向，以标准为引领，以绿色化改造为重点，大力推广应用先进的技术、装备和工艺，加快推进循环经济发展，实现工业高效清洁低碳循环和可持续发展。

二是牢固树立安全发展理念。深入贯彻落实习近平总书记关于安全生产工作的指示精神，进一步推动“五级五覆盖”“三管三必须”安全责任体系

建设，深刻汲取安全生产事故教训，努力适应新的安全生产管理形势，强化工业行业安全生产指导管理，强化企业主体责任落实，确保安全生产形势持续稳定。

参考文献

朱群永：《商丘：产业大集聚 推动大发展》，《决策探索》（下半月）2015 年第 6 期，第 12 ~ 14 页。

王晓平：《供给侧改革与商丘市制造业转型升级研究》，《山西经济管理干部学院学报》2017 年第 1 期，第 54 ~ 59 页。

冯伟：《深化互联网、大数据、人工智能与实体经济融合 推动工业大数据创新发展》，《中国电子报》2018 年 7 月 13 日。

B.15

2018～2019年新乡市工业运行态势分析与展望

杜家武　张新河　朱艳祯　张广军　张新福*

摘　要： 2018年以来，新乡聚焦“中国制造2025”试点示范城市创建，突出“三大改造”、先进制造业专业园区建设等重点工作，工业运行“质”“量”稳中有升，工业结构调整取得新成效，工业发展新动能不断增强，工业企业培育取得新成果，工业发展环境有了新改善。2019年，新乡工业发展将围绕实施“13333增彩工程”，着力在调结构、转动能、强素质、优环境上更下功夫，努力保持工业稳中有进的发展好势头，以工业经济新提升助推高质量发展。

关键词： 新乡　工业经济　“13333增彩工程”

2018年以来，新乡市在省委省政府正确领导下，树牢“四个意识”，坚定“四个自信”，坚决做到“两个维护”，深入践行“敢担当、转作风、争一流”实践活动，谋大事、布大局，稳增长、调结构、转动力，强服务、控风险，抓转型、促提升，“中国制造2025”试点示范城市各项阶段性创建目标基本完成，先进制造业专业园区建设、“三大改造”等重点工作受到省

---

* 杜家武，新乡市工业和信息化局局长；张新河，新乡市工业和信息化局副局长；朱艳祯，新乡市工业和信息化局副局长；张广军，新乡市工业和信息化局副局长；张新福，新乡市工业和信息化局副调研员。

委省政府充分肯定，工业运行“质”“量”稳中有升，工业结构调整取得新成效，工业发展新动能不断增强，工业企业培育取得新成果，工业发展环境有了新改善，推动多项工作在全国有影响、全省有位次、单项争第一、整体上台阶。全年工信系统负责的25项工作成绩居全省前3位，其中全国质量标杆、全国制造业单项冠军培育企业、国家绿色园区、国家两化融合管理体系贯标试点企业、国家创新创业特色载体、国家人工智能试点示范项目、国家制造业“双创”平台试点示范项目、国家工业节能技术装备、国家智能制造试点示范项目等15项工作居全省第1位，获得荣誉的层次和数量创历史最好水平。

一　2018年工业经济运行分析

（一）工业运行“质”“量”稳中有升

2018年，新乡市主要工业指标名列全省前茅，“质”“量”齐升。全年规模以上工业增加值同比增长8.2%，排全省第5位；工业投资同比增长24.4%，高于全省22.4个百分点，连续7个月排全省第1位；累计完成工业用电量162.39亿千瓦时，同比增长8.9%，总量、增速均排全省第4位；利润同比增长43.6%，排全省第2位，同比提升6个位次；主营业务收入同比增长12.1%，高于2017年同期3个百分点。

（二）工业结构调整取得新成效

一是先进制造业专业园区建设稳步推进。专业园区建设经验被省委办公厅《工作交流》专刊印发全省。实现主营业务收入259亿元，同比增长29.7%；实施制造业项目131个，完成投资93.4亿元。二是新能源电池、电子信息、现代纺织三大专项有序实施。积极争取国家新能源汽车动力蓄电池回收利用试点落户，成功获批省MEMS（微机电）中试基地建设，平煤国能锂电一期、中纺院绿色纤维二期、科隆新能源材料产业园一期6000吨前驱体车间顺利投产，豫氢动力首台45千瓦质子交换膜燃料电池堆完成组装下线，年产3×2万吨超细旦氨纶纤维等一批项目开工建设。三是淘汰落后产能、错峰生产扎实开展。全面排查，现场督导，严防“地条钢”死灰复燃，认真组织开展水泥、铸造等行业错峰生产，危化品生产企业搬迁改造工作按照实施方案稳步推进，全市洁净型煤生产仓储配送中心建设工作不断提升。

（三）工业发展新动能不断加强

一是“三大改造”成效明显。“三大改造”工作在全省工作推进会及现场观摩活动中受到省领导肯定表扬，在2019年全省工业和信息化工作会议上被当作典型范例。新乡市共实施“三大改造”重点项目483个，总投资573亿元。组织专家对企业进行智能化改造培训和现场诊断服务。涌现出新乡化纤、心连心化肥、豫北转向系统、大树家居、银金达等一批标杆企业。二是军民融合步伐加快。强力推进“一基地三园区”（即河南军民融合产业基地、通信产业园、机电产业园、新能源产业园）建设。分辨率对地观测数据新乡分中心成功揭牌，新航集团航空关键零部件数字化车间项目等建成投产，正大航空无人机生产基地等开工建设。三是对外交流合作成果丰硕。组织参加2018中国（郑州）产业转移系列对接活动，促成总投资111.82亿元的30个项目签约。总投资80亿元碳纤维产业园项目落户，华为新乡云计算数据中心项目一期建成并投入使用。

（四）工业企业培育获得新成果

大力开展企业家培养，全年围绕建立现代企业制度、资本运作、企业上云等主题开展“请进来”培训4次，围绕两化融合、投融资、“三大改造”等主题，分别赴华为大学、上海财经大学、苏州大学开展“走出去”培训3次，考察学习3次，累计培训企业家600余人次。全市19位青年企业家入选省青年企业家库，入选数量居全省第2位。培育出一批细分领域的标杆企业和行业领军企业，新乡化纤、心连心化肥、盂电集团、银金达集团等企业实现了快速发展壮大，新飞重整成功，并且当年恢复生产、当年实现盈利。全力引导企业建立现代企业制度，322户企业进入台账管理，并在加快推进。

（五）工业发展环境有了新改善

建立并完善了市级领导分包服务、企业问题跟踪回访、企业服务周例会等制度，召开了19次企业服务周例会，成功解决新航集团企业办医院分离、不动产手续办理，科隆集团土地手续办理等81家企业的100余个问题。聚焦民营经济高质量发展，与中国工商银行新乡分行签署100亿元中小企业金融服务战略合作协议，并积极协调有关部门，推出促进民营经济健康发展的多项政策措施。

二 2019年推动新乡工业高质量发展的对策建议

为认真贯彻落实中央经济工作会议精神，围绕“巩固、增强、提升、畅通”八字方针，结合本地工业发展实际，2019年新乡将坚持目标导向、问题导向，聚焦痛点难点，谋划实施“13333增彩工程”，即加快建设先进制造业专业园区这一“中国制造2025”新乡实践主载体，以智能化改造、绿色化改造、技术改造“三大改造”为主抓手，突出抓好两化融合、军民融合、制造业与服务业融合“三大融合”，加快推动新能源电池、电子信息、现代纺织“三大专项”，持续实施企业培育、开放合作、优化环境“三大行动”，着力调结构、转动能、强素质、优环境，努力保持工业稳中有进发展好势头，以工业经济新提升助推高质量发展。

（一）着力在调结构上下功夫

一是加快先进制造业专业园区主载体建设。重点抓好河南正大航空无人机生产基地、平原滤清器年产2000万套汽车三滤项目等43个重大项目建设，力争天力锂能年产5000吨高镍三元正极材料项目等19个项目投产；争取义乌东信公司彩带生产基地、深圳佳德公司年产400万吨高档针织布项目和百合光电3D打印生产基地等签约项目尽快落地开工；力争专业园区主营业务收入增速高于全市平均水平5个百分点。

二是积极推动新能源电池、电子信息、现代纺织三个专项，谋划生物医药专项。新能源电池专项求突破。树立平煤国能龙头地位，全力支持科隆新能源、天力锂能在A股上市；加快推进氢能产业园、氢燃料电池电堆、科隆新能源材料园等重大在建项目进度，推动雪人股份新能源装备制造产业园、北京矿冶研究总院动力电池梯次利用及回收循环经济产业园、苏州斯莱克新能源精密构件产业园等已签约项目尽快开工。电子信息专项求跨越。以创建全省重要电子信息产业基地为目标，以“一城两园”（中国电波科技城、信息通信产业园、光电信息产业园）建设为抓手，聚焦集成电路和元器件、传感器、MEMS（微机电）等关键领域，重点推进中国电波科技城、中兵通信遥测通信及军用电台产品产业化转移生产线、中融航电无源雷达及军民融合示范基地、传感器基地、MEMS传感器中试基地建设等项目，将电子信息产业打造成战略性、先导型产业。现代纺织专项求转型。按照“做新化纤、做强纺纱、做精印染、做大服装”的定位，加快培育发展绿色纤维专业园区。发挥白鹭集团和中纺绿纤品牌优势，整合优势资源，在产业链短板、缺链、终端上实现突破，围绕白鹭投资集团抓好年产3×2万吨超细旦氨纶纤维项目二期、年产1亿米冷转移印染、1亿件针织服装一期项目建设；力争中纺院绿色纤维有限公司三期6万吨绿色纤维项目2019年建成投产。同时，抓好生物医药、绿色装配式建筑产业的推进工作。

三是淘汰落后产能。认真落实河南省传统煤化工、水泥行业转型发展行动方案（2018～2020年），提前着手，全面排查，限时督办，确保落后产能应退尽退，促进传统产业转型升级。

（二）着力在转动能上下功夫

一是大力实施“三大改造”。首先，深度推进智能化改造。重点推动河南天丰节能板材集束装配式建筑核心构件智能制造新模式项目早日建成达效；推动中铁隧道、科隆新能源、豫北靖道、豫北凯斯特隆、银金达、华洋铜业等省级智能车间、智能工厂试点加快建设。加快国家智能制造新模式项目实施推进工作，着力推进豫北转向系统、豫新汽车空调、新乡化纤等企业的智能制造新模式项目建设，指导中铁隧道、银金达、中纺院绿色纤维、华兰生物等企业申报2019年国家智能制造新模式项目。大力引进工业机器人、数控机床、3D打印机、无人机等智能装备制造企业，重点推进新松机器人产业园、河南正大航空无人机等智能装备项目实施。组织实施“企业上云”。其次，加速实施绿色化改造。实施能效、水效领跑者行动，在合成氨、水泥、造纸、纺织等行业开展对标达标活动，积极支持企业申报河南省能效、水效领跑者标杆企业；实施重点行业清洁生产提升行动；持续深化开展水污染防治重点行业清洁生产技术推广工作；强化经济运行绿色管理，积极推动绿色设计平台建设、绿色关键工艺突破和绿色供应链系统构建。最后，深入实施大规模技术改造。加快新产品开发，鼓励企业引进、消化和吸收国内外先进技术，在重点领域关键核心技术和战略性产品方面实现突破，推进重大科技成果迅速向现实生产力转化。大力推进技术创新、质量提升、品牌建设。

二是推进军民融合深度发展。培育产业发展新突破口，依托新航集团、中电科22所、中兵通信等龙头企业，加快推进河南省（新乡）军民融合产业“一基地三园区”建设。加快中国电波科技城（二期）军民融合科技创新示范园区、豫北转向系统年产100万套汽车转向系统智能化生产线、新太行电源新能源汽车及军用动力型锂离子电源系统等重点军民融合项目实施，打造以航空机载设备、信息通信、机电装备、新能源产业为主导，相关产业配套支撑的军民融合产业基地。

三是推进制造业与服务业融合发展。全力培育新模式、形成新业态。重点支持大树家居、大班家具发展大规模个性化定制，卫华起重、威猛振动等远程运维服务、长城机械总集成总承包、心连心化肥供应链管理等新型制造模式。依托华为（新乡）云数据中心、大数据产业园，积极开展对外交流合作，培育泰隆电力、中誉鼎力发展建设工业互联网平台，大力发展信息技术服务业，推动互联网经济；大力发展工业设计等现代生产性服务业。

（三）着力在强素质上下功夫

一是抓好大企业（集团）培育。引导支持优势企业融入国际国内知名企业的产业链、创新链、供应链，全力支持新航集团、22所、心连心、科隆集团、华兰生物、天丰集团、银金达等一批本地企业发展壮大。持续开展星级企业评定奖励工作，大力扶持中小企业发展壮大，引导企业做好质量提升和品牌管理工作。当前，借助康佳入主新飞的大好时机，促进新飞再创辉煌。

二是推进对外交流合作。围绕“中国制造2025”国家级示范区创建，重点抓好产业链招商，依托先进制造业专业园区、大企业（集团）、大项目上下游产业开展对外交流合作。全面对接郑州产业发展规划，加强与郑州产业的协作配套，把握两地之间产业垂直分工和平行分工，实现郑新之间产业互补、错位发展、效益协同。紧盯碳纤维产业园、汉能移动能源产业园、首钢国家装配式建设产业园、新乡机器人专业园区、鲁花食品产业园、福建丁派集团鞋服产业园、浙江迈豪登户外服饰生产基地、百合光电3D打印生产基地、平煤国能锂电、中粮小麦深加工等项目，切实提高项目签约率、项目开工率、资金到位率、投产达效率。

三是推动小升规、建立现代企业制度工作。研究制定推进企业小升规专项行动方案，力争2019年完成100户小微企业新升为规上企业。持续开展星级企业评定奖励工作，大力扶持中小企业发展壮大，引导民营企业建立完善现代企业制度，激发企业的内在动力和创新活力。支持科隆新能源、天力锂能、瑞丰新材料等企业加快上市步伐。

四是继续实施企业家素质提升工程。创新工作方式，通过问卷调查、企业家座谈等方式进一步明确企业家培训需求，持续开展“请进来”“走出去”培训，企业观摩交流，政策宣讲，进一步开拓企业家视野，提升企业家综合素养，促进新乡市产业发展新旧动能转换、转型升级、提质增效。

（四）着力在优环境上下功夫

一是健全市、县两级企业服务体系。指导各县（市、区）建立健全领导分包联系企业制度、定期沟通协商制度、企业服务周例会制度、企业问题台账管理制度，做到企业诉求有渠道、办事有平台、困难有人帮。充分发挥涉企重大事项报告制度作用，及时准确掌握、研判并快速应对各类风险，全力做好服务企业工作。

二是积极破解企业发展瓶颈问题。与中国邮政储蓄银行新乡分行签订“百亿千企”战略合作协议，打造政银企服务平台，助力中小企业发展；会同市金融局召开银企对接会，畅通银企沟通交流渠道；与市环保局定期会商沟通，共同做好政策宣传，开展技术指导，帮助企业提升治理水平，严格落实重污染天气限产停产及冬季错峰生产要求，努力实现经济发展和环境保护双赢。

三是切实减轻企业负担。深入贯彻国家简政减税降费、优化营商环境等总体要求，推动各项降本减负、支持企业发展优惠政策的落实，切实增强企业的获得感。

参考文献

李虎成：《走好三条路径 实现提质发展》，《河南日报》2016 年 12 月 31 日。

王珍、王雅静：《加快工业转型升级 发展生产性服务业》，《现代工业经济和信息化》2018 年第 15 期，第 5 ~6、11 页。

刘泉红：《以企业家精神提升市场活力》，《中国物价》2017 年第 12 期，第 6 ~8 页。

B.16

2018~2019年郑州市工业经济形势分析与展望

范建勋　巫怀民　牛志永　王章磊*

摘　要： 2018年，郑州市深入贯彻落实“制造强市”战略，大力推动制造业高质量发展，工业经济运行稳中有进，结构调整有序推进，融合发展成效明显，工业发展质量持续提升。郑州市在健全机制强服务、搭建平台促转型、培内引外强支撑、深化融合育动能、创新政策优环境等方面做了大量工作。预计2019年郑州市工业经济仍将保持平稳运行态势，更需在强投资、调结构、扩开放、抓创新、促融合、优环境等方面谋划新思路新对策。

关键词： 郑州　工业经济　转型升级

2018年，郑州市按照“四重点一稳定一保证”工作总格局，深入贯彻落实“制造强市”战略，大力推动制造业高质量发展，狠抓各项工作落实，促进了工业经济平稳健康发展。

---

* 范建勋，郑州市工业和信息化局党组书记、局长；巫怀民，郑州市工业和信息化局党组成员、副局长；牛志永，郑州市工业和信息化局政策法规处处长；王章磊，郑州市工业和信息化局政策法规处副处长。

一　2018年工业经济运行情况

（一）主要成效

一是工业经济运行稳中有进。2018 年全市规模以上工业企业增加值增长 6.8%。二是试点示范成效突出。成功创建国家服务型制造示范城市、消费品工业“三品”战略示范城市。三是工业招商和项目建设顺利推进。全年签约亿元以上工业项目 107 个，总额达 1993 亿元。工业投资同比增长 11.8%（高于全国、全省 5.3 个和 9.8 个百分点），其中，技改投资同比增长 35.4%。全年重大工业项目投资累计完成 972.3 亿元，新开工 206 个，竣工 211 个。四是创新发展取得新突破。2018 年，全市高新技术产业增加值同比增长 12.4%，高于全市平均水平 5.6 个百分点。五是融合发展成效明显。截至目前，宇通客车、大信橱柜等 34 个企业（项目、平台）成为国家级智能制造、服务型制造试点示范。六是绿色发展加快推进。新增 8 家国家级绿色示范工厂，3 家省级绿色示范工厂，万元工业增加值能耗同比下降 14.8%。

（二）运行情况

一是工业运行波动趋缓。2018 年，规模以上增速高于全国平均水平 0.6 个百分点，低于全省平均水平 0.4 个百分点，低于上年同期 1 个百分点，前三季度分别增长 7.6%、7.3%、7.6%，第四季度受行业拉动减弱、大气污染防治等多重因素影响，增速放缓。

二是主导产业支撑有力。2018 年全市七大主导产业同比增长 7.6%，对全市工业增长的贡献率达 93.9%，拉动全市工业增长 6.4 个百分点（见表 1）。

三是工业投资增速回升。2018 年工业投资增速较上年提高 20.7 个百分点，制造业投资同比增长 8.8%，增速比上年提高 18.9 个百分点，工业投资结构、质量不断优化提升。

四是重点行业保持增长。2018 年全市工业增加值占比前十大行业中有 8 个行业保持增长（见表 2）。

表 1　2018 年郑州市工业七大主导产业增加值增速

单位：%

工业七大主导产业	12 月当月增速	全年增速
汽车及装备制造业	-15.2	5.5
电子信息工业	24.0	12.5
新材料产业	32.3	19.6
生物及医药产业	105.4	12.8
铝及铝精深加工产业	25.7	12.9
现代食品制造业	-13.4	0
家居和品牌服装制造业	-10.5	-13.1
合　计	5.6	7.6

资料来源：郑州市统计局。

表 2　2018 年全市工业增加值占比前十大行业增速

单位：%

工业增加值占比前十大行业	比 2017 年同期增长	
	12 月	全年累计
烟草制品业	-34.5	5.5
计算机、通信和其他电子设备制造业	23.0	10.8
汽车制造业	-32.8	4.3
有色金属冶炼和压延加工业	25.7	12.9
煤炭开采和洗选业	20.0	18.1
电器机械和器材制造业	60.2	34.9
电力热力生产和供应业	-9.8	-2.4
专用设备制造业	146.9	23.2
非金属矿物制品业	39	8.4
食品制造业	0.5	-0.3

资料来源：郑州市统计局。

二　推动工业经济平稳运行的主要做法

（一）健全机制强服务

一是完善运行监测机制。发挥好工信系统信息服务平台作用，坚持工业

“周问询、旬报告、月分析、季总结”监测制度，突出抓好66户龙头企业、200户重点企业运行数据监测分析。每月召开全市工业经济运行分析会，适时调节运行。有序做好全市工业生产用电、用热、用气等生产要素供应。

二是健全企业服务机制。建立企业服务平台，健全企业服务联席会议制度，及时协调解决企业难题，2018年以来，各级共受理企业反馈各类问题1072个，解决率达97.5%，位居全省前列。大力开展“企业家接待日”活动，认真开展优秀企业家领航计划，举办“企业家创新发展研修班”，郑州市企业家大讲堂之企业转型升级公益论坛等活动，近1000名企业高管参加培训，提升了郑州市企业家创新发展、高质量发展的理念和水平。全年共组织开展“四项对接”活动188场，其中，组织产销对接活动45场；开展银企对接35场；组织企业参与省、市各类用工对接70场，有效缓解企业用工难题；开展产学研对接38场，推进企业与高校、科研院所等单位的合作。

三是创新督导考核机制。建立了市工信局班子成员分包县（市、区）和县（市、区）分包联系重点工业企业的“双联系”制度，每月对县（市、区）经济运行、项目建设、研发投入、安全生产等重点工作进行督导，压实工作责任。会同市发改等相关部门，加强对县（市、区）主要工业指标的考核和重点工作推进督办，确保市委市政府各项决策部署落到实处。

（二）搭建平台促转型

一是打造产业基地建设平台。加快重大产业基地建设，制订并实施全市电子信息、汽车及零部件等5个重点产业转型升级行动计划，研究并出台盾构装备、数控机床等5个新兴产业培育专案，积极推进工业智能化、工业绿色化改造和企业技术改造，全年汽车及装备制造等四大战略性产业占全市工业的比重近60%，煤炭等六大高载能行业占比下降至40%左右。七大工业主导产业支撑有力，形成了电子信息、汽车等六个千亿元级产业集群。全年工业七大主导产业增加值同比增长7.6%，高于全市工业0.8个百分点。

二是推进创新平台建设。加快制造业创新中心建设，河南省智能工厂系统集成及应用创新中心等4家机构成为全省首批培育单位，郑州市工业新型成像技术创新中心等9家机构成为市级培育单位。汉威科技、新天科技等2家企业被评为国家级技术创新示范企业。郑钻集团、恒星金属等2家企业成为国家级制造业单项冠军示范企业。目前已累计建成市级以上研发中心2318个，其中国家级40个。

（三）培内引外强支撑

一是加快企业培育。大力培育战略性企业，支持百高百强企业发展，着力推进中小企业上规模。上汽、富泰华两家企业首超百亿元，裕展精密首超200亿元，全市超百亿元企业达到12家，新增规模以上企业超过200家。

二是开展集群招商。制定2018年工业主导产业招商工作方案，明确招商引资重点。通过第十二届中国（河南）国际投资贸易洽谈会、2018两岸智能装备制造郑州论坛等专项活动，开展意向项目集中攻坚活动；深入对接华为、汉能新能源、申威集成电路等意向投资项目（企业）100多个，签约并引进了上汽年产100万台发动机、华锐光电显示、智能机器人制造产业园等重大项目。成功举办2018年中国（郑州）承接产业转移系列活动，签约亿元以上工业项目37个，总签约额678.6亿元，引进了投资90亿元的奥克斯集团空调生产基地及科技产业园，投资60亿元的西安宝莱特公司动态一维/二维码防伪溯源商品ID，投资50亿元的雪人股份氢能源装备产业等重点项目，工业招商金额达到2303亿元，其中制造业招商金额突破1960亿元，创造了历年以来的最高水平。成功举办2018首届世界传感器大会、首届Real World国际（郑州）网络安全大赛等活动。

三是推进重点项目建设。落实市、县两级分包重点项目制度，强化项目推进，全年全市重大工业项目投资累计完成972.3亿元，完成年度计划投资的94.8%。527个市、县两级重大工业项目中，256个计划开工项目完成投资350.1亿元，上汽二期、华锐光电等206个项目开工建设，其中，明泰实业、宏达汽车等70个项目竣工；180个续建项目完成投资417.6亿元，郑州合晶硅一期、裕展精密等82个项目竣工；91个计划年内竣工项目完成投资204.7亿元，金谷实业、花花牛40吨乳制品等59个项目竣工。

（四）深化融合育动能

一是编制规划方案。编制了《郑州市工业互联网发展规划（2018～2025年）》《郑州市智能制造和工业互联网发展三年行动计划（2018～2020年）》《郑州市建设网络强市实施方案》。开展两化融合管理体系贯标对标，新增贯标企业5家，221家企业启动贯标工作，661家企业开展两化融合管理体系贯标工作，两化融合贯标、对标数量均居全省首位。

二是创建试点示范。积极创建各类试点示范企业（平台、项目），河南恒纯恒业科技、新天科技、河南力安测控科技等53家企业（项目、平台）入选省级服务型制造、制造业与互联网融合和物联网集成创新与融合应用等各类示范企业（平台、项目），郑州领袖梦舒雅、鸿富锦等15个企业（项目）获评国家级试点示范；机械工业第六设计研究院等10家企业入选河南省第一批智能制造系统解决方案提供商；海马汽车等20家企业获评省级智能车间（工厂）。

三是加快企业上云。大力实施“百千企业上云”计划，推进100家规模以上工业企业、1000家中小微企业上云。成功举办了首届智能制造和工业互联网对接大会，发布了全市首批12家“企业上云”云平台服务商推荐名单和19家培育名单，推动全市4693家企业上云。

四是推进军民融合。协调推进河南郑州军民融合产业创新基地（荥阳）、郑州军民融合创新创业科技园（马寨产业集聚区）、巩义市军民融合产业基地等军民融合专业性创新园区建设。郑州佛光发电设备有限公司、郑州宇通重工有限公司等4家企业得到河南省先进制造业（军民融合）发展专项资金支持，获得资金736万元。

（五）创新政策优环境

一是完善政策体系。制定并出台了《郑州市人民政府关于郑州市建设中国制造强市若干政策的补充意见》、“重点产业人才支撑计划”和“优秀企业家领航计划”等实施细则，推动出台了加快制造业高质量发展“1+N”

政策，形成了以《郑州市关于加快制造业高质量发展的若干意见》为总领，包括工业投资、工业企业培育、招商引资、工业用地、审批服务等一系列措施的政策体系。

二是推进政策资金落实。认真落实国家、省、市支持先进制造业发展和转型发展攻坚相关政策，全年落实制造强市奖补资金约2.1亿元，争取汽车产业等相关上级财政奖补资金超百亿元，有力支持了企业发展。

三是强化政策宣传。举办了市、县两级制造强市政策宣讲活动近40场次，基本做到全市规模以上工业企业全覆盖。同时，利用广播、电视、网站、微信等媒体广泛宣传各类惠企政策，依托《郑州日报》的《新时代新作为新篇章》《庆祝改革开放40年》《贯彻省委十届六次全会暨省委工作会议和市委十一届七次全会暨市委工作会议精神》等专栏，宣传郑州市工业信息化发展新成效、新举措，营造制造业高质量发展的浓厚氛围。

三 2019年郑州市工业经济运行形势分析

2019年郑州工业发展仍将面临日益复杂的国内外经济形势，有诸多挑战和压力，也面临诸多机遇和有利因素。

（一）主要压力和挑战

从国际方面看，全球经济继续保持稳步较快增长，复苏向好态势尚未改变，但由于中美贸易摩擦升级、美元持续升值、欧洲主要国家地缘政治风险等因素的影响，全球经济存在着较大的不确定性。发达国家和地区加快实施“制造业回归”战略，印度、东南亚等国家和地区加快制造业“中低端”承接，我国制造业面临着“双挤压”的挑战。中美经贸摩擦的持续对郑州市外向型企业将产生一定的不利影响。

从国内方面看，2018年我国全年GDP增长6.6%，较2017年回落0.3个百分点，根据3月5日政府工作报告，2019年GDP预计增长6%～6.5%。我国经济已由高速增长阶段转向高质量发展阶段，在采取必要的政策措施后，经济稳定运行势头巩固，质量效益稳步提高，发展的稳定性、协调性、包容性、可持续性进一步增强。区域经济竞争日趋激烈，沿海城市和发达地区经过前一轮的结构调整，在物联网、大数据等新兴业态的发展和布局方面抢占了先机，成都市、合肥市、广州市等城市相继出台政策措施，加大支持力度，推进制造业快速发展，郑州市面临的竞争压力较大。

（二）战略机遇和有利因素

从国际上看，中国作为制造大国的地位日益巩固和提升，随着在一大批重大技术领域的突破，中国制造在全球的影响力逐步扩大，国家提出“一带一路”倡议为我国沿线城市和地区加强与国际制造的合作提供了广阔的空间。郑州制造依托区位交通优势和铁路、航空、口岸功能的提升，参与全球制造合作的步伐显著加快，郑州制造在全球制造格局中的作用日渐显现。

从国内来看，党的十九大明确提出“贯彻新发展理念，建设现代化经济体系”，要“加快建设制造强国，加快发展先进制造业”，“促进我国产业迈向全球价值链中高端，培育若干世界级先进制造业集群”等重要论述，为全国制造业发展指明了方向。制造强国战略步入深入实施阶段，河南省坚定不移实施“制造强省”战略，大力发展“五大制造”，加快产业转型攻坚，产业系列攻坚方案陆续出台，同时制定了含金量高的财政支持政策。这些都与郑州制造发展紧密相关，有利于郑州工业进一步发挥优势，在全省新一轮制造业发展中把握主动、抢占先机，进一步提升其在中原经济区中的核心龙头地位。

从郑州来看，郑州制造的发展已经进入提质增效的新阶段，尽管转型升级任务艰巨，但电子信息、汽车及装备制造等战略性产业已形成规模，对全市工业增长的支撑作用更加突出，特别是郑州市已聚焦的国家中心城市、“中国制造 2025”试点示范城市、国家服务型制造示范城市、国家消费品“三品”战略示范城市、航空港经济综合实验区、中原经济区、中国（河南）自贸区、郑洛新国家自主创新示范区、跨境电子商务综合试验区等众多国家战略“红利”加快释放，制造业发展机遇空前。

总体上看，2019 年，郑州制造发展的机遇大于挑战，仍处于稳增长、调结构、促转型的重大战略机遇期，随着郑州国家中心城市建设步伐加快，全市工业经济仍有望保持平稳健康发展。

四 促进郑州工业高质量发展的对策建议

（一）突出强投资，大力实施“1312”行动计划

发挥好投资的关键性支撑作用，强力实施工业“1312”强投资计划，即到2020 年，累计实施新建工业项目 1000 个，完成投资 3000 亿元；实施1000 个重点技术改造项目，技术改造投资完成 2000 亿元。

1. 强化重大项目推进

坚持市、县两级联动，按照“开建一批、续建一批、竣工一批”推进要求，强力推进实施“三个一批”重大项目。力争郑州合晶硅二期、上汽年产 100 万台变速器、奥克斯空调生产基地、三全食品综合基地等一批项目开工建设，加快中铁智能化高端装备产业园、河南仲景药业生物医药生产线等一批续建项目推进；确保上汽二期、明泰交通新材料有限公司二期、白鸽磨料磨具整体迁建等一批项目竣工达产，形成全市工业经济有效增量。2019年，力争工业投资增长 10% 左右。

2. 强化技改项目实施

实施新一轮大规模技改，突出抓一批企业技术改造、智能化改造、绿色化改造项目，深入实施“三大改造”，推动企业持续提升技术创新、智能高效、绿色低碳和安全生产水平。重点实施郑州磨料磨具研发及产业化基地、海马汽车有限公司年产 10 万台乘用车增压汽油发动机等一批技改项目，郑煤机高端液压支架智能制造、新天科技智能工厂等一批智能化改造项目，嵩基水泥系统节能、中孚实业节能技术改造等绿色化改造项目。2019 年，力争全市技术改造增长 30% 以上，技术改造投资占全市工业投资的比重达到30% 以上。

3. 完善项目推进机制

推动落实市委市政府每年抓20个重大制造业项目，县（市、区）和开发区“一把手抓、抓一把手”的推进机制，每季度开展重大制造业项目观摩点评。建立制造业项目联席会议制度，定期研究协调解决项目推进难题。建立健全郑州工业项目App（在线监测管理服务系统），滚动征集项目，加强对重大新建项目、技改项目监测服务。落实推进审批便利化支持制造业发展若干措施，建立专人咨询团队，开展项目审批流程咨询、代办帮办等服务，为项目落地建设提供专业化、保姆式服务。对制造业项目审批实行“双容缺双承诺”，优化审批流程，缩短审批时限，加快项目落地。加强项目统计工作，推进项目及时统计入库。

4. 强化项目咨询服务

围绕郑州市电子信息、新能源和智能网联汽车、高端装备制造、新型材料等产业发展，面向全国大专院所、科研机构和重点企业高新技术人才征集一批行业专家，组建高水平专家咨询团队，建设制造业项目专家咨询委员会，面向全市企业和项目开展项目建设咨询服务。开展百企千项咨询服务活动，每年组织专家团队对100家规模以上工业企业和1000个项目的生产工艺、技术和流程等进行把脉问诊，帮助企业谋划一批智能化、绿色化和技术改造项目，为企业改造提供技术辅导和支持，提高企业项目建设水平。

（二）着力调结构，促进制造业提质增效

1. 强化结构调整

开展传统产业结构调整专项行动，研究并制定全市传统产业结构调整行动方案，加快对水泥、耐材、电解铝、碳素等重点行业战略性结构调整，分类施策，强化推进。鼓励企业实施以信息化、绿色化、智能化、供应链管理为重点的技术改造，强化关键基础材料、先进基础工艺、产业技术基础建设，利用新技术、新工艺、新装备和网络技术实现机器换人、流程创新、产品创新和模式转变，利用先进生产工艺、技术开展改造，支持企业建设一批国家级、省级绿色工厂和智能工厂。支持传统行业企业通过兼并重组等方

式，形成规模化发展，提升市场竞争力，鼓励已完成资本积累的企业将资金投向新产业、新业态，形成集团化、多元化发展新优势。

2. 优化产业布局

落实市委市政府《关于进一步明确区域功能定位和调整主导产业布局的通知》，按照"一区一主业"的原则，围绕各区域功能定位和主导产业特点，统筹全市产业布局，加快形成错位发展，主导产业突出、竞争有序的发展格局。积极推进城镇人口密集区危险化学品生产企业搬迁改造，严格遵守安全、卫生、环保等有关规定，对达不到相关标准规范的，按照要求实施就地改造、异地迁建、关闭退出。强化区域整治，加大耐材、建筑机械加工、碳素、采碎石、氯化石蜡、刚玉、石灰窑等行业的整治力度。推进主城区工业企业退城入园，制定专项工作方案，对不符合城市总体规划、产业定位、环保要求的相关企业，积极引导其搬迁进入相应的工业园区、产业集聚区，及时协调解决企业搬迁过程中遇到的土地、资金等各种困难和问题，加快企业转型升级，进一步推动产业集聚发展。

3. 调优产能结构

持续推进淘汰落后产能，建立健全市场化、法治化、常态化工作推进机制，对不符合能源消耗、污染物排放、产品质量、安全生产条件、工艺技术装备等政策要求的落后产能，要依法依规予以关停或取缔，着力减少无效低端供给。加快化解过剩产能，综合运用法律法规、经济手段和必要的行政手段，积极化解煤炭、火电、水泥等行业过剩产能，巩固"地条钢"清理成效，严防死灰复燃，全面提高供给体系质量和效率。

（三）开展大招商，厚植制造业开放合作优势

坚持"走出去"与"引进来"相结合，不断提高招商引资实效，持续扩大制造业开放合作，深度融入全球制造格局。

1. 强化招商顶层设计

编制郑州市制造业招商目录，制定并实施年度制造业招商引资工作方案。围绕主导产业转型方向、先进制造业集群构建、"5＋5"产业转型升级

和培育方案等，突出“延链、补链、强链”，深度谋划招商项目，梳理一批产业关键链条靶向项目。建立招商引资项目发布平台，依托全市工信、商务等系统信息平台，向全球发布郑州制造业项目需求与合作信息。强化招商引资督导考核，落实郑州市制造业招商引资办法，提高制造业招商引资在招商工作考核中的权重。健全招商机制，理顺招商体制，各县（市、区）围绕重点产业、重点区域，组建招商引资队伍，各县（市）、上街区和开发区年度制造业招商20亿元以上项目不少于2个，10亿元以上项目不少于3个，其中开发区50亿元项目不少于1个，市内五区和郑东新区服务型制造和生产性服务业招商引资10亿元以上项目不少于2个，5亿元以上项目不少于3个。推进“一把手抓、抓一把手”招商责任机制落实，各县（市、区）党政一把手每年带队走访对接制造业企业均不少于4次。建立市、县多部门制造业招商引资联席会议制度，统筹全市制造业项目引进与布局，协调招商引资中的各类问题。2019年，力争全市签约亿元以上工业项目不少于100个，总签约额不低于1500亿元。

2. 强化产业精准招商

落实县（市、区）制造业“五职”招商责任，强化主导产业招商。加大央企、军工企业的引进与合作力度，推进现有企业新建项目的布局。突出集群招商，围绕先进制造业集群培育，突出产业链承接和产业集群式引进，精准引进和布局一批“龙头＋配套”、集产业链“研发＋平台＋服务＋人才”为一体的项目群。创新招商方式，强化与专业招商机构、协会联盟合作，广泛采取精准招商、以智招商、以商招商、平台招商等新兴招商方式，着力引进一批中高端制造业项目。开展系列大招商活动，强化区域对接，依托豫沪战略合作平台，深化与长三角产业对接，积极承接平台型和先进制造业项目；把握北京加快疏解非首都功能机遇，深化环渤海区域对接，着力引进一批集团总部、产业龙头、高新技术企业和项目；依托商协会、知名投资机构深化与珠三角区域合作，着力引进智能终端、生物医药、汽车及零部件、食品、纺织服装和家电家具等合作项目。加强招引项目动态监测分析，强化跟踪服务，提高招引项目签约率、资金到位率，确保招商实效。

3. 强化区域产业合作

加强郑州大都市区制造业合作，协同新乡、许昌、焦作、开封等地市，积极推进郑新、郑许、郑焦、郑开产业带融合共建，发挥好郑州在人才、创新创业、区位交通等方面的优势，吸引新乡、许昌、开封等地市的行业龙头企业，在郑设立企业总部、设计研发机构等，融通产业链条，提高协作水平，着力形成“郑州研发设计+周边地市协同制造”“郑州总装集成+周边地市零部件生产”的协同制造的新格局。推动大都市区制造业统筹布局，依托各类新型工业化产业示范基地、产业集聚区、工业园区等载体，推动产业集聚，完善产业链条，加快建成一批领军先进制造业集群，打造中原经济区制造业高质量发展新高地。

4. 强化国际产业合作

依托航空港区、自贸区等开放平台，发挥“空中、陆上、网上”三条丝绸之路优势，积极对接“海上丝绸之路”，加快制造业国际产业合作步伐。一是积极参与国际产能合作。深度融入“一带一路”，加强与中亚五国的产能合作，加快郑州制造“三优出海”（优势产能、优势装备、优势企业出海），推动重点制造业企业“走出去”。二是积极参加国际产业合作对接活动。组织企业赴欧美日韩等发达国家和区域，围绕高端装备、数控机床、机器人、新能源汽车、新型材料、电子信息等领域广泛开展产业合作对接活动。三是探索建立国际合作交流机制。以国内外各类产业交流活动为契机，积极对接国际商协会和企业联盟，推动建立郑州市与发达国家产业合作交流机制，加快郑州制造融入全球制造大格局。

（四）构建创新链，加快制造业新旧动能转换

坚持创新驱动，围绕产业链，部署创新链，加快建设推进制造业高质量发展的自主创新体系。

1. 加快创新平台建设

加快建设制造业创新中心，落实《郑州市制造业创新中心建设实施方案》，积极在食品、电子信息、装备制造等领域组织开展市级制造业创新中

心创建及培育工作，争取在超硬材料、电子信息等领域认定一批省、市制造业创新中心。开展郑州市市级企业技术中心认定工作，力争全年新增市级企业技术中心10家以上。推进工业设计中心建设，协同推进制造业工程技术中心、公共技术服务平台、国家地方联合实验室、制造业双创平台、新型研发机构等各类创新平台建设，修订《郑州市2019年重点行业（领域）急需紧缺人才需求指导目录》，引导急需紧缺人才向全市重点产业集聚，不断优化制造业创新生态。

2. 提升研发和转化水平

提高制造业研发投入，全面落实《郑州市激励引导企业加大研发投入实施方案》，发挥制造业企业创新的主体作用，推动企业加大在技术改造、新产品研发、核心技术攻关等方面的研发投入，推动改进研发统计工作，力争全市研发投入增长10%以上。加快培育技术创新示范企业，争创一批国家、省技术创新示范企业。推进产学研精准对接，发挥科研院所、新型研发机构、产业（创新）联盟、行业协会作用，与企业开展多种形式、多种层次的对接，形成常态化对接机制，加快科技成果的转化。结合国家、省重大科技专项，协同推进实施制造业重大科技专项，力争在智能网联汽车、氢燃料电池、超级电容等领域实现新突破，提高制造业创新能力。

（五）深度促融合，培育制造业发展新动能

加快互联网与制造业融合、服务业与制造业融合，大力发展智能制造和服务型制造，加速形成郑州制造新动能。

1. 大力发展融合制造

一是提升两化融合水平。实施两化融合管理体系贯标活动，培育一批两化融合贯标企业。力争2019年，两化融合贯标企业及启动贯标企业达到20家以上，累计对标数量达到1000家。二是大力发展智能制造。实施《郑州市智能制造和工业互联网发展三年行动计划（2018～2020年）》，建立全市智能化改造项目库，开展智能制造标准引领行动，推进智能制造系统解决方案提供商培育行动，加快以“机器换人”“设备换芯”“生产换线”为重点

的智能化改造。力争2019年，建成15个以上智能工厂（数字车间），推动25家企业实施智能化改造，培育1～2家智能制造整体解决方案提供商。三是加快发展服务型制造。充分发挥国家级服务型制造示范城市的引领作用，推进制造业互联网深度融合、制造业服务业深度融合，深入推进企业、行业和园区示范，加快建设企业云、专业性、区域性和公共技术服务平台，积极创建国家、省大规模个性化定制、网络协同制造、产品全生命周期管理等服务型制造各类试点示范企业（项目、平台），力争2019年，建成国家、省级示范企业（项目、平台）60家以上。

2. 加快互联网制造业融合发展

实施《郑州市工业互联网发展规划（2018～2025年）》，加快工业互联网平台建设，在汽车及装备制造等领域推进大型企业（行业）工业互联网二级标识解析建设，积极引进全国综合性工业互联网平台和骨干龙头企业行业性平台在郑布局，打造跨地域、跨领域的综合性工业互联网平台；依托行业龙头企业，开放企业内部和产业链上下游资源，打造行业互联网平台；支持优势电子商务平台向工业互联网平台转型。力争2019年，培育1～2个行业工业互联网平台。实施"百千企业上云"计划，落实企业上云补贴政策，引导企业将基础设施、平台系统、业务应用、设备产品向云端迁移。利用"中原物联网体验中心"，积极选树重点行业的优秀解决方案和标杆案例，开展企业上云示范案例推广。2019年，推动100家规模以上工业企业、1000家中小企业上云。

3. 加快军民融合发展

依托新材料、精密机械加工、高端装备制造等军民融合重点潜力领域，有效引导"民参军"；主动对接驻郑军工单位，大力支持"军转民"。鼓励企业使用《国防科技工业知识产权转化目录》中推荐的技术成果，加快开发和实施一批军民两用技术产品。加强与省内外军工单位对接，加快引进综合实力强、科技含量高的军民融合型企业。加快河南郑州军民融合产业创新基地（荥阳）、河南军民融合产业基地（巩义）建设进度，尽快形成集聚示范效应，支持二七区加快建设郑州中物军民融合创新创业科技园项目，争创省级军民融合产业基地。

（六）服务提效能，营造制造业良好发展环境

坚持把企业需求作为服务导向，健全服务机制，深化审批改革，落实扶持政策，提振企业发展信心。

1. 强化要素保障

强化工业用地保障，落实拓展发展空间、保障工业用地需求的若干措施，建立工业用地收储制度，每个重点县（市、区）确保2000亩以上工业收储用地规模，保障工业项目用地。充分利用1000亿元的国家中心城市产业引导基金和5亿元担保基金，支持重点企业发展和重点项目建设。加快发展产业链融资，支持有条件的企业设立财务开发公司，提高企业资金运作效率，提高企业资金需求保障能力。大力发展金融租赁，支持金融租赁公司为制造业企业提供融资租赁服务。支持银行创新金融产品，为制造业企业提供供应链金融服务。支持融资担保机构扩大对制造业企业的担保规模，缓解企业流动资金紧张的问题。

2. 强化政策扶持

开展制造业高质量发展“1＋N”系列政策宣讲活动，联合职能部门，按照行业和区域相结合的方式，开展送政策进县市、进园区、进企业系列活动，力争实现规模以上企业全覆盖。严格落实制造业项目建设、招商引资考核办法，强化目标考评，提高制造业在全市绩效考核中的权重。研究并出台工业企业“小升规”扶持政策，建立“小升规”重点培育企业库，并对企业给予适当奖补，强化对新升规企业的融资、用地、公共服务等政策扶持。推动出台金融业支持制造业高质量发展的政策措施，建立金融对接制造业服务平台，鼓励扩大各类金融主体支持制造业发展资金规模。加大国家、省、市三级资金政策落实力度，提振企业发展信心。落实各级减负政策，着力降低企业用能、用工、物流、制度交易等各类成本，切实减轻企业负担。

3. 深化企业服务

强化运行监测服务，做好对龙头企业、重点企业运行数据的监测，优化信息管理系统，提升工业运行监测分析、预判预警能力，坚持每月召开全市

工业经济运行分析会，继续落实分包督导县（市、区）制度，密切关注重点区域、重点行业、重点企业运行情况，及时进行分类施策、分企施策。用好企业服务平台，完善企业服务联席会议制度，定期召开联席会议，加强市县联动和部门联动，建立企业问题收集、交办、反馈机制，完善三级问题处理体系，深入开展“千名干部帮千企”活动，协调落实企业反映的实际难题。深入开展深化产销、人才、产融、产学研“四项对接”和“企业家接待日”活动，积极组织企业参加国内外各类制造业展会、博览会等，加强交流合作，扩大市场影响力。

4. 提高行政效能

发挥市工业发展工作组作用，协调发改、统计、国土、财政、商务、金融等部门协同推进制造业发展。深化“放管服”改革，推动落实审批服务便利化支持制造业发展若干措施，加快推进“容缺受理、承诺办理，精减事项、并联审批，区域综评、联合验收，信息共享、一网办理”等制造业行政审批改革事项，大力实行“三专”服务，全流程打通制造业项目落地建设的“绿色通道”，让企业少跑腿，让数据多跑腿，着力打造一流的便捷化、国家化、法治化制造业发展营商新环境。

参考文献

谷建全：《瞄准发力点 持续推进河南工业转型升级》，《河南日报》2018年5月29日。

吕铁：《着力优化产业结构 推动河南经济高质量发展》，《河南日报》2018年7月25日。

河南省工业和信息化委员会：《创新引领智能转型 河南加快建设先进制造业强省》，《中国电子报》2017年10月17日。

王中亚：《高质量发展阶段的河南先进制造业强省建设问题及对策》，《当代经济》2018年第23期，第51~53页。

B.17
2018 ~2019年驻马店市工业经济运行态势分析与展望

梁吉强　夏晓山 *

摘　要： 2018 年，驻马店紧紧围绕打造“产业发达之城”的战略目标，坚决打好转型发展攻坚战，倾力打造工业发展高地，工业经济运行态势良好，产业集群优势更加凸显，重点企业效益再创新佳绩，科技创新发展再结新硕果，智能制造发展迈出新步伐，但也存在着下行压力大、质量效益低、企业融资难、成本攀升高等问题。2019 年，要突出抓好项目、转型、骨干企业、服务、创新、培训等关键环节，着力构建智能制造带动引领、工业互联网示范应用、支撑产业同步发展的先进制造业发展新格局。

关键词： 驻马店　工业运行　工业互联网

2018 年以来，全市工业战线紧紧围绕打造“产业发达之城”的战略目标，认真贯彻落实国家和省、市关于工业经济发展的决策部署，抢抓机遇、聚焦关键、趁势而上、主动作为，坚决打好转型发展攻坚战，倾力打造工业发展高地，全力保障工业经济平稳较快增长。

---

* 梁吉强，驻马店市工信局副局长；夏晓山，驻马店市工信局，科长。

一 2018年驻马店工业经济运行分析

（一）工业经济运行态势良好

2018 年 1～11 月，全市规模以上工业增加值同比增长 8.5%，高于全省 1.6 个百分点，增幅居全省第 1 位，自 5 月以来，持续居全省第 1 位；全市规模以上工业主营业务收入同比增长 7.1%；全市规模以上工业利润同比增长 42%，环比提高 20.8 个百分点。

（二）产业集聚发展跃上新台阶

食品、装备制造、轻纺、能源煤化工、建材、生物医药等六个优势产业在规模以上工业总量的占比分别为 28%、22%、20%、15%、10%、3%。千亿元级食品产业集群初见雏形，新能源电动车、生物医药、电子电器等战略性新兴产业初具规模，装备制造、轻纺产业突破 600 亿元，初步形成特色百亿元产业集群 7 个，成为全国最大的半挂车、调味品生产基地，全国重要的原料药生产基地。

（三）重点企业效益再创新佳绩

2018 年 1～10 月，全市重点监测的百户工业企业主营业务收入同比增长 7.99%；实现利润 31 亿元，同比增长 32.89%，其中白云纸业、天方药业、豫龙同力的主营业务收入分别同比增长 90.48%、59.42%、42.56%。重点企业效益持续高速增长，有力支撑全市工业经济稳中向好。

（四）科技创新发展再结新硕果

积极推进工业企业科技创新，着力提高科技对工业增长的贡献率。两年来，全市新增省级以上企业技术中心 8 家，工程研究中心 2 家，工程实验室 4 家，省级以上研发机构 44 家。建成 10 万多平方米的创新型企业孵化基地，入驻小微创新创业型企业10余家，并成功孵化了苏源管业、中多铝业等一批重点项目。

（五）智能制造发展迈出新步伐

成功创建河南省智能工厂3个、智能车间6个，建成智能化示范生产线60条，实现基础设施、业务系统、设备产品“上云”企业达到300家。纳入河南省机器人“十百千”示范应用倍增工程示范项目5个，示范应用机器人（数控机床）131台（套）。11月，驻马店市在全省智能制造观摩点评活动中取得了小组第2名的较好成绩。

（六）非公有制经济和中小企业取得新发展

预计到2018年底，全市非公有制经济发展到24.7万家，吸纳就业人员224.4万人，实现增加值1306.1亿元，同比增长6%；实现主营业务收入4668.2亿元，同比增长8%；实现税金80.4亿元，同比增长6.7%；实现利润583.9亿元，同比增长7.2%。全市中小微企业已发展到1.31万家，吸纳就业人员66.2万人，实现增加值684.5亿元，同比增长6.5%；实现主营业务收入2361.6亿元，同比增长5%；实现税金39.5亿元，同比增长5%；实现利润270.8亿元，同比增长5.1%。

二　推动工业经济平稳运行的主要举措

（一）高位驱动，强化政策引导

一是市委市政府出台了“产业强市30条”、“扶优扶强19条”、《驻马店市智能制造和工业互联网发展三年行动计划（2018～2020年）》、《驻马店市食品产业转型升级行动计划（2018～2020年）》等系列纲领性文件，以智能制造为引领，促进工业经济加快转型升级。二是加强政策宣传。举办新闻发布会，对产业强市“1+N”进行解读和宣传。编制并印发《驻马店产业强市1+5一次办妥1+9文件汇编》《驻马店市惠企政策宣讲团资料汇编》，深入各县区开展政策宣讲10余场次，帮助企业用足、用好政策。三是加强综合考核。年初开展了2017年度工业经济和服务企业工作综合考评，在全市产业集聚区项目观摩暨工业发展大会上，对2017年度工业经济创新发展、服务企业、纳税先进工业企业等先进单位、先进个人进行了表彰。适应新形势及时修订了工业经济考评办法，开展了2018年上半年兴工强市考核，对工业经济发展成效突出的驿城区、平舆县、高新技术产业开发区等3个县区给予通报表扬和资金奖励，大力营造干事创业、竞相发展的氛围。

（二）多措并举，稳定工业增长

一是健全工作机制。建立工业经济运行联席会议制度，强化监测分析的系统性、科学性和可操作性。建立县区、中心城区重点企业月例会制度，及时了解掌握工业经济运行的态势和趋势。二是加强数据直报。依托省、市工业经济运行监测预测平台，对全市百户工业企业重点监测分析，对遇到的突出问题做到早知道、早预防、早应对。三是做好月度分析。认真编写全市工业经济运行月报，为各级领导科学决策提供依据。四是深化产业合作。积极组团参加2018中国（郑州）产业转移系列对接活动，签约项目55个，总投资437.9亿元，引进省外资金391.5亿元，居全省前列。成功举办中国国际农产品加工产业园承接产业转移专题对接活动，共签约合同项目46个，总投资298.9亿元。五是强化督导服务。每月对各县区工业经济运行、工业项目建设等情况实地督导服务，加快推进184个重点工业项目早日达产见效，支撑工业经济平稳较快增长。

（三）优化存量，加快“三大改造”

一是推进智能化改造。深入开展机器换人、生产换线、智能车间、智能工厂、智能园区、企业上云等六个专项行动，成功创建河南智能工厂3个、智能车间6个，建成智能化示范生产线60条，纳入河南省机器人“十百千”示范应用机器人（数控机床）131台（套）。驻马店市在全省智能制造观摩点评活动中取得了小组第2名的较好成绩。成功举办全市智能制造观摩点评活动，提高认识、交流经验、促进工作。建立智能改造和工业互联网专家组，诊断服务企业100多家。成功培育河南省智能制造系统解决方案优秀供应商1家、河南省智能装备企业2家。二是推进绿色化改造。组织5家企业开展自愿性清洁生产审核工作，完成省定目标任务，中多铝镁被评为第二批国家级绿色工厂。对绿色化改造重点项目建设情况摸底调查，组织中集华骏、天方药业申报省级绿色制造系统集成项目。成功举办了“绿动河南”（驻马店站）工业绿色发展宣贯活动，宣贯政策、解读标准、交流经验，加快推动工业绿色转型升级。三是推进技术改造。建立技术改造项目库，2018年上半年共入库项目345个，其中重点项目140个，总投资973亿元，2018年计划投资497.1亿元。11个项目申报2019年度河南省先进制造业发展专项资金，目前正在公示。

（四）提升质量，加强行业管理

先后举办“蔡洪坊”杯驻马店市迎新春诗酒大会暨驻马店展示展销会等系列活动，成立了全市食品行业协会。组织7家企业申报2018年智能制造综合标准化与新模式应用项目，恒久机械等优秀装备制造企业入选河南省智能制造案例集。制定了《驻马店市2018年新能源汽车推广应用实施方案》，推广应用新能源汽车3677辆（折合标准车）。及时拟定与上汽通用五菱汽车的框架合作协议，成立4个专项工作组，建立周例会制度，加大示范应用推广力度，推动新能源汽车整车项目有序进行、加快落地，着力打造千亿元级新能源汽车产业基地。开展工业企业节能减排和工业领域环境污染防治攻坚战工作，做好2018～2019年秋冬季重点行业错峰生产，其中豁免企业3家，限产企业11家、停产企业102家，全部限停产到位。认真落实“党政同责、一岗双责”，加强工业行业安全生产；切实履行对煤炭、民爆行业的安全监管责任，持续推进洁净型煤建设，深入开展提升运输设备等专项整治活动，专项检查20次，查出安全隐患236条，整改率达98%。

（五）聚焦主体，大力发展中小微企业和民营经济

一是出台相关文件。制定并印发《关于促进非公有制经济健康发展的实施意见》，进一步加快民营经济发展。二是实施企业培育工程。起草了《驻马店市小微企业新升规模以上企业培育工作方案》，促进小微企业发展壮大。在全市促进非公有制经济健康发展大会上，对29家优秀非公有制企业进行了表彰。蓝天集团、十三香集团成功入选河南省优秀民营企业。三是培育特色产业集群。成功培育新能源电动车等3个中小企业特色产业集群，促进资源配置优化和生产要素有效集中。四是实施企业家培育工程。制定并印发《关于营造企业家健康成长环境弘扬企业家精神发挥企业家作用的实施意见》等文件，为200多位年度纳税500万元以上的企业家提供健康体检服务，增强企业家的归属感、荣誉感、获得感。16名优秀青年企业家进入河南省青年企业家库。五是举办专题论坛。成功举办300多人次参加的第十三届豫商大会分论坛“产业模式创新与高质量发展国际研讨会”，为新兴产业加快发展提供智力支持。

（六）深化服务，优化营商环境

一是完善服务机制。制定并印发了“服务企业22条”，健全千名干部帮千企、首席服务员等制度，发动广大领导干部为企业提供全过程、全天候服务。二是搭建政企联络直通车。建立服务企业、强优企业等微信群，覆盖中小企业近千家；构建企业服务邮箱、服务热线、网络公共服务平台等全方位服务体系，极大提高了企业问题的办结率。三是深入开展企业服务日活动。每月15日，市、县两级主要领导带领有关部门深入企业现场解决问题，一些存在多年的问题得到有效解决。四是加强人才队伍建设。举办产业强市大讲堂6次，产业转型升级专题研讨班4期，上市辅导、工业统计等专题培训12场次，参训人员共计4000余人次，同时，组织企业赴上海、重庆、深圳、长沙、武汉、哈尔滨等地考察学习10多次，开阔了眼界，锻炼了队伍，着力培育领军型企业家和高端专

技人才队伍。五是加强两项对接。加强用资对接，截至目前，共征集资金需求项目66个，需求总额45.82亿元；在全市范围内开展银行业金融机构“百企结亲”活动，积极破解企业“融资难”“融资贵”问题。加强用人对接，在全省招才引智创新发展活动中，组织280多家企业在网上发布人才需求信息，昊华骏化等6家企业现场招聘，收到求职意向书100多份。六是强化跟踪问效。实施台账管理、问题清单、限时办结等制度，截至10月30日，共收集用电、交通、用地等涉企问题1069个，问题解决率87%。

三　驻马店工业经济存在的问题及其原因

目前，影响全市工业经济运行的困难和问题突出表现在以下四个方面。

（一）下行压力大

一是外部环境复杂严峻。2018年初以来，国际国内环境异常复杂严峻，中美贸易摩擦不断加剧，对我国经济和金融环境产生较大影响，更在很大程度上削弱了民间投资的预期和信心，工业经济下行压力倍增，完成全年目标任务压力极大。二是进度与预期有差距。从目标任务完成看，前三季度11个县区中有6个县区生产增速低于全市平均水平，最低的两个县区生产增速均低于全市平均水平0.5个百分点。

造成工业经济下行压力大的原因是，部分产业集聚区生产增速放缓，带动能力弱；部分县区工业用电量同比下降，下拉作用明显；县区新增入库企业数量少，支撑能力有限；部分用电大户企业用电量增速下降明显，据统计，前三季度，全市15家用电大户企业同比增长12.15%，较2017年同期回落6.48个百分点。其中，昊华骏化较2017年同期回落10.54个百分点、天方药业较2017年同期回落37.72个百分点、白云纸业较2017年同期回落5.57个百分点、豫龙同力较2017年同期回落19.87个百分点。

（二）质量效益低

虽然因主要能源原材料价格大多高位运行，传统行业效益保持了较高增长，但整体工业效益在下滑。前三季度全市规模以上工业实现主营业务收入同比增长0.6%，增速较前八个月下降12.8个百分点；实现利润同比增长21.2%，增速较前八个月下降2.7个百分点。多数企业是传统产业，产品附加值偏低，且第三季度是生产销售的淡季，又因市场环境的影响，部分企业因限产、停产检修、开工率不足、客户流失、订单减少、产量下降等因素，企业发展减缓；部分工业产品价格下降，截至2018年9月，昊华骏化纯碱每吨1750元，较2017年同期降低300元，同比增长－14.63%；大程粮油小麦粉每吨3000元，较2017年同期降低200元，同比增长－6.25%；华中正大金霉素每吨10601元，较2017年同期降低1364元，同比增长－11.4%。

（三）企业融资难

据调查，传统行业企业遭受"信贷歧视"，贷款新增困难，续贷形势严峻，资金链条极其紧张。与此同时，企业融资成本攀升较快，大中型企业贷款利率普遍上浮，很多中小企业贷款综合成本高达10%以上，是当前贷款基准利率的2倍以上，企业利润很大一部分流向银行，利润空间进一步压缩。

（四）成本攀升高

企业用人成本、物流运输成本、原料价格一直高位运行，导致企业成本攀升高。同时，又因下游加工制造产业利润不断压缩，经营活力和潜力明显削弱。

四　推动驻马店工业高质量发展的对策建议

2019年，全市工信系统持续实施产业强市战略，以两化融合为主线，以高端化、绿色化、协同化为目标，坚持市场导向、问题导向、创新导向、服务导向，示范引领、破解瓶颈、活跃企业、营造环境，着力构建智能制造带动引领、工业互联网示范应用、支撑产业同步发展的先进制造业发展新格局。

（一）抓项目，做大工业总量

以港澳台、珠三角、长三角、京津冀为基地，发扬“五皮”精神，加大工业招商力度，集中精力引进一批基地型、龙头型项目，形成储备一批、开工一批、竣工一批、达效一批的良性循环。建立“三个一”推进机制，每月对重点工业项目进行跟踪问效、动态管理、督导服务，及时通报进展情况，加压驱动，夯实责任，推动项目早落地、早建成、早见效。

（二）抓转型，加快动能转换

紧紧抓住智能制造这个“牛鼻子”，坚持企业主体与政府引导协同发力，推动由“要我干”到“我要干”转变；坚持示范引领与集群推进协同发力，推动工业由点到面的转变；坚持一企一策与打造行业标杆企业协同发力，推动由跟跑模仿向创新赶超转变；企业改造与新建项目协同发力，推动由传统产业改造为主向整体行业提升转变。推进全市智能制造观摩点评活动常态化开展，加快构建新制造业体系。

（三）抓骨干，壮大企业集团

集中力量、集中资源支持昊华骏化、中集华骏、天方药业等重点企业开展多种形式的高位嫁接、合资合作、战略性重组，加快规模裂变扩张，形成具有核心竞争力、重要引领作用的大型企业集团。围绕打造全产业链，引导和支持食品、装备、轻纺、建材等行业龙头企业跨地区、跨行业、跨所有制进行战略合作，实现资源高效配置，提高行业集中度，占领产业新高地。

（四）抓服务，打造一流环境

以每月 15 日的企业服务日活动为载体，围绕企业需求开展全方位、立体式的高效廉洁低成本服务。充分发挥服务企业专项督查作用，继续实施当日汇总、每周通报、月末点评、季度总结、年终奖惩等工作机制，推动服务企业工作制度化、规范化、常态化、高效化，着力打造高效廉洁的政务环境、诚信法治的市场环境、重商亲商的社会环境、产城融合的发展环境。

（五）抓创新，激发发展活力

支持重点企业建设国家级重点实验室、工程研究中心、技术创新中心等创新平台，支持龙头企业整合上下游创新资源建设制造业创新中心。建设一批孵化器、创客空间和公共技术服务平台，激发全社会创新创业活力。引导社会资源和创新要素向科技创新型企业流动，通过企业自主创新体系的完善、创新能力的提高，加快科技成果转化和产业化，推动产业向中高端迈进。

（六）抓培训，强化队伍建设

持续做好企业家培训工作，“引进来”“走出去”相结合，每季度举办一期产业转型升级研讨班，两个月举办一次产业强市大讲堂，提升企业家素质，增强企业创新发展能力，着力打造一批在全省乃至全国有影响力的企业集团。推动做好优秀企业家评选表彰工作，在全社会营造尊重和激励企业家干事创业的浓厚氛围。

参考文献

张志娟：《基于创新驱动的河南省制造业转型升级研究》，《全国流通经济》2018年第35期，第62～64页。

张相木：《制造业竞争切换至“智能”赛道》，《纺织机械》2018年第6期，第54～56页。

卢万青、陈万灵：《营商环境、技术创新与比较优势的动态变化》，《国际经贸探索》2018年第11期，第61～77页。

企 业 篇

Enterprise Article

B.18
梦祥银品牌文化建设研究

牛全保　郭鹏飞 *

摘　要： 改革开放四十年来，制造业一直是经济发展的重要推动力，新时期在“中国制造 2025”的带动下，企业要实现转型升级，而品牌建设以及品牌力的提升是企业生存和发展的重要法宝。梦祥银在改革开放的浪潮中深深扎根中原大地，定位传统吉祥银饰文化，积极向社会传递吉祥、好运的产品理念。通过科学制定品牌战略发展规划，营造品牌成长的优良环境，加强品牌文化宣传，不断开拓进取，提升品牌力，获得“中国驰名商标”的殊荣，成为银饰品行业中的领先者。本文以梦祥银获得中国驰名商标为案例进行研究，希望能够为河南省工业企业打造新名片、提升品牌竞争力、取得新发展提供借鉴。

* 牛全保，河南财经政法大学工商管理学院院长，教授；郭鹏飞，河南财经政法大学工商管理学院研究生。

关键词： 梦祥银　品牌文化　中国驰名商标

一　梦祥银公司基本情况

河南梦祥纯银制品有限公司（简称“梦祥银”或“梦祥”），创立于1993年，2017年拥有现代化标准厂房9800多平方米，展厅8000多平方米，员工1000多人，各类专业技术人员及管理人员近百人，全国市场有5000多家加盟商合作伙伴，近万个销售网点，实现了黄金、珠宝、银饰全国免费终身调换。

薪火相传，梦祥相伴。梦祥以“为中国纯银制品享誉世界而孜孜以求”为理念，以继承和弘扬中国传统文化为己任，坚持卓越匠人精神，历经二十多年发展，从一家普通的银饰加工厂，成长为一家贵金属和轻奢品行业领军企业。目前旗下拥有金梦祥、梦祥银、盈祥银、梦祥盛世、九龙银象等多个品牌，是一家集黄金、K金、钻石、珠宝、玉石和白银首饰设计、生产研发、模具加工、批发、销售为一体的企业。

梦祥集团总部工厂拥有专业设备数百台，确保品质和工艺水平。同时在多地设置了展销中心，实现了坐镇中原、构架全国营销网络的品牌推广战略。通过不懈努力，梦祥成为银饰品行业为数不多的获得“中国驰名商标”和“全国质量诚信标杆典型企业”等荣誉称号的企业。梦祥始终以传播传统文化为己任，塑造品牌新形象，不断探索行业发展新思路和新模式，用银饰品传递中华传统文化，讲好中国故事。梦祥银品牌的独特发展之路为河南省工业企业，尤其是与传统文化息息相关的企业带来了成功的经验。

二　从产品到品牌和文化的跨越

（一）银饰产品

产品是承托企业品牌和文化的物质载体，也是企业生存与发展的基石。

尤其对于企业来讲，生产能够满足消费者需求的好产品有利于在激烈的市场竞争中立于不败之地。梦祥自创立以来一直将传统文化植入产品中，以“精于工，匠于心，有情怀，有初心”的理念去发展银饰产品，打造了一个立足中原，辐射全国乃至全球的白银传奇。

在产品设计上，梦祥既有传承又有创新。银饰产品的生产技艺代代相传，一锤一錾都是时间最好的证明，因此在产品设计上，梦祥始终做到将优秀传统文化中的价值、符号和意向融入其中，向世人传递美好的产品设计理念。现代多元文化的交融改变着我们的社会，给企业的经营发展既带来挑战，也带来了新元素，加快了创新的步伐。为了迎合消费需求的变化，梦祥在产品设计上大胆地进行创新，在传统的白银文化中融入个性化元素，接受私人定制，通过每一款产品向外界讲述一段故事。

首先，梦祥从源头做起，原材料国家专供，在生产中严格把控，出厂时又严格检测，一道道工序确保最后的产品质量。其次，梦祥利用从全国各地引进的银制品制作工艺大师，发扬工匠精神，确保每一件产品的质量，从而打造本行业最优质的、其他同行无法匹敌的卓越产品。在生产流程上，每一步操作标准化的同时又具有一定的创造性，赋予每一件产品独特的内涵。

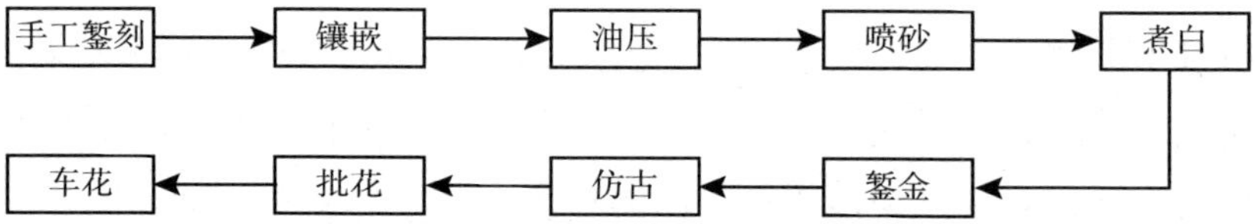

图1　梦祥产品生产工艺流程

在产品营销上。梦祥始终坚持差异化营销，将产品线重新划分，又构建不同组合方式。比如梦祥将人从 0 到 100 岁划分为不同的年龄阶段，匹配不同的产品，进行差异化营销。梦祥还充分发挥终端销售门店的作用，实现产品信息的传递和文化的传播，现代意义上的营销已经不再单纯以产品为核心，而是以消费者为核心，因此产品营销应该与顾客营销相结合，共同推动企业的发展。

产品虽然不会说话，但是卖产品和制造产品的人却赋予产品生命。银饰产品虽然依托于传统，但是却焕发着新的气息，企业组建新产品研发小组，通过不断的创新来构建企业的专利资源数据库。同时积极参与行业标准的讨论和制定，引领行业发展。

（二）开创品牌

品牌是一种无形资产，意味着知名度，会带来凝聚力和扩散力，会推动企业更好地持续发展。梦祥在 25 年的发展过程中，一直致力于品牌建设，从品牌定位、品牌诉求、签约品牌代言人等方面向外界传递清晰的品牌印象，时至今日，梦祥银品牌成了消费者心目中的“名牌”，它不仅具有良好的内在性能，还凝聚了民族传统文化的积淀，梦祥成为真正意义上的民族品牌。

梦祥的品牌开创之路是曲折的，从最开始的家庭手工作坊，到工艺品厂，再到拥有 1000 多名员工和 5000 多家加盟商的大型企业。该品牌最初名为“石磊”，代表了一种坚韧的精神和追求，与企业对传统文化的传承，对工匠精神的继承相契合。后来注册“梦祥”商标并一直沿用至今，它既是白银贵金属的品牌，也是中国白银文化的品牌。梦祥品牌创造了一个平台，让每个参与到平台建设的人定下目标和理想，实现自己的价值。

由变化到进化，实现新生。品牌从“石磊”到“梦祥”，不变的是为中国纯银制品享誉世界孜孜以求的时代使命，是传承工匠精神的初心；变化的是不断提升的品牌力，促进企业升级进化的意愿。梦祥品牌实现进化的手段是多样的。首先，产品形象具有鲜明的品牌个性，这种个性要易懂、易用。其次，身为梦祥人应肯为品牌付出，向外界积极传递品牌文化。最后，利用互联网和新兴手段实现品牌的快速传播，扩大影响力。

对于一个品牌来说，以文化定位品牌，品牌的生命才会永久延续。梦祥拥有五大子品牌，九龙银象传播古老文化与传统智慧；梦祥盛世坚持品质与品牌相融合、奢华与品味相贯通，打造独树一帜的梦祥养生文化；金梦祥传播友谊、爱情忠贞的美好品质；梦祥银积极向社会传递吉祥、好运的文化内涵；盈祥银品牌传播尊敬老人、照顾老人、扶老携幼的仁爱文化。各个品牌产品不一，传递的文化有差异，但都与中国传统的儒释道、五行文化相关。

（三）中国驰名商标

“酒香不怕巷子深”是典型的传统产品观念，企业只要把产品做好，就能够实现销售目标。但现在却是“酒香也怕巷子深”，好产品没有好的品牌和广告宣传，其影响力就会受到限制，最终限制企业的发展壮大。因此梦祥在对产品精耕的同时，开始重视品牌建设、知识产权保护和品牌宣传工作。

近年来，在品牌建设中。梦祥先后荣获“全国市场放心消费品牌”“消费者信得过产品”“重合同守信用企业”等诸多荣誉，并一次性通过 ISO 国际质量认证体系。在全国纯银首饰及礼品领域，梦祥正在成长为行业的引领者和规则的制定者。梦祥始终坚持走品牌化的道路，从而取得行业领先优势。

在知识产权保护上，梦祥在取得商标专用权后，与专业的商标事务所合作，从注册、管理、使用的各环节进行严格把控，建立企业商标档案、制定完备的商标管理制度，对商标进行整体检测和严格管理，加强自我保护意识。同时成立企业知识产权办公室，对企业的知识产权进行统一有效的规范管理。

在品牌竞争力提升上，梦祥不断提升企业发展的实力，加大广告宣传投入力度，提升品牌管理水平，在行业内连续 5 年产品销售量和市场占有率居于三强。在此基础上，梦祥于 2014 年 9 月获得“中国驰名商标”这一重要荣誉，进一步奠定了其在行业内的位置，同时大大提升了梦祥品牌的市场影响力，提高了品牌竞争力。这也为其他企业品牌发展提供可供借鉴的经验，企业应该增加自己在世界舞台上表演的机会，向外界传递良好的企业形象，提升品牌的国内和国际影响力。

图 2　梦祥商标

图 3　中国驰名商标

（四）小结

梦祥从产品出发，注重传承传统工艺及生产流程，提升产品质量，创造消费价值；接着转向打造企业品牌，从“石磊”到“梦祥”，从小作坊到“中国驰名商标”，企业一直重视品牌价值的创造和品牌推广，依托于驰名商标，打造自己的品牌文化，用产品向消费者传递文化和价值理念。现代企业都开始重视品牌建设，提升自己的竞争力；国家也通过设立“520 品牌日”和国家品牌计划推动国家品牌的建设，提升文化软实力，向世界讲好中国故事。

三 梦祥创中国驰名商标的举措与经验

（一）加强品牌建设，培育核心竞争力

品牌要告知消费者你是谁，是做什么的，做这些产品是为了什么。如今大量的信息充斥在我们的生活中，让消费者出现视觉疲劳，而品牌是企业区别于竞争对手最好的方式。企业应重视品牌建设、提升品牌力，培育核心竞争力。

加强品牌建设，重在理念创新。对品牌的重视折射出梦祥经营思维和发展理念由传统的产品观念转变到市场营销观念中来，现在的梦祥将品牌视为一种情感，员工、经销商和消费者等多方情感的注入，让产品有了情感属性，给消费者家的温暖，最终推动潜在客户成为购买者。

加强品牌建设，重在价值创造。梦祥将企业的使命定位成“为中国纯银制品享誉世界孜孜以求”，要求企业以银饰产品为基础，通过品牌建设来扩大影响力，推动中国品牌走向世界。因此梦祥建立了一套完备的生产工艺流程体系和一套科学的品牌建设方法，通过“三步走”的发展战略，即先做产品树立口碑，开始创建品牌；赋予品牌更多的故事，打造区域品牌；进一步明确品牌发展战略，走向行业和世界前沿，最终成为中国驰名品牌。

（二）科学制定品牌战略发展规划

品牌营销中最重要的因素是定位，不管定位是大是小，正确的定位将带来强大的品牌效应。为了建立独特的品牌定位，梦祥用自己的产品和服务从三个方面为目标客户增加价值：简明的，梦祥的品牌定位十分简短，做消费者认可的银饰品牌；有益的，独特的品牌定位应能为消费者带来价值；独特的，梦祥让每一位进店消费的顾客认为自己付出的成本是值得的。企业应该支持品牌定位，确保定位简单易懂，向顾客清晰传递其巨大的优势。

梦祥在制定品牌发展战略规划时充分考虑竞争者，与对手形成差异，让

消费者体验到差异所带来的价值。梦祥将企业的发展战略阶段分为聚焦、拓展和多元化，通过立体化、多层次的发展格局来实现新发展。

企业应对挑战不仅需要坚实的品牌策略，还需要新产品打入市场，这就需要企业搭建品牌框架。提前制定品牌发展战略规划就是在构建品牌框架，梦祥确定的五大品牌（见表1），通过对客户的了解、准确的市场定位、有效的问题解决方案、有吸引力的内容、专业的推广、超值的服务构建企业的品牌框架，通过五种不同的品牌向消费者表达不同的感情诉求。

表1　梦祥五大品牌发展战略

品牌	五行文化	年龄	市场定位
盈祥银饰	木代表生发、蓬勃生长	0～18	年轻化市场品牌
金 梦 祥	火代表热烈、奔放	18～38	婚嫁珠宝品牌
梦祥盛世	金代表财富	38～58	奢华与品位，养生品牌
九龙银象	水代表权力、地位	58～78	奢侈品品牌
梦 祥 银	土代表含蓄	各年龄段	大众化品牌

（三）抓好品牌培育核心要素

任何品牌从无到有，由弱到强，重点都在品牌培育过程。首先需要改进落后培育观，梦祥原来认为企业只需要做好产品，提供给顾客最大的价值，但是随着营销环境，尤其是消费者的变化，企业开始重视品牌培育，打造属于自身的独特品牌。其次，品牌创建初期一直是由企业品牌和商标办公室推进的，现在梦祥将包括顾客在内的所有利益相关者纳入品牌培育的流程中来，让企业品牌体现的价值更加广泛。

企业培育品牌，要通过多种宣传手段，让潜在顾客看到品牌价值。拥有好产品的企业要想获得成功，就需要准确地将品牌信息传递给客户，因此必须学会与顾客进行清晰的交流和沟通，应该给客户超出他们期盼的更多高价值。现阶段梦祥通过报纸、电视以及移动互联网媒体，尤其是通过统一的店面展示，向消费者立体化、多层次地展示品牌形象。梦祥找到与企业产品和品牌相契合的杨丽萍作为代言人，提升了企业的知名度，在行业内脱颖而出，成为市场欢迎的品牌。

自我推广是个人品牌成功的关键，而成功的自我推广需要企业将自己定位成业界的专家，主动寻找客户，让客户知道企业的存在。梦祥通过严格的产品质量控制，向消费者做出“终身免费调换”的承诺，这是梦祥实现自我推广的最好方式，通过这样的承诺，给予消费者更大的价值，在这个过程中也让消费者获得更多的信息，同时加速了企业的市场化布局，使企业以河南为中心向全国辐射扩散。

（四）重视管理升级，促进企业持续发展

提升品牌持续发展理念

创立一个企业不难，维持企业的可持续性发展是比较难的。在企业的发展过程中，领导者发挥着重要作用，梦祥董事长李杰石曾说企业要以“诚信做人，诚信做事为核心理念，坚持用户导向和口碑战略，致力于打造中国银饰品行业著名品牌”。梦祥的使命是“为中国纯银制品享誉世界孜孜以求”，是要让每一位消费者享受到梦祥产品，同时感受到白银文化和梦祥品牌带来的价值。有使命感的品牌才会走得更远，成为公众心目中的民族品牌，在使命的引领下，梦祥为自己的品牌设计了清晰且可持续的发展规划。

加强品牌化运营管理

品牌化运作是绝大多数企业谋求长久发展的最佳选择，尤其是在珠宝行业，品牌化是今后发展的重要趋势，对于现在“诸侯割据”的竞争时代，只有不断提升品牌价值才能顺应时代发展潮流。梦祥品牌不断地讲文化，儿童讲儿童的文化，青年讲青年的文化，老年讲老年的文化。譬如梦祥出品的一枚戒指，会附赠一本书，书里边会详细地讲述这枚戒指的意义所在，这枚戒指就不再是一件简单的饰品，其背后有很大的文化意义。这就是梦祥一直提倡的要从饰品的制造者变身为中国文化的传播者。

加强组织学习，提高品牌文化认同感

梦祥，既是一个不断发展中的企业，也是一个学习型的企业。在 25 年

的企业发展史中，创始人一直扮演着十分重要的角色，他始终坚持学习和借鉴内外先进的科学管理理念，来适应企业的快速发展，同时通过有效的内部培训机制，及时将先进的理念传递给员工和渠道成员，在实践中丰富和发展理论，不断探索企业的发展模式。

在团队建设中，梦祥一直注重人员的有效培养与学习。从个人到团队，培训工作从未中断，企业实施相应的激励措施，让每一位梦祥员工都能够保持饱满旺盛的求知欲，通过不断学习，提高专业知识，建设个人精神世界，为梦祥品牌的建设与发展奠定基础。

在渠道建设中，梦祥重视对渠道成员的培训。向零售商、批发商等传递企业的品牌文化内涵与价值，同时收集渠道成员的故事，共同组成梦祥的品牌故事，整合营销传播。让更多的人参与到品牌建设和传递中，通过增强对品牌的认知，在向消费者传递价值、文化理念时做到精准化、精细化。

（五）小结

通过对梦祥的品牌成长之路的梳理，河南省工业企业要想实现高质量发展和内涵式增长，首先，需要重视品牌的培育工作，通过构建清晰的品牌战略，实现精准定位，填补市场空缺。其次，通过加强产品质量管理、创新产品设计、促进产品与文化的融合，让企业的产品作为载体向外界讲述品牌与文化。最后，企业还应该推动品牌的保护，通过注册商标、成立专门的品牌保护部门等多举措实现品牌保护，尤其要提升中原品牌的声誉，打造更多的中原品牌新名片。

四　结论与建议

树立品牌文化意识，打造具有河南特色的企业品牌文化，是提高企业知名度和核心竞争力的客观要求，是实现转型发展和建设文化强省的必由之路。树立品牌意识，提升中原文化品位是每一家河南企业不容推卸的责任，是不断开拓市场并立于不败之地的法宝。河南工业企业要从独特的文化资源中汲取营养，打造具有强大竞争力的文化品牌，以品牌建设构建核心竞争力。

梦祥的品牌发展之路告诉我们要将品牌化进行到底，通过明确的品牌定位传递清晰的印象，让消费者接受。不断拓展区域市场，加速网店布局，实现坐镇中原、构架全国的营销网络品牌推广战略，深耕市场。通过准确的目标市场营销实现品牌差异化，对不同的目标市场匹配以不同的产品发展战略。最后通过不断提升的自主研发能力，提高产品的竞争优势。

提升企业品牌力，打造产品文化已经成为现代企业发展最迫切的要求。好的产品不仅要满足顾客的使用价值，更重要的是给予消费者更多的价值，这个价值可能是服务，也可能是品牌。如同梦祥，通过“终身免费调换、免费清洗”的服务承诺，培养顾客忠诚度；用品牌向顾客传递产品理念，输出企业价值。中原企业应立足自身发展实际，制定品牌发展战略，抓住品牌培育的核心要素，通过营造良好环境来推动企业品牌化管理，壮大中原品牌实力，推动中原文化走向世界。

为实现河南由“工业大省”向“工业强省”的跨越，我们向有关部门提出以下建议。一是加大政策扶持力度，确立品牌强省战略。现阶段在国家加强品牌建设，重视品牌保护的大环境下，河南应确立品牌强省战略。为此，首先，应该在政策上给予充分的鼓励和支持，营造轻松自由的发展环境，将资源优势转化为品牌优势。其次，河南特色文化和中华文化是推动品牌建设的强大动力，重点支持已有的品牌，最大限度地发挥文化品牌优势，努力培育具有浓郁地方特色的知名品牌。二是营造品牌成长优良环境。品牌的培育和发展需要良好的外部环境，现阶段在国家品牌计划工程的推进中，各企业都应将品牌建设和保护作为发展的主要方向。河南省在品牌建设与传播方面取得了一些成绩，但也存在品牌意识较弱、品牌含金量不高、在互联网下做品牌难等问题。要提升河南省的品牌建设与传播质量，需要以提高质量和效益为中心，以发挥品牌引领作用为切入点，同时建立完善“市场决定、企业主体、政府推动、社会参与”的机制，并进一步优化法规政策环境，大力营造良好社会氛围。

参考文献

孟繁怡、傅慧芬：《中国品牌利用文化元素改善外国消费者品牌态度的路径研究》，《外国经济与管理》2016 年第 8 期，第 58 ~ 67 页。

王慧灵、朱亚莉：《我国中小企业品牌建设存在的问题及解决对策》，《企业经济》2011 年第 1 期，第 69 ~ 72 页。

冯晓青：《企业品牌建设及其战略运用研究》，《湖南大学学报》（社会科学版）2015 年第 4 期，第 142 ~ 149 页。

马向阳、刘肖、焦杰：《区域品牌建设新策略——区域品牌伞下的企业品牌联合》，《软科学》2014 年第 1 期，第 26 ~ 30 页。

白云庆：《河南省特色体育文化产业品牌建设的定位》，《汉字文化》2018 年第 19 期。

晏劲松、王锋：《文化营销企业品牌建设的实现途径》，《商业时代》2009 年第 8 期，第 25 ~ 26 页。

艾 · 里斯、杰克 · 特劳特：《定位》，王恩冕译，机械工业出版社，2012。

B.19 人民电缆集团卓越绩效管理之思考

曹明举　董红杰　赵艳红*

摘　要： 人民电缆集团始终铭记“人民电缆让人民生活得更美好”的企业使命，践行“质量立企、特色兴企、人才强企”的发展理念，自2012年导入卓越绩效管理以来，“知行合一”的企业文化根植人心，管理水平大幅提升，产品质量再上新台阶，创新驱动能量充足，两化深度融合，品牌影响力持续提升，2018年企业的产值、效益创历史新高，实现了新常态下企业的高质量发展。2019年，人民电缆集团拟通过创新引领，人才会聚，管理变革，融合带动，平台搭建，实现传统经营模式向平台经营模式转变，努力成为大中小微企业融通发展的积极践行者。本文希望通过对人民电缆集团卓越绩效管理效果的总结和思考，为河南省线缆行业的高质量发展提供一定的借鉴。

关键词： 人民电缆集团　卓越绩效管理　转型发展

一　人民电缆集团总体情况

人民电缆集团成立于2007年，坐落于河南省巩义市人民电缆工业园区，

* 曹明举，人民电缆集团董事长；董红杰，郑州商学院区域经济发展研究中心主任；赵艳红，人民电缆集团行政总监。

是一家以线缆产业为主导，化工、有色金属、包装等产业为支撑的一业为主、多业并举的大型综合性集团公司，是河南省高新技术企业，目前集团下辖五个核心子公司和两个控股子公司。拥有国内先进的生产及检测设备，主要产品为高、中、低压交联聚乙烯绝缘电力电缆、聚氯乙烯绝缘电力电缆、耐火电缆、阻燃电缆、控制电缆、架空绝缘电缆、轨道交通电缆、低烟无卤电缆、橡套电缆、铝绞线及钢芯铝绞线、聚氯乙烯绝缘电线及软线、农用地埋线、防老化线、屏蔽电缆、预分支电缆、防水电缆、防鼠蚁电缆、同轴电缆等30多个品种3000多个规格的产品，在全国拥有12家营销服务中心和100多家协作单位，1000多个销售网点，产品现已出口东南亚、中东、非洲、南美洲的40多个国家和地区。公司实施“立足中原，占据华南、华北，开发西北，重攻东北，布局全国”的“大”战略，通过“差异化”战略，提供定制化的产品与服务。与国家电网、中国石油、中国石化、中国中铁、中机新能源、中船重工、中国铁建、中国国电、京港地铁、中国华电集团、中国化工集团等大型重点企业建立了长期的战略合作关系，2018年销售收入达到12亿元，同比增长8%，海外销售收入2.8亿元，同比增长10%。年生产电线电缆能力150多万公里，铜铝加工能力8万多吨，为全国线缆重点企业。

人民电缆集团先后荣获“河南省省长质量奖”“河南省工业企业质量标杆”“中国驰名品牌”“中国著名品牌”“2018年两化融合贯标企业”“河南省电子商务示范企业”“AAA级信用企业”“2017年度全国市场销售第1名”“2017年度河南省电线电缆企业综合排名20强”“河南省市场占有率第1”等诸多荣誉。荣誉的取得是对企业转型发展成效的最大认可，是人民电缆人为地方经济社会发展做出积极贡献的有力见证。

二 人民电缆集团卓越绩效管理的特色和初步成效

（一）“知行合一”的企业文化根植人心

企业文化是企业发展的灵魂，是企业高质量发展的源泉。人民电缆集团以“知行合一”为总体文化遵循，以先进的企业经营理念凝聚人心，倡导忠孝为主、全体员工一家亲的家园文化，形成了适合自身的文化理念体系，该理念体系主要包括企业使命、企业愿景、企业价值观、企业发展理念和企业精神五大要素（见图1）。

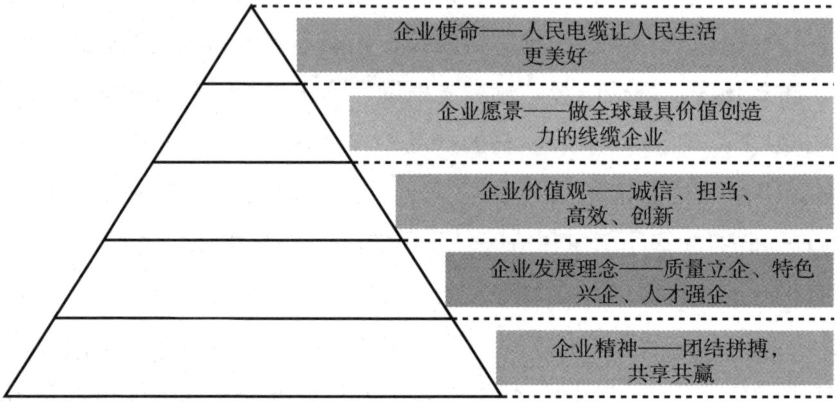

图1　人民电缆集团企业文化理念体系架构

企业使命回答“为什么而存在”的问题，是企业存在意义的高度概括和企业持续发展的内在驱动力。人民电缆集团使命是“人民电缆让人民生活更美好”。企业愿景回答“要去哪里”的问题，描绘全体人民电缆人奋斗的理想蓝图，是履行庄严使命的不懈追求，人民电缆集团愿景是“做全球最具价值创造力的线缆企业”。企业价值观回答“应该怎样做”的问题，是企业文化的核心，是企业愿景和使命的拓展，是企业必须共同信奉和始终坚守的价值标准和基本信念，人民电缆集团的价值观是“诚信、担当、高效、创新”。企业发展理念回答“遵循何种法则”的问题，是指导企业经营管理活动的总体原则，是为履行使命、实现愿景遵循的经营哲学，人民电缆集团的发展理念是“质量立企、特色兴企、人才强企”。企业精神回答“应具有什么样的内心态度和行为风格”的问题，是企业员工应该具备的团队气质和精神风貌，是核心价值观在员工思想行为层面的延伸，人民电缆集团的企业精神是“团结拼搏，共享共赢”。

人民电缆集团携手客户、股东、员工、伙伴、社会和环境，通过提供优质产品与服务，持续创造客户价值；通过依法依规治企，提高治理能力与业绩水平；通过权益保护与人文关怀，提升员工幸福指数；通过响应国家号召，促进社会和谐发展；通过发展循环经济，建设绿色生态文明，最终实现让人民生活得更美好的企业使命。在践行企业文化的过程中，人民电缆集团形成了符合自身的企业纲领：优质电缆人民造，人民电缆为人民；确立了企业的信条：人民电缆不挣有罪的钱；树立了自己的企业目标：创国际品牌，做百年企业。

（二）管理水平大幅提升

2014 年开始，集团倡导并组织“以管理精细化为核心，掀起持续提升管理”的主题活动，按照“责任层层落实、验收道道把关、考核步步到位、失职事事追究”行为准则，全面实施精细化管理。从“安全、环保、ERP 提升、质量、采购与存货、班组建设、物流优化、提高执行力”等 8 个方面共 30 多个项目进行精细化管理（见表 1）。公司已在管理模式、产品研发、生产制造、信息化建设、服务保障等方面建立快速反应机制，全方位满足顾客需求。

表 1　人民电缆集团组织绩效和能力评价一览

<table>
<tr><th>评审方面</th><th>评价内容</th><th>评价方法</th><th>评价周期</th><th>归口部门</th></tr>
<tr><td rowspan="3">战略目标制定落实</td><td>年度经营战略和规划制定</td><td>董事会</td><td>1 次/年</td><td rowspan="3">办公室</td></tr>
<tr><td>年度经营目标,年度经营目标诊断与调整</td><td>方针目标诊断会</td><td>4 次/年</td></tr>
<tr><td>战略实施情况、战略评价和战略调整情况</td><td>战略目标评审会</td><td>4 次/年</td></tr>
<tr><td rowspan="2">关键经营绩效指标完成情况</td><td rowspan="2">关键经营绩效指标计划完成情况(包括产量、收入、质量、成本、利润、回款、技术研发、市场占有率、用户满意度等)</td><td>季度运营分析会</td><td>1 次/季度</td><td>人力资源部</td></tr>
<tr><td>经理办公会</td><td>不定期</td><td>人力资源部</td></tr>
<tr><td>竞争绩效</td><td>主要指标与标杆企业、竞争对手、行业平均的对比</td><td>经理办公会</td><td>1 次/季度</td><td>营销部</td></tr>
</table>

续表

评审方面	评价内容	评价方法	评价周期	归口部门
管理有效性	生产、销售、物资进度落实情况	生产调度会	1次/周	生产部
	市场竞争形势分析、新市场开拓、销售战略调整	市场分析会	4次/年	营销部
	新产品开发、重大技术攻关	技术项目评审会	2次/年	研发中心
	GB/T19001、GB/T14001、GB/T18001质量、环境、安全管理体系有效运行	管理评审会	1次/年	技术部

集团不断加大技术改造，加快主导产品升级换代，不断提高产品研发效率；统筹内外部资源，推进生产组织周计划评审，建立柔性生产组织模式，生产均衡率不断提高，产品生产周期进一步压缩，产品计划完成率和合同履约率提高。

集团在引进新技术、新工艺和新设备的同时，加强“供产销一体化”“产学研一体化”“产销研一体化”机制建设，形成了“人民电缆、客户、专家、研究设计院、科研院校”五位一体的紧密型联盟，共同为重大工程项目快速研发新产品。营造“管理创新”工作机制，以客户需求为导向，成立“新产品研发推广部”，使研发直接面向市场，为客户研发急需的高、精、尖产品，构建了“产销研+服务”四位一体的新产品开发和运行机制。

创新营销机制，根据社会群体形成了以大客户（国网、省网、中字、国字号大企业）、国际贸易和社会市场（渠道、代理加盟）为主题的三驾马车营销模式（见图2），赢得了河南省市场占有率第1，2017年度全国市场销售第1名的良好成绩。

（三）产品质量再上新台阶

集团牢固树立“百年大计，质量第一”的思想，认真贯彻GB/T19001质量管理体系。自2012年以来，集团全面导入和实施卓越绩效管理模式，对照《卓越绩效评价准则》，集团建立改进目标、改进模式和改进方法三位一体的改进管理体系（见图3），形成包括决策层、运营层、执行层三层级

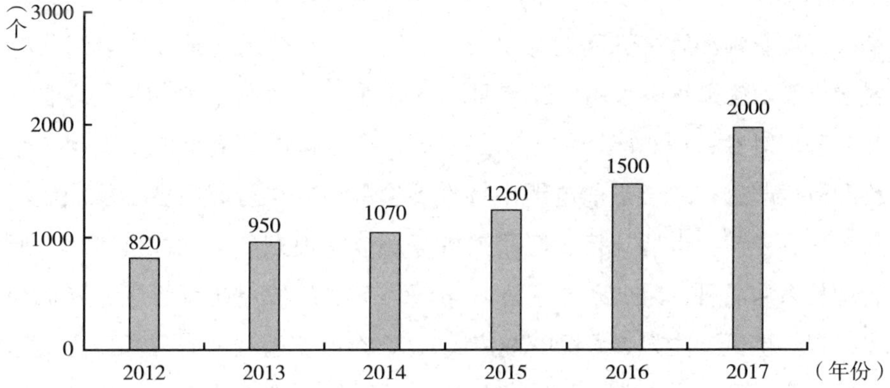

图 2　人民电缆集团 2012～2017 年销售网点数量及发展趋势

资料来源：人民电缆集团网站。

的绩效监测体系，定期跟踪监测战略执行。不断自评、改进，采用系统的管理方法和过程控制方法，应用 PDCA 等模式，建立组织运行的绩效改进系统。同时采取 5S 管理、QC 小组、提案改善等方法，不断提高企业绩效。

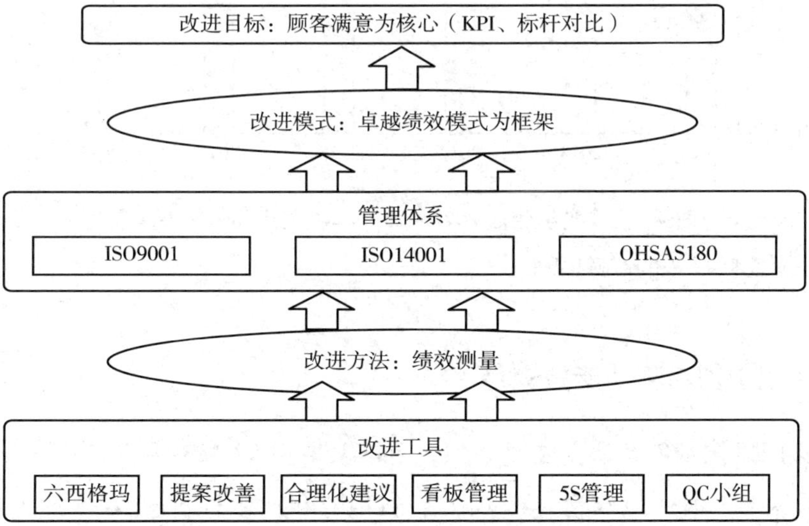

图 3　人民电缆集团卓越绩效管理模式

实际工作中，坚持实用导向和问题导向原则，以稳定产品质量为目的，以解决管理瓶颈和系统性问题为出发点，实现卓越绩效管理与实际工作的全面对接。在实施过程中采用标杆管理、5S 管理、QC 小组、六西格玛等管理工具和方法，对各管理职能、各生产工序进行全方位的管理诊断，实现了系统评价和持续改进；结合当前电缆市场发展形势，成立跨部门多功能小组，从原料采购、生产、市场开拓、产品销售等环节实现充分互动综合管理；原材料管理从采购品种、采购价格、库存量等环节实施原料统筹管理，降低综合成本，提高抗风险能力。人民电缆集团在 2015 年获得河南省省长质量奖基础上，依靠全过程、全企业、全员参与的全面质量管理，依靠技术创新，产品质量再上新台阶，主要产品综合顾客满意度 2017 年均超过 99%（见图 4）。

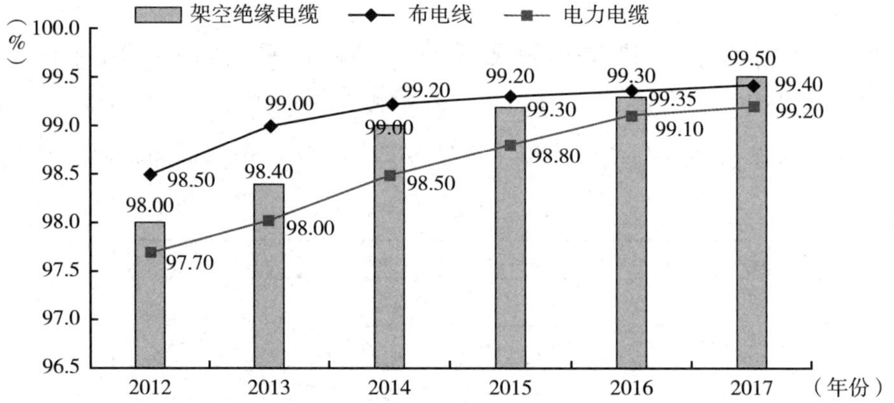

图 4　人民电缆集团 2012～2017 年主要产品顾客满意度

资料来源：人民电缆集团网站。

（四）创新驱动能量充足

集团以技术创新为发展驱动力，目前共取得 57 项专利，其中 7 项国家发明专利，1 项外观专利，49 项实用新型专利；参与制定 10 项地方标准，设计研发新产品 10 余项，荣获“河南省低烟无卤特种电缆工程技术研究中心”“河南省企业技术中心”及“河南省检测中心”称号。依托低烟无卤特种电缆研究中心、电线电缆检测中心、企业技术中心和河南省院士专家工作站等平台，与上海电缆研究所、哈尔滨理工大学、西安交通大学等高校建立长期产学研合作关系，集中资源优势超前研发，成功研制加强型耐高温阻水电线电缆、铝合金电力电缆、防火大容性电流抗电磁干扰中压电缆等新产品。

在国家军民融合战略的指导下，2018 年集团公司领导与研发中心人员到中国船舶重工集团公司第 719 研究所进行了调研与对接，双方对产品使用领域、性能指标及参数进行了沟通，鼓励企业创造更多军民融合成果，双方最终以柔性耐高温防火电缆为结合点，该类电缆耐火等级在高于国标 GB12666.6 A 类 950℃、90min 基础上，还超过英国 BS6387－1994 中规定的 A 级 650℃ 3h 的试验要求，在燃烧中还能耐受水喷与机械撞击。后续将持续合作研发舰船用防水特种电缆、信号屏蔽复合电缆等特殊领域产品。

（五）工业化和信息化深度融合

集团全面启动两化融合体系，以电缆为基础产业，逐步加大设计、销售、服务专业人才的引入，快速提高产品竞争力，打造强大终端竞争力，坚持信息化、数字化和智能化之路，提高后台订单交付能力，打造新的核心竞争力。通过不断完善两化融合管理体系，优化业务流程和组织结构，丰富技术获取方式等手段规范企业两化融合工作，提升集团综合实力。

（六）品牌影响力持续提升

在社会责任履行上，集团积极参与公益活动，关注弱势群体和下一代健康成长。集团累计吸纳残疾员工 135 名，每年投入百余万元对周围社区和贫困人群进行帮扶，如定期去敬老院慰问，捐款捐物，开展金秋助学，对贫困大学生进行捐款，为毕业生提供见习基地，全力打造国家、企业、职工“三赢”的局面，为国家和社会做出了应有的贡献，表现出一家不断追求卓越绩效的企业的社会责任感，得到了社会各界赞誉。

三　2019年人民电缆集团卓越绩效管理的再思考

（一）聚焦创新引领，打造河南省线缆行业转型发展标杆

2019年，集团继续以“专精特新”为方向，实施“瞪羚计划”。围绕品牌产品、利润产品、重点产品、创新产品，利用省级高新技术企业平台，省级研发中心优势，在巩固提高现有产品生产销售的基础上，加大新产品研发储备力度，按照产品生命周期规律形成“生产一批、储备一批、试制一批、科研一批”的良性循环机制。以行业共性关键技术和新型通用技术开发应用为重点，推进“政产学研”协同联动，申报国家级工程技术研发中心，择机成立河南省线缆产业协同创新中心，线缆产业技术创新联盟，发扬“工匠”精神，做线缆行业的“单项冠军”和“隐形冠军”，确立人民电缆在线缆行业的优势地位。

（二）聚焦人才会聚，打造河南省线缆企业和人才集聚地

依托电线电缆特色产业园建设，引进和加强企业间的战略合作，强化个性化定制服务，全面深化与加强与国内外线缆行业名企名院名校的战略合作，推动名企名院名校技术创新、产业发展、平台建设和新型智慧应用等各类成果在人民电缆先试先行和推广输出，形成线缆行业大中小微企业融通发展的良好局面。

牢固树立“人才是第一资源”的理念，是公司高质量发展的重要保障，充分激发各类人才的创造活力，在全公司大兴识才、爱才、敬才、用才之风，营造人人皆可成才、人人尽展其才的良好氛围。积极与省内外高校建立长期合作关系，保证专业人才的培养和输送；完善健全公司人才引进、培养、评价、激励机制，为公司高质量发展提供人才保证，把人才工作提高到战略高度，建立优秀员工和高智能人才储备库，形成用事业吸引人才，用机制留住人才，用发展激励人才的良好局面。

（三）聚焦管理变革，打造河南线缆产业创新发展引领地

管理创新无止境。集团在推行现有卓越绩效管理模式基础上，积极尝试“阿米巴”管理模式的导入及实施，通过企业内部市场化、核算精细化、全面预算管理、ERP 体系的深化升级等各环节的把控推进，提高工作效率，降低企业成本，实现人人成为经营者，人人都是主人翁的企业管理新境界。

把顾客满意作为集团发展的永恒追求，树立“以技术赢得顾客，以诚信留住顾客”的服务理念，利用遍布全国各地的营销服务中心及四十余个国家的国际贸易服务平台，为顾客提供“全天候”服务，真正兑现“一切为了客户，为了客户一切，为了一切客户”的郑重承诺。

（四）聚焦融合带动，打造河南省线缆行业数字化变革示范地

2019 年，集团加快企业数字化转型，大力实施传统制造业改造提升行动计划，实施“工业互联网”专项行动，培育打造面向线缆行业、场景的工业 App，推动线缆行业中的大中小微企业融通发展。继续推进“机器换人”“工厂物联网”和“企业上云”专项行动，推广协同制造、服务型制造、个性化定制等“互联网 + 制造”新模式，按照“标准化 + ”“品牌 + ”“设计 + ”理念进行电线电缆特色产业园规划建设，努力将特色产业园建设成为数字化变革的示范园区、示范企业和示范项目。

培育新模式新业态，集团作为线缆行业唯一荣获河南省省长质量奖的企业，将进一步发挥集成应用创新和商业模式创新优势，加快发展平台经济、共享经济，积极实践众创、众包、众筹等新模式。推动生产资源共享，借助公司“阿米巴”管理模式改革，构建一批生产设备和办公空间等共享平台。推动科技资源共享，打造线缆行业知识技术服务众包平台，与省内外专业院校进行深度的产学研合作和产业紧缺人才共育、共享。

（五）聚焦平台建设，打造河南一流的线缆行业特色产业园

在巩义市“全省转型升级示范区”和“全省重要的先进制造业生产基

地”发展定位的引领下，构建产业发展平台。2019 年集团将进一步加快电线电缆特色产业园的建设步伐，以电线电缆特色产业园建设为引领，以人民电缆集团为核心，打造人民电缆集团资源平台，力争建成品种最全、档次最高、质量最优的国内电线电缆生产基地，通过“主体多元化、分工精细化、管理专业化”的建设模式，建成具有全国影响力的线缆行业创新高地。推进产业链上各类企业入驻特色产业园，建立常态化产业链承接机制，加快构建互联网双创平台，形成线上线下结合、产学研用协同、大中小企业融合的“双创”新格局，运用工业互联网平台打造具有一定影响力的线缆行业互联网平台体系。

同时加快开放创新协同发展步伐。依托现有出口渠道对接“一带一路”倡议，推动企业国际化发展步伐，加强与国内外线缆行业先进企业的协同联动和优势互补。推动产品创新和应用延伸，为河南省线缆产业转型升级发展赋能，积极承接和谋划具有国内外重大影响力的线缆行业高端会议活动，办好河南省电线电缆高层峰会、河南省电线电缆地方标准研讨会、河南省电线电缆技能大赛。同时充分依靠市场、地域、品牌优势，加大科研开发力度，建立一流的技术中心及检测中心，在提升产品附加值的基础上，提升行业标准及检测的权威性，提升河南省线缆行业在全国的影响力和话语权。

参考文献

康利：《浅谈当前企业绩效管理的若干问题和经验》，《商场现代化》2018 年第 24 期，第 105～106 页。

路嘉：《关于对电力企业全员绩效管理的思考》，《传播力研究》2018 年第 2 期，第 206 页。

李德富：《电力企业精益化绩效管理模式研究》，《中国管理信息化》2018 年第 21 期，第 115～116 页。

Abstract

This book, compiled by Henan Academy of Social Sciences and with the theme of "innovation leads development", comprehensively analyses the situation and characteristics of Henan's industrial economy in 2018, deeply studies the situation and environment that Henan's industry is facing in the process of innovation leads development, and looks forward to the trend of industrial economy development in 2019. It can be divided into main report, comprehensive article, industry article, regional article and enterprise article to carry out analysis, and put forward new ideas, new measures and new countermeasures for Henan's industrial innovation and development.

The general report of this book was written by the research group of the Institute of Industrial Economics, Henan Academy of Social Sciences. It represents the basic viewpoint of this book on the analysis and forecast of Henan industrial economy operation from 2018 to 2019. In the face of profound and complex changes in the external environment, the report holds that in 2018, under the guidance of Xi Jinping's socialist ideology with Chinese characteristics in the new era, the whole province implemented the spirit of the Nineteenth National Congress of the Communist Party of China and the important speech spirit of General Secretary Xi Jinping when he visited Henan, highlighted new development concepts, and focused on Intelligent Manufacturing in accordance with the requirements of high-quality development. In 2018, Henan's industrial economy ran smoothly, downward pressure continued to increase, industrial structure continued to optimize, new and old momentum accelerated transformation, but profit growth slowed down significantly, and industrial investment growth was weak. It is expected that Henan's industrial economy will continue to run smoothly in a reasonable range in 2019, and the growth rate of industrial added value above the scale will remain in a reasonable range of 6.5% -

7.0%. The overall industrial operation will show a good development trend of "narrow fluctuation of growth rate, optimization of industrial structure, acceleration of transformation and upgrading, and improvement of quality and efficiency".

This book is also divided into comprehensive, industry, regional and enterprise chapters to conduct a special study of Henan's industrial development. The syntheses are analyzed from the perspectives of high-quality science and technology supply, innovation and development of Henan national high-tech zones, talent team building, learning from German experience, optimizing business environment, construction of "four batches" and new industrial momentum. Industry section selected Henan new energy automobile industry, biomedical industry, intelligent equipment manufacturing industry, producer services, and traditional Chinese medicine industry to carry out research. The regional section analyses the trend and Prospect of industrial economy in Shangqiu, Xinxiang, Zhengzhou and Zhumadian from 2018 to 2019. Enterprise Chapter takes MengXiang Silver Brand Culture Construction and People's Cable Group's Excellent Performance Management as an example to reflect.

On the basis of comprehensive analysis, the book strives to systematically display all aspects of Henan's industrial development, as well as the efforts and explorations made by key industries, characteristic regions and typical enterprises in innovation-led development. It reflects the opportunities and environment, existing problems and constraints faced by Henan's industrial innovation development from multiple perspectives, and the prospects and trends of development. At the same time, it puts forward corresponding ideas and strategies for the development of Henan's industrial innovation.

Keywords: Henan; Innovation Leads Development; New Development Philosophy.

Contents

Ⅰ General Report

Abstract: Faced with the profound and complex changes in the external environment, in 2018, under the guidance of Xi Jinping's socialist ideology with Chinese characteristics in the new era, the whole province implemented the spirit of the Nineteenth National Congress of the Party and the spirit of the important speech of General Secretary Xi Jinping when he visited Henan, highlighted the new development concept, and focused on Intelligent Manufacturing in accordance with the requirements of high-quality development. In 2018, Henan's industrial economy ran smoothly, downward pressure continued to increase, industrial structure continued to optimize, new and old momentum accelerated transformation, but profit growth slowed down significantly, and industrial investment growth was weak. It is expected that Henan's industrial economy will continue to run smoothly in a reasonable range in 2019, and the growth rate of industrial added value above the scale will remain in a reasonable range of 6.5% – 7.0%. The overall industrial operation will show a good development trend of "narrow fluctuation of growth rate, optimization of industrial structure, acceleration of transformation and upgrading, and improvement of quality and efficiency".

Keywords: Henan Industrial; Mometum Transformation; Industrial Investment.

Ⅱ Comprehensive Reports

Abstract: Only high-quality scientific and technological supply can lead and support the industrial transformation in Henan. Most industries in Henan lack key core technologies, and enterprises lack the accumulation of basic research. The problems of low quality of scientific research output, low efficiency of scientific and technological innovation resources and low efficiency of scientific and technological achievements transfer and transformation in the scientific and technological innovation system itself indicate that the quality of scientific and technological supply needs to be improved in the process of industrial transformation. In 2018, Henan will focus on enhancing the region's capacity for scientific and technological innovation by creating an upgraded version of "innovation and entrepreneurship", accelerating the construction of "ZhengLuoXin" self-created area, accelerating the cultivation and introduction of "four and one batch" projects, implementing major scientific and technological innovation projects, deepening reform of scientific and technological systems and mechanisms. In the future, Henan should not only continuously promote the increase of R&D investment in Henan, but also promote the transformation of regional scientific and technological innovation to quality and efficiency from the aspects of improving main body capacity, improving mechanism, optimizing regional innovation allocation and strengthening supporting policies, so as to provide high-level scientific and technological support for industrial transformation and high-quality development.

Keywords: High Quality Technology Supply; Henan Industrial; The Transformation of Crucial.

Abstract: At present, national high-tech zones have become the most important strategic force for the development of high-tech industries in various regions, and become the strategic forerunner leading regional technological innovation and transformation development. Based on the statistical data, this paper makes a systematic analysis of the present situation and development of Henan National High-tech Zone. This paper compares and analyzes 7 national high-tech zones with 6 world-class high-tech parks in the Zhongguancun, Shanghai Zhangjiang, Shenzhen, Wuhan East Lake, Chengdu and Xi 'an. In the future, the paper suggests to make breakthroughs in the following four aspects: accelerating the construction of regional innovation ecosystem, accelerating the construction of international production capacity export and transfer mechanism, accelerating the construction of comprehensive supporting policy system, and accelerating the expansion of advantageous characteristic industrial clusters.

Keywords: National High-tech Zone; Innovation and Development; Henan.

Abstract: Talent shortage is one of the important restricting factors for the high quality development of manufacturing industry. In recent years, Henan province has attached great importance to the work of talents in the manufacturing industry. It has issued a series of policies for talents, promoted the diversification of talent training modes, and continuously increased the introduction of talents, which has greatly promoted the construction of the talent team in the manufacturing industry. In spite of this, the construction of talent team in Henan manufacturing industry is still faced with such prominent problems as insufficient total talent, low talent quality and unreasonable talent structure. At present, the construction of talent team in Henan manufacturing industry faces both favorable opportunities and many restrictive factors. We should seize the favorable opportunity of the transition period of demographic dividend through increasing the craftsman type talent cultivation, build development platforms, innovation personnel training mode, improve vocational education level, etc. To solve the problems which the manufacturing industry talent team construction are facing, to speed up the population advantage, to promote the high quality development of Henan manufacturing by talent team construction.

Keywords: Manufacturing Talent Team; Skilled Personnel; Vocational Education.

Abstract: In 2018, Henan's manufacturing industry continued to maintain medium-to-high-speed growth, and it also faced downward pressure due to environmental protection, capital, and industrial structure. How to plan for high quality manufacturing in Henan in 2019? The basic experience of German manufacturing industry transformation and development is worthy of reference. As an old capitalist industrial power, Germany has formed a whole set of experience in the development of manufacturing industry after the baptism of industrial revolution and technological revolution. We should focus on the general trend of the transformation and development of the manufacturing industry, proceed from the actual situation of the province, draw lessons from other countries, clarify the strategic direction, and make precise decisions and efforts to meet the needs of the people for a better life, so as to boost the high-quality development of the manufacturing industry in Henan in 2019.

Keywords: Experience in Germany; Henan Manufacturing Industry; Artificial Intelligence.

Abstract: A good business environment is an objective need for a country or region to enhance its comprehensive competitiveness, and it is also an important aspect for promoting the comprehensive development of the industrial economy. In recent years, Henan has made continuous innovations in "removing the management" and optimizing the business environment, and has achieved certain results, but there are also some outstanding problems. The high-quality development of Henan industry needs to further optimize the business environment. It must form a new incentive mechanism through market-oriented, internationalized and rule-based business environment, further release the vitality of industrial economic development and achieve high-quality development of Henan industry.

Keywords: Business Environment; Henan Industry; "Removing the Management".

Abstract: At present, China's economy is at a critical stage of transition towards high-quality development. Faced with the historical opportunity of the new generation of scientific and technological revolution and industrial revolution, innovation as a new engine of economy has become the first driving force for development. Henan keeps pace with the times, implements General Secretary Xi Jinping's request, timely puts forward "The four batches", and takes cultivating and developing a batch of innovative leading enterprises, talents, platforms and institutions as an important grasp to promote scientific and technological innovation and promote the innovation and development of manufacturing industry. In the past year, Henan has achieved remarkable results in the work of "The four batches". The added value of high-tech manufacturing industry is much higher than that of other manufacturing industries, which has accumulated a lot of innovative resources for Henan manufacturing industry in terms of enterprises, talents, platforms and institutions. However, in the face of the complex and severe external economic environment and the innovation environment to be optimized, Henan still needs to make sustained efforts in accelerating the establishment of a collaborative technology innovation system, deepening the reform of the system and mechanism of scientific and technological innovation, and promoting innovation and development with high-quality openness.

Keywords: The Four Batches; Henan; Manufacturing Industry.

B. 8 Research on the Cultivation Thought and Countermeasure of New Motivation and New Model of Henan Industry

Ye Weiping, Sun Yongmin, Tong Baochen, Zhang Kai and Feng Yang / 094

Abstract: In recent years, the pace of industrial transformation and upgrading in Henan has accelerated, new kinetic energy has continued to grow, new models have continued to emerge, and new mechanisms have been highlighted, which has effectively promoted the upgrading of industrial structure and the conversion of old and new kinetic energy. In the face of a new round of deep industry changes and the development of a new generation of intelligent technologies, Henan's new and old kinetic energy conversion opportunities and challenges coexist, we must rationalize the relationship between new kinetic energy, new mechanisms and new models, and actively cultivate new kinetic energy, application The new model, the establishment of a new mechanism, the new mechanism of enterprise management to promote the development of new models of business and industrial organizations, the new mechanism of administrative management to promote the development of new kinetic energy, the development of new kinetic energy and new models forced the innovation of new mechanisms.

Keywords: Henan Industry; New and Old Kinetic Energy Conversion; New Manufacturing Model.

Ⅲ Industry Article

Abstract: 11 months before 2018, Henan produced nearly 40, 000 new energy vehicles, of which 25, 000 were new energy buses, ranking No. 1 in the country. A number of local new energy automobile enterprises such as Yutong Bus, Haima Automobile, Senyuan Electric, Suda Automobile, etc. , have been cultivated. The production and sales of Yutong Bus have ranked first in the whole country and even in the world for many years. But at the same time, the quantity of new energy vehicles of Henan is still low compared with the developed regions, and the main new energy vehicles are new energy buses, and the private cars are relatively low. The model structure is unreasonable and the popularizing force still needs to be increased. Henan needs to explore the development route and countermeasure of new energy vehicles industry more suitable for itself, so that the new energy vehicles industry can develop more rapidly and become the developed area of new energy vehicles industry, finally drive the rapid development of the overall economy.

Keywords: Henan; New Energy Vehicles; Industry Development.

B.10 Development Situation and Prospects in Henan Biological Medicine Industry

Li Jingyuan / 118

Abstract: In 2018, under the overall grasp of the "13th Five-Year Plan", Henan Biomedical Industry implemented taxation, and carried out "consistency" evaluation and other measures. The growth rate of added value of biomedical industry reached 14.6%, which was higher than the overall growth rate of strategic emerging industries by 2.4 percentage points. However, in the process of development, there are also problems such as weak product competitiveness, high capital pressure of enterprises, and increased cost of raw materials. With the development of economy and society and the improvement of people's health requirements, the bio-pharmaceutical industry has ushered in new development opportunities and faces new challenges. In order to build the "Healthy Henan" and promote the high-quality development of Henan bio-pharmaceutical industry, we must adhere to technological innovation and product innovation, guide the establishment of special funds, and consolidate the talent base.

Keywords: Biological Medicine; Emerging Industry; Product Innovation; Technological Innovation.

B.11 Development Status and Countermeasure of Intelligent Equipment Manufacturing Industry in Henan Province

Yang Zhibo / 129

Abstract: Intelligent manufacturing equipment industry is an important part of the modern industrial system in our province. It is also an important grasp of industrial supply side reform and the basis of high-quality development in our province. It is of great practical significance to vigorously develop the manufacturing industry of intelligent equipment for promoting the transformation and upgrading of Henan's industry, upgrading the overall level of Henan's manufacturing industry, and promoting Henan from a large manufacturing province to a strong manufacturing province. This research found that in the core industries of intelligent equipment manufacturing in our province, such as CNC machine tools, robots, add-on manufacturing and intelligent special equipment, there are common problems such as weak independent innovation ability and weak support of high-end talent elements. In the future, our province should optimize the innovation system of the intelligent manufacturing equipment industry, speed up the transformation of the intelligent information technology of the equipment manufacturing industry, speed up the construction of the innovation carrier and platform of the intelligent equipment manufacturing industry, and cultivate the internationally competitive intelligent equipment manufacturing group.

Keywords: Intelligent Equipment Manufacturing; High Quality Development; the Transformation and Upgrading of Industry.

Abstract: In the new era, the development of the economy should be guided by New Development Concepts to promote the implementation of structural reforms on the supply-side. The rapid development of the producer service industry can effectively promote the high-quality development of the manufacturing industry. In 2018, in the face of difficult and complicated international and domestic environmental conditions, Henan's productive service industry developed well. The growth rate remained stable, the internal structure tended to be optimized, and fixed asset investment increased steadily. The producer service industry has effectively promoted the high-quality development of the Henan manufacturing industry. However, compared with the national average, Henan's productive service industry has further room for improvement. To this end, we should further promote the construction of synergistic mechanisms for the high-quality development of productive services and manufacturing industries. Further expand the effective supply of productive services, Cultivate and improve the modern market system that is conducive to the development of the producer service industry.

Keywords: Productive Service Industry; High-quality Development in Manufacturing Industry; the Modern Market System.

B. 13 Cluster Development Strategy of Traditional Chinese Medicine Industry in Nanyang City

Li Lipeng, Cui Songtao, Shen Qi and Wu Ruochen / 152

Abstract: In recent years, Nanyang City has continuously extended the industrial chain and enriched the content of traditional Chinese medicine industry by utilizing abundant cultural resources of traditional Chinese medicine and abundant resources of traditional Chinese medicine. Nanyang starts from production, processing, marketing and large health industries, and comprehensively promotes the cluster development of traditional Chinese medicine industry, which has made a great difference in the field of traditional Chinese medicine in the whole province. This paper briefly describes the development of traditional Chinese medicine industry cluster in Nanyang in recent years, for reference.

Keywords: Nanyang; Industrial Chain; Cluster Development.

Ⅳ Regional Article

Abstract: Since 2018, Shangqiu City has deepened the structural reform of the supply side, strengthened the coordination of industrial operation, paid close attention to enterprise services, and accelerated the transformation of new and old kinetic energy. The industrial economy has shown an overall stable, steady and progressive trend of operation. The growth rate ranks first in the province, the industrial structure continues to optimize, and the intelligent manufacturing accelerates infiltration. Shangqiu City highlights innovative measures such as "three major reforms", "one area, three exhibitions", "prominent industry investment, and prominent enterprise services" and so on, which strongly supports the smooth operation of industry. It is estimated that in 2019, the added value of industries above the city's scale will increase by about 8% year on year.

Keywords: Shangqiu; Industrial Operation; Industry Investment; Enterprise Services.

Abstract: Since 2018, Xinxiang has focused on the establishment of "Made in China 2025" pilot demonstration city, highlighting the key work of "three major reforms" and advanced manufacturing professional parks. The "quality" and "quantity" of industrial operation have steadily increased, the adjustment of industrial structure has made new achievements, the new momentum of industrial development has been continuously enhanced, the cultivation of industrial enterprises has made new achievements, and the industrial development environment has been improved. In 2019, Xinxiang's industrial development will focus on the implementation of the "13333 Color Enhancement Project", focusing on adjusting the structure, rotating energy, strong quality and excellent environment, and striving to maintain a steady and progressive momentum of industrial development, so as to promote high-quality development with the new upgrading of industrial economy.

Keywords: Xinxiang; Industrial Economy; "13333 Color Enhancement Project".

Abstract: In 2018, Zhengzhou implemented the "strong manufacturing city" strategy, vigorously promoted the high-quality development of manufacturing industry, stable and progressive industrial economy, orderly structural adjustment, remarkable integration and development results, and the quality of industrial development continued to improve. Zhengzhou has done a lot of work in improving the mechanism, strengthening service, building a platform to promote transformation, introducing strong support from inside and outside, deepening the integration of education momentum, and innovating the favorable environment of policy. It is expected that Zhengzhou's industrial economy will continue to run smoothly in 2019, and new ideas and countermeasures should be planned in terms of strong investment, restructuring, opening up, innovation, integration and favorable environment.

Keywords: Zhengzhou; Industrial Economy; Transformation and Upgrading.

Abstract: In 2018, around the strategic goal of building a " city with developed industries", Zhumadian resolutely fought hard for better development, strived to build industrial development plateau, the industrial economy was running well, the advantages of industrial clusters were more prominent, the benefits of key enterprises were re-innovated, the development of scientific and technological innovation was combined with new achievements, and the development of intelligent manufacturing took a new step. But at the same time, there are also some problems, such as high downward pressure, low quality and efficiency, difficulty in financing enterprises, and rising costs. In 2019, we should highlight key links such as projects, transformation, key enterprises, services, innovation and training, and focus on building a new pattern of advanced manufacturing industry development that intellectualized manufacturing leads, industrial Internet demonstration applications and supports industrial synchronous development.

Keywords: Zhumadian; Industrial Operation; Industrial Internet.

V Enterprise Article

Abstract: In the past 40 years of reform and opening-up, manufacturing industry has been an important driving force for economic development. In the new era, driven by China's manufacturing 2025, enterprises will realize transformation and upgrading, and brand building and brand power promotion are important magic weapons for enterprises to survive and develop. In the wave of reform and opening up, Mengxiangyin has taken root in the Central Plains, positioned the traditional auspicious silver jewelry culture, and actively conveyed the auspicious and lucky product concept to the society. Through the scientific formulation of brand strategy development plan, creating a good environment for brand growth, strengthening brand culture propaganda, constantly pioneering and forging ahead, enhancing brand strength, winning the honor of "China's well-known trademark", and becoming a leader in the silver jewelry industry. This paper takes Mengxiangyin's acquisition of China's well-known trademarks as a case study, hoping to provide reference for Henan industrial enterprises to create new business cards, enhance brand competitiveness and achieve new development.

Keywords: Mengxiangyin; Brand Culture; China's Well-known Trademark.

B. 19 Consideration on Excellent Performance Management of People's Cable Group

Abstract: People's Cable Group always keeps in mind the enterprise mission of "People's Cable Makes People's Life Better", and carries out the development concept of "Quality Enterprise, Characteristic Enterprise and Talented Personnel Strong Enterprise". Since the introduction of Excellent Performance Management in 2012, the corporate culture of "Integration of Knowledge and Practice" has been rooted in the hearts of the people, the management level has been greatly improved, the product quality has reached a new level, the driving force of innovation is sufficient, the integration of two modernizations is deep, and the brand influence has been continuously enhanced. In 2018, the output value and benefit of enterprises reached a record high, and the high-quality development of enterprises under the new normal situation was realized. In 2019, the People's Cable Group intends to change its traditional business model to platform business model through innovation, talent pooling, management reform, integration driving, platform building, and strive to become an active practitioner of financing and development of large, medium and small enterprises. It is hoped that the summary and Reflection on the effect of excellent performance management of People's Cable Group will provide some reference for the high-quality development of cable industry in Henan Province.

Keywords: People's Cable Group; Excellent Performance Management; Transitional Development.

皮书起源

“皮书”起源于十七、十八世纪的英国，主要指官方或社会组织正式发表的重要文件或报告，多以“白皮书”命名。在中国，“皮书”这一概念被社会广泛接受，并被成功运作、发展成为一种全新的出版形态，则源于中国社会科学院社会科学文献出版社。

皮书定义

皮书是对中国与世界发展状况和热点问题进行年度监测，以专业的角度、专家的视野和实证研究方法，针对某一领域或区域现状与发展态势展开分析和预测，具备原创性、实证性、专业性、连续性、前沿性、时效性等特点的公开出版物，由一系列权威研究报告组成。

皮书作者

皮书系列的作者以中国社会科学院、著名高校、地方社会科学院的研究人员为主，多为国内一流研究机构的权威专家学者，他们的看法和观点代表了学界对中国与世界的现实和未来最高水平的解读与分析。

皮书荣誉

皮书系列已成为社会科学文献出版社的著名图书品牌和中国社会科学院的知名学术品牌。2016 年，皮书系列正式列入“十三五”国家重点出版规划项目；2013~2019 年，重点皮书列入中国社会科学院承担的国家哲学社会科学创新工程项目；2019 年，64 种院外皮书使用“中国社会科学院创新工程学术出版项目”标识。

S基本子库
UB DATABASE

中国社会发展数据库（下设 12 个子库）

全面整合国内外中国社会发展研究成果，汇聚独家统计数据、深度分析报告，涉及社会、人口、政治、教育、法律等 12 个领域，为了解中国社会发展动态、跟踪社会核心热点、分析社会发展趋势提供一站式资源搜索和数据分析与挖掘服务。

中国经济发展数据库（下设 12 个子库）

基于“皮书系列”中涉及中国经济发展的研究资料构建，内容涵盖宏观经济、农业经济、工业经济、产业经济等 12 个重点经济领域，为实时掌控经济运行态势、把握经济发展规律、洞察经济形势、进行经济决策提供参考和依据。

中国行业发展数据库（下设 17 个子库）

以中国国民经济行业分类为依据，覆盖金融业、旅游、医疗卫生、交通运输、能源矿产等 100 多个行业，跟踪分析国民经济相关行业市场运行状况和政策导向，汇集行业发展前沿资讯，为投资、从业及各种经济决策提供理论基础和实践指导。

中国区域发展数据库（下设 6 个子库）

对中国特定区域内的经济、社会、文化等领域现状与发展情况进行深度分析和预测，研究层级至县及县以下行政区，涉及地区、区域经济体、城市、农村等不同维度。为地方经济社会宏观态势研究、发展经验研究、案例分析提供数据服务。

中国文化传媒数据库（下设 18 个子库）

汇聚文化传媒领域专家观点、热点资讯，梳理国内外中国文化发展相关学术研究成果、一手统计数据，涵盖文化产业、新闻传播、电影娱乐、文学艺术、群众文化等 18 个重点研究领域。为文化传媒研究提供相关数据、研究报告和综合分析服务。

世界经济与国际关系数据库（下设 6 个子库）

立足“皮书系列”世界经济、国际关系相关学术资源，整合世界经济、国际政治、世界文化与科技、全球性问题、国际组织与国际法、区域研究 6 大领域研究成果，为世界经济与国际关系研究提供全方位数据分析，为决策和形势研判提供参考。

法律声明